D1559826

FRANÇOIS MALHERBE

Poésies

ÉDITION PRÉSENTÉE,
ÉTABLIE ET ANNOTÉE
PAR ANTOINE ADAM

GALLIMARD

PRÉFACE

Malherbe fut-il vraiment le vieux pédagogue barbu qu'on nous a longtemps fait croire, occupé à enseigner la pure « doctrine » à une demi-douzaine d'« écoliers » ? Était-il même l'écrivain uniquement soucieux de compter les syllabes de ses vers, de fixer les règles de la rime et de la césure, indifférent à tout ce qui, dans la poésie, est autre chose que grammaire et prosodie ? Mais il suffit de lire ses lettres, d'examiner sa vie, pour nous persuader du contraire.

Il est, sur lui-même, d'une rare lucidité. Et ce qu'il sait d'abord, c'est qu'il est un homme de désir. Ce qu'il veut, il le veut avec passion. Il avoue un jour la « fâcheuse inclination » qu'il a « d'aimer avec trop de violence ». Et nous comprenons que ce qu'il appelle aimer, c'est ce que nous appelons désirer.

Il n'est pas du tout un homme raisonnable qui s'attelle à une tâche. A lire certains portraits qu'on nous trace de lui, ce serait un bourreau de travail, penché sur un sonnet pendant des semaines pour le mettre en sa perfection. Mais vingt fois il nous parle de sa paresse. Il est paresseux à donner des nouvelles à ses amis, il l'est à composer des vers. Quand il entreprend une ode ou un sonnet, c'est qu'un de ses protecteurs l'en a pressé, et il gémit de la nécessité subie. Il est paresseux parce qu'il déteste l'application et la contrainte. Il parle de son « humeur libertine », et cette formule n'a pas alors d'autre sens.

Ce qu'il a désiré, ce sont d'abord les femmes. Il les a aimées très jeune, et bien plus tard il remerciait encore le Ciel de les avoir faites. Il éprouvait un violent besoin de leur faire la cour, et n'être pas amoureux, c'était, à ses yeux, renoncer à tout ce qu'il y a de doux dans la vie.

Il les aimait donc, et s'il le fallait, il faisait monter vers elles l'encens de ses adorations. Elles étaient alors ses reines, ses déesses, il ne vivait que pour leur rendre un culte, il ne demandait d'autre faveur que celle d'être leur esclave. Mais ce n'étaient là que des formules, et Malherbe, dans ces cas-là, se conformait aux exigences de la politesse mondaine. La réalité était plus brutale. Quand il s'exprimait de façon plus libre, il disait que Dieu avait fait deux belles choses au monde, les femmes et les roses, et deux bonnes choses, les femmes et les melons. Il avait visiblement grande envie de les cueillir et d'y goûter. S'il désirait une femme, il acceptait de faire les premiers pas. Mais il lui fallait obtenir, sans tarder, la récompense de ses services, et si la dame mettait trop de temps à se décider, il cessait sans grande peine d'y penser. Il avait d'ailleurs recours à des moyens fort positifs d'apaiser sa sensualité. Il s'est vanté, parmi ses amis, des maladies qu'à plusieurs reprises il gagna dans ses rapports avec les femmes. Dans son entourage on l'appelait le Père Luxure. Il est probable qu'il en riait.

Puis l'âge était venu. Malherbe avouait que maintenant les forces lui manquaient. Il n'en prenait pas son parti. « Si, après cela, il y a malheur égal à celui de ne pouvoir plus avoir de part à leurs bonnes grâces... », écrivait-il à Balzac. Mais il écartait cette idée, car elle pourrait, disait-il, « me porter à quelque désespoir ».

Ce qu'il avait désiré encore, c'était une situation sociale. C'est pour cette raison qu'en 1576, à vingt et un ans, il avait quitté sa province, ses amis. Il était venu à Paris à la recherche d'un emploi honorable. Dès l'année suivante, il l'avait trouvé. Il était entré au service d'Henri d'Angoulême, et partait avec lui pour la Provence. Dix ans plus tard, la mort tragique de son protecteur venait ruiner ses projets de fortune.

Des années passèrent. Il avait espéré sans doute attirer l'attention d'Henri III. Il fut déçu, et dut attendre encore. Mais il ne perdait pas tout à fait son temps. Il avait des amis à la cour, il en avait en Provence, et qui étaient influents. Lorsqu'en novembre 1600 la nouvelle reine de France, Marie de Médicis, fit son entrée à Aix, ce fut Malherbe qui eut l'honneur de réciter des vers de bienvenue ; des vers qu'il avait composés lui-même. Un mois plus tard, Henri IV apprit de la bouche du cardinal Du Perron que Malherbe était le meilleur poète de son royaume. Ce qui voulait dire qu'il pouvait rendre des services, qu'il était capable de célébrer de façon prestigieuse les grandeurs de la dynastie et les bienfaits de la politique royale, et que c'était un homme à employer.

Rien pourtant ne se produisit encore, et Malherbe continua d'attendre, occupé, dans sa lointaine Provence, à d'austères traductions de Sénèque. Mais en 1605 son protecteur et ami, l'illustre président Du Vair, prit la route de Paris. Malherbe l'accompagna. Présenté au roi, il reçut commande d'une ode où il célébrerait l'expédition d'Henri IV contre quelques agitateurs qui troublaient le Limousin. Ses vers plurent, et c'est alors qu'il obtint ce qu'il espérait en vain depuis si longtemps, un emploi à la cour.

Car il s'agissait bien d'un emploi, et non pas d'une simple générosité royale. Malherbe obtenait une place d'écuyer dans le service du grand écuyer, M. de Bellegarde. Situation subalterne au surplus, et quand la cour allait à Fontainebleau, Malherbe était obligé de la suivre, et gémissait de devoir coucher sur un lit de fagots. Il fut du moins, sans que l'on sache à quel moment, nommé gentilhomme ordinaire de la chambre.

De beaux espoirs étaient pourtant permis, et les occasions ne manquaient pas d'attirer l'attention. Il écrivait des odes sur les événements de l'actualité politique, il composait des vers pour les naissances et les deuils de la famille royale. Il collaborait aux livrets pour les carrousels et les ballets. Il approchait le souverain, il s'en faisait remarquer, et lorsque Henri IV s'enflamma de la plus folle passion pour Charlotte de Montmorency, le poète fut introduit dans ses secrets, reçut ses plus intimes confidences, fut chargé d'être dans ses vers l'interprète de cet amour. Une dépêche de l'ambassadeur d'Espagne nous apprend qu'Henri IV « appelle près de lui des poètes à des heures fort extraordinaires », et nous comprenons que « ces poètes », c'est Malherbe, et nul autre que lui.

La mort d'Henri IV risquait d'entraîner pour Malherbe la ruine de ses espérances. Il n'en fut rien. C'est que son patron, M. de Bellegarde, était très étroitement lié à la princesse de Conty, et que celle-ci était toute-puissante auprès de la régente. Si bien qu'à toutes sortes d'indices nous découvrons que la période la plus brillante dans la vie de Malherbe commence alors. Il est maintenant du « cabinet », et le mot a un sens très précis. Il signifie que Malherbe est reçu, aussi souvent qu'il lui convient, et probablement tous les jours, dans le petit cercle des intimes de la régente. Il y a là cinq ou six très grandes dames, la princesse de Conty par exemple, et la princesse de Condé. Quelques hommes y sont admis, le duc de Guise, ou Bassompierre, ou encore M. de Bellegarde. Après cela nous ne sommes pas étonnés d'apprendre qu'en 1613 le poète a dîné avec Mme de Longueville, et que deux ans plus tôt, lorsqu'il avait été question d'un voyage de la régente à Lyon, Malherbe avait sa place réservée dans le carrosse de la princesse de Conty, à la suite de la reine mère.

Cette situation privilégiée lui paraît parfaitement normale. Ne disons pas qu'elle l'aveugle sur lui-même. Il sait qu'il n'a pas toutes les qualités (ou les défauts) du bon courtisan. « Moi qui ne suis guère fin... », écrit-il, et il avoue à Racan qu'il n'est pas du tout complaisant. Mais cet homme qui s'est pourtant formé dans le monde des gens de robe et des humanistes, qui d'ailleurs reste attaché à Guillaume Du Vair et au président de La Ceppède, qui n'a pas de meilleur ami que Peiresc, retrouve maintenant cette idée de la supériorité du gentilhomme qui lui faisait mépriser la magistrature quand il avait vingt ans. Il est beau de voir avec quel dédain il refuse de répondre à Peiresc quand celui-ci lui demande ce qu'il en est de certains bruits qui courent sur un magistrat et une belle veuve. Il n'en veut rien savoir, car il est de la cour, et à la cour les amours d'un homme de longue robe n'intéressent personne. Bien mieux, ou plutôt bien pis, il dédaigne les noms les plus respectés de l'humanisme. Il trouve étrange qu'Érasme se soit mêlé de parler de la civilité, qu'il ignorait, et Juste Lipse de la politique, qu'il ne pouvait connaître. Un homme de cour, apparemment, était seul capable, à ses yeux, d'écrire sur ces matières.

Une si brillante réussite avait de quoi le satisfaire. Elle ne dura pas longtemps. Dans une lettre de septembre 1615, il écrit à Peiresc : « Je vous ai déjà protesté que je n'étais plus de la cour, ni du monde. » Si nous étions tentés de voir là un simple mouvement d'humeur, le changement de ton, qui est visible dans sa correspondance à partir de cette date, suffirait à prouver qu'il s'est en effet passé quelque chose dans sa vie. Non pas sans doute une crise violente. Il continuera jusqu'à la fin de voir la princesse de Conty. Il ne rompt pas toute attache avec M. de Bellegarde et avec son frère M. de Termes. Il continue d'espérer les interventions de la reine mère. Mais, de toute évidence, ses liens se sont relâchés. M. de Bellegarde n'est plus qu'un personnage bienveillant et un peu lointain, et le poète a cessé de voir chaque jour Marie de Médicis quand elle est au Louvre. La situation politique suffirait d'ailleurs, en partie, à expliquer ce changement. Malherbe, suivant en cela la même ligne que Bellegarde, n'est pas du tout des flatteurs de Concini, et celui-ci, à partir de 1615, prend une importance grandissante. Puis le duc de Luynes, en 1617, devient le maître des affaires, et la reine mère est enfermée à Blois. Ce n'est pas elle qui aurait maintenant le moyen d'obtenir pour Malherbe les faveurs de l'administration. Nous ne sommes donc pas étonnés d'apprendre qu'en 1617 la bienveillance de Guillaume Du Vair devenu garde des sceaux est la seule raison qui reste à Malherbe de se montrer à la cour, et que dès lors le poète songe à prendre « le dernier congé des Muses ».

Il se retrouvait pauvre peut-être, ou pour le moins dans une situation fort modeste. À l'époque même où il paraissait en faveur, il n'avait pas réussi à s'assurer des revenus réguliers et confortables. Auprès d'Henri IV, il ne manquait pas une occasion de solliciter une pension sur quelque évêché ou sur une abbaye. Le roi lui faisait des promesses et ne les tenait jamais. Il faut attendre le gouvernement de la Régence et le début de 1611 pour découvrir que Malherbe est enfin titulaire d'une pension à prendre sur l'Épargne. Elle était de quatre cents écus. Elle fut portée à cinq cents écus l'année suivante. D'autre part, la princesse de Conty avait, dans le mois qui suivit la mort du roi, obtenu l'accord de la régente pour une donation, qui aurait tiré Malherbe de ses embarras d'une façon définitive. On parlait d'une valeur de dix mille écus.

Mais la réalité répondait mal aux promesses et aux espérances. La pension était mal payée. Il fallait, pour arracher aux bureaux un ordre de paiement, des démarches prolongées et épuisantes. En 1613, Malherbe dépensa quatre mois à s'assurer qu'il était vraiment mis sur l'état des pensionnés, et à réparer la négligence des bureaux, qui l'avaient « oublié ». Nous l'entendrons, en 1625, qui renouvelle les mêmes plaintes.

L'affaire des terrains de Toulon lui apporta tout autant d'ennuis et de déceptions. En juin 1615 il avait, par un placet en règle, présenté sa requête à l'administration centrale. Il pouvait se croire, de ce côté, certain d'un accueil favorable. Mais les autorités de Provence accumulèrent les difficultés. Malherbe dut multiplier les démarches. Il lui fallut attendre le mois d'avril 1618 pour que

les lettres patentes fussent enregistrées. Mais, dans l'ancienne Fran-
ce, les forces de résistance des autorités locales étaient infinies. Au
bout du compte, Malherbe ne tira aucun profit de cette affaire.

Il ne manquait pas de raisons de croire à sa malchance. On
devine, sans en savoir les détails, que ses rapports avec sa famille
avaient été difficiles. Il avait été le mal-aimé. La mort d'Henri
d'Angoulême avait achevé de le convaincre qu'il était né sous une
mauvaise étoile, et que le sort s'acharnait contre lui.

Sa correspondance nous livre, aux diverses étapes de sa vie,
l'aveu de cette persuasion qui ne le quitte pas. En 1601, il écrit
qu'il est accoutumé à vivre parmi les épines. En 1610, il se dit si
malheureux (c'est-à-dire si malchanceux) qu'il ne doit rien espérer. Il parlait, plus tard, du « malheur de sa constellation ». Il en
parlait encore à la fin de sa vie. En 1625, il écrivait à Racan que
la fortune était son ennemie. À l'évêque de Mende, l'année suivante, il écrivait : « Ma fortune est un monstre », et à Richelieu : « Je
vous mets en tête un grand monstre quand je vous propose ma
mauvaise fortune. »

Ce monstre, il crut avoir trouvé, vers la fin de sa vie, l'Hercule
qui le terrasserait. C'était, précisément, Richelieu. Malherbe était
d'avance tout préparé à admirer le grand homme. Celui-ci, en ces
années de tâtonnement, ne restait-il pas, pour quelques années encore, le bras droit de Marie de Médicis ? Il faut lire les éloges que
Malherbe fait du cardinal dans une lettre à Racan en septembre
1625, dans une autre à M. de Mentin en octobre 1627. Éloges
sincères sans aucun doute, mais qui révèlent les espoirs du vieux
poète, sa confiance, le sentiment qu'il a d'avoir enfin trouvé un
véritable appui.

Il ne fut pas déçu. En décembre 1626, il pouvait écrire à
Peiresc que Richelieu lui avait promis « toute sorte de faveur ». En
fait, il venait d'obtenir une grâce solide, un office de trésorier de
France en Provence, de nouvelle création. La charge était, en octobre, fermement accordée, et l'on n'attendait plus que la publication
de l'édit.

Mais la destinée était hostile à Malherbe. La mort tragique de
son fils marqua cruellement la fin de sa vie. Il voulut en tirer
vengeance. Ses ennemis étaient puissants. L'archevêque d'Aix les
favorisait. Le parlement de Provence penchait de leur côté. Le
garde des sceaux, Michel de Marillac, leur accorda les lettres de

rémission qu'ils demandaient. La « fortune » de Malherbe était décidément un « grand monstre ».

Il n'importait plus guère d'ailleurs. La vieillesse était venue. Elle était triste pour lui, plus encore que pour beaucoup d'autres. Il écrivait à Balzac, en 1625 : « Je ne suis pas enterré, mais ceux qui le sont ne sont pas plus morts que moi. » Non pas qu'il fût infirme. Mais il avait vécu pour la joie, et la joie n'avait plus pour lui de sens. Il avait glissé dans l'indifférence, et l'indifférence lui était insupportable.

Il sentait venir la fin. « Je suis bien près de la mort », écrivait-il en janvier 1628 à son cousin Du Bouillon-Malherbe. Il continua pourtant de lutter pour tirer vengeance des meurtriers de son fils. Il alla à La Rochelle. Il se promettait d'aller à Toulouse pour y soutenir sa cause contre eux. La mort ne lui en laissa pas le temps.

À lire son œuvre, nous l'imaginerions tout occupé à développer sous une forme magnifique les lieux communs de la morale et de la politique. Il suffit de l'écouter quand il parle à ses proches pour découvrir à quel point la vérité est différente. Il est beaucoup plus humain qu'il ne semble. Aucun document n'est plus révélateur à ce sujet, que la lettre où il annonce à sa femme la mort de leur petite Jourdaine. Il a quarante ans alors ; on le croirait durci contre les épreuves. Sa sensibilité pourtant se révèle merveilleusement tendre, désarmée devant le malheur, insoucieuse des hypocrites consolations dont la vanité des hommes se plaît si souvent à masquer leur sécheresse foncière. Ne doutons pas qu'il ait aimé de même son Marc-Antoine, et la douleur qu'il éprouva de sa mort ne devait rien à la vanité, ni aux convenances. Il aimait ce fils qui lui ressemblait si fort, il aimait son intelligence brillante, son ardeur à vivre, son courage un peu fou. Il se retrouvait en lui. Sa mort le désespéra.

Sur un autre plan encore, sa sensibilité se révèle de façon inattendue. Il aime Paris, il aime sa rue, sa chambre, le cadre familier où il vit. Et nous nous rappelons alors que Saint-Cyran, vers le même temps, aimait les arbres de son abbaye, qu'il aimait sa vieille robe de chambre. C'est par des traits comme ceux-là que nous sommes séduits et touchés.

Malheureusement ce n'est pas de cela qu'il parle dans ses vers. Il ne croit pas qu'il lui faille s'y exprimer dans ce qu'il a de naturel, de spontané, de profond. Depuis Bertaut et Du Perron, la poésie française est toute tournée vers l'exaltation des grandes idées religieuses et politiques sur lesquelles se fonde, à la même époque, la restauration de l'ordre public.

À cette restauration il est très vrai d'ailleurs qu'il donnait une adhésion sans réticence. Il ne l'attendait que de la monarchie. Ce n'est pas une phrase vaine s'il souhaite à la reine beaucoup d'enfants. La pérennité de la race royale est la première condition de la grandeur française.

Il a un juste sentiment des nécessités de la politique contemporaine. Il sait qu'à la moindre défaillance de l'autorité centrale, les princes sont prêts à créer de nouveaux troubles, et qu'à l'extérieur les puissances guettent l'occasion d'attaquer le royaume. Ce qu'il attend du roi, ce qu'il est heureux d'observer chez le tout jeune Louis XIII, c'est un naturel qui le porte au bien, mais c'est aussi qu'il ait de l'inclination à la guerre, et qu'il soit extrêmement jaloux de sa grandeur. De telles opinions peuvent nous choquer aujourd'hui. Elles répondent pourtant aux nécessités les plus pressantes et les plus graves du siècle de Malherbe. Il suffit d'observer l'histoire de notre pays entre la mort d'Henri IV et l'avènement de Richelieu pour comprendre à quel point le royaume restait menacé par un retour de l'anarchie.

Malherbe aime l'ordre. Mais c'est qu'il aime la paix, et pour nulle autre raison. Il ne croit pas du tout que Concini et Luynes soient des grands hommes, et que la politique suivie soit la meilleure. Mais il est content quand il peut dire que tout est paisible. Il en remercie Dieu et « notre bonne reine ». Il est convaincu que le devoir d'un Français est d'adhérer à toutes les volontés du prince. Il se méfie du moindre signe d'indépendance. Pour lui un homme qui annonce que les affaires iront mal est un homme qui le souhaite et qui pense sans doute qu'à force de le dire, il réussira à les faire mal aller.

À l'arrière-plan de cette politique, nous discernons sans peine une philosophie, si l'on appelle de ce nom une vision générale de l'univers et de la vie. Malherbe est trop attaché à l'ordre dans l'État pour ne pas adhérer, en même temps et d'un même mouvement, à l'ordre universel des choses.

Il existait en son temps plus d'une manière de concevoir cet ordre. Pour ne rien dire des hommes du parti religieux, certains, parmi les humanistes, adoraient dans l'univers l'œuvre d'une Sagesse et d'une Bonté infinies. Ils voulaient croire que tout est bien, et devant la souffrance ou l'injustice, ils se bornaient à adorer en silence les secrets desseins de l'Être suprême. D'autres, moins disposés à l'acceptation, sentaient vivement les absurdités et les cruautés de la vie. Sans doute admettaient-ils l'existence d'un Dieu au sommet des choses. Mais le monde, tel qu'ils le voyaient, était en réalité livré à des forces aveugles et mauvaises, contre lesquelles l'homme reste désarmé.

Malherbe était, de toute évidence, acquis à cette philosophie pessimiste. Certes, il croyait en Dieu. Il lui arrive d'écrire que nous sommes entre ses mains, qu'il nous faut, comme d'un père, recevoir de lui ce qu'il lui plaît de nous envoyer. Mais il croit aussi, et bien plus fortement, au Destin, à une force maligne qui s'amuse à tromper les calculs de notre prudence et à déjouer nos prévisions. Plutôt qu'une Sagesse et une Bonté infinies, Malherbe voit dans la marche du monde les interventions d'une puissance acharnée à nous faire souffrir.

Nous ne sommes donc pas étonnés lorsqu'il nous dit qu'à ses yeux cette vie est pure sottise, et que nous avons grand tort de la tant estimer. Tout, sur terre, lui paraît songe, ombre, fumée. Tout serait vain, d'une vanité sans espoir, si Malherbe ne maintenait envers et contre tout l'idée d'un Dieu dominant de très haut la marche du monde. Il recommande, comme l'ancien stoïcisme, la fermeté de l'âme en présence de la vie. Mais c'est un stoïcisme presque constamment désespéré.

Comment un homme à ce point détaché de toutes choses aurait-il donné une adhésion cordiale aux orthodoxies officielles qui se rétablissaient sous ses yeux, et qu'il avait pour mission d'exalter ? Et d'abord, quel sens avait pour lui l'orthodoxie religieuse ? Nous avons peine à comprendre comment se conciliaient chez lui les croyances catholiques qu'il professait avec tant d'éclat, et certains mots, d'une authenticité certaine, qui nous ont été conservés. Lorsque nous apprenons qu'il disait que « la religion des honnêtes gens était celle de leur prince », nous en tirons cette conclusion qu'à Londres, à Amsterdam ou à Zurich il aurait donc été protestant avec autant de conviction qu'il était catholique à Paris. De même il a écrit des vers pour accabler les réformés de La Rochelle, mais quand il parlait librement, il avouait l'absurdité de cette guerre, où *l'on se tuait, disait-il, parce que les uns voulaient communier sous les deux espèces et que les autres prétendaient les en empêcher. Son détachement à l'endroit de l'orthodoxie politique n'était pas moins grand. « Ne vous souciez, disait-il, que de bien servir, vous ne manquerez jamais de maître. » S'il a sincèrement admiré Henri IV et Richelieu, il n'est pas du tout évident qu'il ait reconnu au régime monarchique le caractère sacré et les origines divines qu'une tradition presque unanime lui reconnaissait alors.*

A comparer ces opinions intimes de l'homme, et celles que le poète affirme dans son œuvre, certains seraient tentés de parler d'hypocrisie. Ce serait sans nul doute une erreur. Si Malherbe affirmait une adhésion si forte à toutes les formes de l'orthodoxie, ce n'était pas qu'il fût un bas flatteur, comme certains sembleraient le croire. C'est que l'ordre public lui apparaissait comme la première nécessité, c'est que quarante ans d'anarchie venaient de faire l'effrayante démonstration du besoin qu'ont les hommes de se soumettre à un pouvoir fort. D'où ces formules, chez lui, qui scandalisent les belles âmes, et où nous devons au contraire admirer son bon sens, et surtout cette idée, solidement ancrée chez lui, que la seule chose sérieuse, dans un État, c'est le prix du pain, c'est la satisfaction des humbles besoins de la vie matérielle. Et s'il se montrait docile à la religion officielle, c'était sans doute en ce sens que le catholicisme était, pour un Français, la forme que revêtait cette religion universelle par où les hommes, dans tous les siècles et sous tous les climats, honorent la puissance infinie qui a réglé l'ordre du monde.

De toutes les vaines activités de cette vie, la poésie n'était peut-être pas, à ses yeux, la moins vaine. Mais il avait, à l'époque de ses vingt ans, vécu dans une société d'humanistes normands où elle régnait en souveraine, et où le moindre événement servait de prétexte à écrire des vers. Puis il était allé en Provence, et la cour d'Henri d'Angoulême était tout occupée de poésies religieuses, morales ou galantes, à la manière des cours princières d'Italie. À Paris même, la poésie faisait de plus en plus figure d'activité politique ; elle pouvait être un excellent moyen de parvenir. Les opulents bénéfices qui avaient récompensé le zèle de Desportes, de Bertaut, de Du Perron, devaient inspirer à Malherbe l'espoir de s'élever, grâce à son talent, à une brillante situation.

Il y était bien préparé. Il avait fait de fortes études latines et grecques, au point que plus tard il était capable de mettre dans ses lettres des citations de vers grecs, et qu'à plusieurs époques de sa vie, il entreprit de traduire des œuvres de l'antiquité latine, ou quelque roman néo-latin de Barclay. Il s'occupait volontiers de recherches d'histoire. Il s'intéressait à quelque inscription antique, à de vieilles monnaies, à des médailles. L'érudition médiévale ne le laissait pas indifférent. Il connaissait les travaux de William Camden et d'André Du Chesne. Il lui arriva de discuter avec le pasteur Ferrier sur la vérité historique de la tradition des Onze mille vierges, et d'aller contrôler une citation dans les Fasti sanctorum d'un savant jésuite flamand, que le pasteur avait à tort invoquée.

À vingt ans, il aurait pu devenir un poète humaniste. Tout le monde l'était autour de lui. Vauquelin de La Fresnaye l'était, et Jean Rouxel, et Jacques de Cahaignes. L'Épitaphe de Geneviève Rouxel, qu'il compose alors, et qui n'était d'ailleurs que la traduction des vers latins de Cahaignes sur le même sujet, nous permet de saisir le point de départ de son œuvre poétique, de son style, de sa langue.

Ce n'était qu'un point de départ, et Malherbe allait bientôt se trouver, en Provence, dans une société sensiblement différente de celle qu'il avait connue à Caen. Elle était pourtant, elle aussi, marquée par l'humanisme du temps, et c'est ainsi que Malherbe, en compagnie de son maître Henri d'Angoulême, apporte sa contribution au volume collectif publié sur la main d'Étienne Pasquier. Son nom y figurait à côté de ceux des plus illustres humanistes, Turnèbe, Nicolas Rapin, Scévole de Sainte-Marthe.

Mais une autre influence s'y faisait sentir, celle de l'Italie toute proche. Et c'est ainsi que s'explique sa première œuvre importante, ses Larmes de saint Pierre. Œuvre caractéristique, non pas tellement du génie de Malherbe, mais de la culture européenne au temps de la Contre-Réforme. Pompeuse, pleine d'emphase, elle est toute voisine, par l'inspiration, de l'architecture et de la peinture contemporaines, sans grâce, sans vérité, mais solide, habile, et réussissant très souvent d'intéressants effets d'un pathétique de convention.

Les deux pièces que Malherbe composa alors sur le thème de l'amour sont, elles aussi, caractéristiques de l'époque. Les subtilités du pétrarquisme sont dès lors écartées, et les chimères de l'amour platonique. En ces temps où la force compte plus qu'elle n'a jamais *fait, l'amour est devenu volonté de puissance. La véritable vertu, bien différente d'un honneur qui n'est que convention, est, pour l'homme comme pour la femme, dans la victoire et la conquête.*

Il écrivait peu d'ailleurs, une demi-douzaine de pièces en neuf ans. Il en composa moins encore durant le séjour prolongé qu'il fit ensuite en Normandie. Une inscription, un sonnet sur un ami qui venait d'être assassiné, une « consolation » à un autre qui venait de perdre sa fille. Nous devinons qu'à cette époque la poésie ne l'occupe plus guère.

Il s'y consacra un peu plus lorsqu'en 1595 il revint en Provence pour un second séjour. Nous avons peut-être quelque droit de penser que la présence à Aix de Guillaume Du Vair fut pour beaucoup dans ce retour à la poésie. L'illustre magistrat venait d'être chargé de présider la chambre de justice de Marseille lorsqu'en 1596 Malherbe composa une ode pour célébrer la reprise de cette ville par l'armée royale. Puis, en 1600, il reçut l'honorable mission d'écrire les vers de bienvenue pour la nouvelle reine, et de les lire lui-même au cours de la fête qui marqua l'entrée de Marie de Médicis à Aix. Guillaume Du Vair était là, au premier rang. Il avait été, en 1599, nommé premier président au parlement de Provence. Et c'est encore le nom de Du Vair que nous rencontrons lorsque nous voyons Malherbe occupé à traduire en vers français le poème latin de Grotius sur le siège héroïque d'Ostende. Dans le même temps le président Du Vair composait un poème sur le même sujet, et les deux pièces furent envoyées ensemble à Scaliger, le plus illustre des humanistes du temps.

On commençait à voir des vers de Malherbe dans les recueils de poésie qui paraissaient à Paris et à Rouen. Les Larmes de saint Pierre *avaient sans doute fait quelque bruit car on les imprimait dans des volumes de 1598 et de 1599. Un recueil parisien, celui des* Muses françaises ralliées, *y joignait sa* Victoire de la constance *déjà parue en 1597 à Rouen. Une autre édition du même recueil, en 1603, contenait six pièces de lui. Cet homme, longtemps resté inconnu, sortait un peu de l'obscurité : il allait avoir cinquante ans.*

L'événement décisif se produisit en 1605, et c'est encore le nom du président Du Vair qui apparaît à son origine. Cette année-là, le président fit le voyage de Paris. Il emmenait Malherbe. Un ancien ami de Normandie, Vauquelin des Yveteaux, parla pour son compatriote. Malherbe reçut la commande d'une pièce de vers. Elle plut, et c'est alors que sa véritable carrière de poète commença.

De toutes les formes de poésie alors en vogue, il ne retiendra guère désormais que le lyrisme d'apparat, qui est ce que ses protecteurs lui demandent. Ce sont les événements de la politique, ce sont les naissances de la famille royale, c'est une maladie du roi qui vont l'occuper de façon à peu près exclusive.

Il a commencé par des stances sur l'expédition d'Henri IV contre les révoltés du Limousin. Il continuera en exaltant la prompte soumission de Sedan, ou en flétrissant un attentat commis contre le roi. Il célèbre la naissance des fils du couple royal et leur promet la conquête du monde. Parfois aussi il reçoit commande de vers pour les ballets de cour, pour un ballet de la reine, ou du dauphin, ou de Madame Élisabeth, ou encore pour un carrousel. Il lui arrive de composer des vers pour quelque grand seigneur, ou quelque dame du plus haut rang. Il en adresse à la princesse de Condé, à son patron, M. de Bellegarde. Il écrit l'épitaphe de Mlle de Conty, qui ne vécut que douze jours.

Il compose pourtant, en moindre nombre, des vers d'amour. Mais ils ne ressemblent guère à ceux de Ronsard ; ils ne sont pas moins différents des pièces où les pétrarquistes du siècle précédent avaient exprimé les raffinements les plus subtils de la rhétorique amoureuse. On oserait presque dire que les vers d'amour de Malherbe sont encore, à leur manière, de la poésie d'apparat. Souvent d'ailleurs il s'exprime pour le compte d'un de ses protecteurs, pour Henri IV surtout. Mais n'est-il pas vraisemblable, ou fort possible, que les vers à Chrysante sont, eux aussi, des vers de commande ? Peu importe au surplus, car lorsque Malherbe s'adresse à la vicomtesse d'Auchy, lorsque par conséquent il parle en son propre nom, il garde le même ton, ce ton qui était maintenant de rigueur chez ceux qui avaient l'honneur d'être « poètes du Louvre ».

Car depuis 1590, la poésie d'amour avait elle-même adopté ces allures nobles et compassées qui semblaient les seules dignes du courtisan de la nouvelle manière. Un excellent historien de cette époque, M. Marcel Raymond, a dit que les subtilités du néo-pétrarquisme en honneur à la cour d'Henri III, avaient fait place à une poésie sentimentale où l'amour se présentait sous un aspect plus viril, militaire et glorieux. C'est cette poésie qui régnait au Louvre. C'est elle que nous retrouvons dans les vers d'amour de Malherbe.

Ses poésies, peu nombreuses, commençaient pourtant à figurer dans les recueils collectifs de l'époque. Il était vraisemblablement en rapport avec un esprit curieux et savant, M. Despinelle, et celui-ci, fort occupé d'éditions, n'oubliait pas de mettre des vers de Malherbe dans les volumes qu'il publiait. Si les Muses françaises ralliées de 1606 ne faisaient que reproduire une édition de 1603 où se lisaient déjà six pièces de Malherbe, le Parnasse des plus excellents poètes, publié avec une préface du même Despinelle, apportait dans ses deux volumes, en 1607, sept pièces encore inédites. D'autre part, la vicomtesse d'Auchy inspirait, en 1609, la publication d'un Nouveau recueil des plus beaux vers de ce temps. On y trouvait quinze pièces de Malherbe, dont douze nouvelles.

La période de la Régence, en donnant à Malherbe une situation privilégiée auprès de Marie de Médicis, fit apparaître avec plus de netteté encore le caractère presque officiel de sa poésie. C'est à cette époque qu'il compose ses pièces politiques les plus nombreuses, sur le prestige et les succès du régime, sur la soumission des princes en 1614, sur la conclusion des mariages espagnols en 1615. Un thème nouveau apparaît, et qui s'explique sans peine lorsqu'on songe que le parti religieux, après la mort d'Henri IV, exerce sur le monde officiel une emprise qu'il n'avait pas eue jusque-là. Malherbe écrit alors ses Stances spirituelles et ses paraphrases de psaume. De même il compose des vers pour les fêtes officielles et pour les ballets de cour. S'il lui arrive d'écrire des vers à une femme, c'est à sa noble amie la marquise de Rambouillet. Une fois il laisse un éditeur mettre de ses vers dans un recueil de poésies. Mais c'est que les Délices de la poésie française, en 1615, sont dédiés à la grande dame qui plus que toute autre le patronne, la princesse de Conty.

Nous ne sommes pas étonnés lorsque nous constatons qu'après 1615 il rentre à peu près dans le silence. C'est le temps où il écrit qu'il n'est plus de la cour, ni du monde. Il n'avait été poète que pour eux, et pour les récompenses qu'il en attendait. Il n'avait plus, semblait-il, de raison de continuer à l'être. Il revint pourtant à la poésie, mais bien peu, et plus tard, après 1623. Maintenant que Luynes était mort, Marie de Médicis retrouvait son influence, et déjà la figure de Richelieu se profilait derrière elle. Malherbe reprit donc sa plume, il écrivit des vers pour le roi, pour Monsieur. Il en fit pour Bellegarde quand celui-ci se prit de passion pour la jeune Anne d'Autriche. Il composa trois pièces où il disait son admiration pour le Cardinal. Le siège de La Rochelle lui parut un beau sujet à traiter.

Mais il n'avait plus tout à fait confiance dans les Grands qu'il avait passé sa vie à exalter. Il est émouvant d'observer qu'une de ses dernières pièces, ce sont les belles stances écrites en marge du psaume CXLIV. Malherbe maintenant sait, mieux qu'il n'a jamais su, que les promesses du monde sont un leurre, que la faveur des Grands est trompeuse comme l'onde. Le vieux poète de cour a compris que tout est songe. Il ne veut plus aimer que Dieu, au-delà de cette vie.

C'est pourtant dans cette dernière partie de sa carrière, alors qu'il avait atteint et dépassé la soixantaine, alors qu'il n'écrivait plus guère, c'est alors que son nom s'était progressivement imposé dans le monde des lettres.

Ses vers maintenant tiennent une place grandissante dans les recueils. Les Délices de la poésie française, en 1618, reprennent les pièces déjà parues en 1615, mais avec des variantes qui donnent à penser que le poète a suivi le travail de l'imprimeur. Puis le Second livre des Délices, en 1620, apporte de lui douze pièces nouvelles. En 1621, le Dernier recueil rassemble quarante-neuf de ses poésies, et ce chiffre le met nettement hors de pair. Mais il est dépassé, en 1627, par le Recueil des plus beaux vers. Celui-ci contient soixante-deux pièces de Malherbe. Le volume est précédé d'ailleurs d'un Avis du Libraire au Lecteur qui lui donne un caractère exceptionnel. Il nous apprend que toutes les pièces qui forment ce volume sont « sorties de M. de Malherbe et de ceux qu'il avoue pour ses écoliers ». Il ajoute au surplus que « les grands esprits comme sont ceux-ci ne vieillissent jamais, non plus que les dieux ». Cette fois nous savons que Malherbe est le chef de l'école moderne, et que les autres poètes admis dans ce recueil se reconnaissent pour « ses écoliers ».

Il faisait figure de maître. Il le faisait sans peine, et, nous le devinons, volontiers. Il avait, par tempérament, le goût d'affirmer ses idées, et de prononcer des jugements sans appel. Il était né pour *avoir des disciples. Il semble que peu de temps après son arrivée à Paris, et dès 1607, Mainard se soit mis à son école. Racan, qui vivait chez M. de Bellegarde, ne fut pas long à manifester pour le poète, son aîné, une admiration et une docilité qui parurent même exagérées à certains. On l'appelait « page de Malherbe plutôt que page du roi ». Quelques hommes de lettres de moindre renom, Colomby, Touvant, Yvrande, se montraient dociles à ses conseils.*

Mais c'est après 1615, c'est plus précisément après 1620, que le vieux poète fait figure véritablement de chef d'école. Il continue de réunir dans son modeste logement de la rue des Petits-Champs quelques admirateurs qui se sont mis à sa suite. Ce ne sont plus d'ailleurs tout à fait les mêmes que naguère. Mainard réside la plupart du temps en Auvergne. Touvant est mort. Racan, à partir de 1621, accompagne l'armée dans ses campagnes, ou se retire en Touraine. Colomby et Yvrande restent les plus assidus parmi les anciens. Mais d'autres hommes sont là, qui recueillent les boutades par où le vieux maître leur révèle les secrets de la saine doctrine. Et ce sont des prosateurs, des critiques, des grammairiens. C'est Chapelain d'abord. C'est aussi Balzac, Faret, Vaugelas, tous ceux qui, dans quelques années, deviendront les modèles de la prose française et les théoriciens de notre langue. Malherbe est leur maître à tous, ils se retrouvent autour de lui, si bien qu'en 1627, en même temps que le Recueil des plus excellents vers, *nous voyons paraître un autre volume collectif, de prose celui-là, le* Recueil de lettres *publié par les soins de Faret, et qui groupe, autour d'un ensemble important de lettres de Malherbe, celles de Balzac, de Silbon, de Colomby et de Boisrobert.*

Malherbe n'avait d'ailleurs pas attendu jusque-là pour avoir ce que nous appelons une doctrine, et qui était plutôt un tout petit nombre de principes très simples et de règles précises, pour justifier à la fois ses jugements sur les vers des autres, et ses exigences sur les siens. Ces principes et ces règles, il semble qu'ils avaient déjà pris corps dans son esprit lorsqu'il écrivit sa Consolation à Cléophon. *Elle annonce, elle fait mieux que donner à pressentir, sa nouvelle manière. De même, lorsqu'en 1598-1599 il reçut à Caen les visites de Montchrestien, il lui fit corriger dans le détail les vers de sa* Sophonisbe, *et les corrections apportées prouvent de façon évidente qu'il est maintenant en pleine possession de sa doctrine. Nous la retrouvons, quelques années plus tard, dans les notes dont il* couvre, en 1606, son exemplaire des Poésies de Desportes. *Et cette fois nous comprenons qu'il a été sur le point de publier un volume où il aurait dit publiquement ce qu'il pensait de son devancier, et sans doute de quelques autres. Mais Desportes mourut, Malherbe était paresseux, et l'ouvrage ne parut pas.*

Lorsqu'il annotait les poésies de Desportes, Malherbe venait de passer six ans dans la société de Guillaume Du Vair à Aix. Comment serions-nous étonnés des rapports évidents qui apparaissent entre la doctrine de l'illustre magistrat sur l'art oratoire, et celle de Malherbe sur les règles de notre poésie. Les problèmes qui se posaient à l'un et à l'autre étaient les mêmes. Dans son traité De l'éloquence française, en 1594, Du Vair avait blâmé le luxe et la profusion des ornements qui étaient alors à la mode dans les discours, le goût des orateurs pour l'excès et l'enflure, pour les artifices, pour les ornements affectés. Il avait mis au premier rang des vertus de la prose française la clarté et la sobriété. Il avait recommandé les enchaînements exacts, la parfaite justesse des mots. Il avait notamment blâmé l'abus des images qui se substituent au terme propre et n'aboutissent qu'à créer l'obscurité. Il serait peut-être imprudent de soutenir que Malherbe eut besoin du président Du Vair pour fixer sa propre pensée. Mais nous devons reconnaître que les grandes lignes de la doctrine exposée par l'orateur correspondent fort exactement aux principes généraux qui inspirent les jugements du poète.

Au surplus, pourquoi chercherions-nous à la doctrine de Malherbe une origine précise ? Elle correspondait en réalité au mouvement général des idées et du goût dans les dernières années du xvᵉ siècle, et ce mouvement n'était qu'un aspect de l'évolution, plus générale encore, de la société française à cette époque. Depuis 1570, les milieux aristocratiques donnaient de plus en plus le ton, alors que le rayonnement de l'Université ne faisait que décroître. Les salons réclamaient une langue plus claire, dépouillée de ses latinismes et de ses expressions archaïques. Sur un point précis, sur l'emploi de la mythologie, un témoin nous apprend qu'en 1580 « les grands de la cour » ont commencé d'avoir en mépris « une si mauvaise manière de poésie » parce qu'ils n'y trouvent qu'obscurité et confusion. L'ordre monarchique, en se restaurant, entraînait également chez les amateurs de belles lettres une exigence de discipline qui ne tolérait plus l'indépendance d'allure de la Pléiade. Les humanistes mêmes ne se sentaient plus à l'unisson de leurs aînés. Si la doctrine de Malherbe lui est personnelle, c'est seulement par l'intransigeance des formules et la vivacité des condamnations.

Ce ne sont pas là des attitudes que l'on ait coutume d'abandonner en vieillissant. Malherbe, entouré de Chapelain, de Balzac, et bientôt de Vaugelas et de Faret, devint alors le « vieux grammairien » dont Balzac a parlé avec un sourire. Car de moins en moins, semble-t-il, le poète s'occupe de l'art des vers. C'est la langue française qui est l'objet de sa principale étude, et plus précisément la prose française. Il l'enseigne à ceux qui l'approchent. Il se propose d'en donner des modèles par des traductions de prosateurs latins. Déjà en des temps anciens, quand il était tout rempli de la philosophie stoïcienne, il avait passé quelques années à traduire Sénèque. Plus récemment il avait entrepris une traduction du XXIIIᵉ livre de Tite-Live et l'avait publiée. Il traduisait maintenant le De naturalibus quaestionibus de Sénèque. Il espérait de la sorte apporter une contribution magistrale à la formation d'une langue française enfin pure, régulière, parfaitement nette et claire, telle que depuis vingt-cinq ans il n'avait cessé de la recommander et de la promouvoir.

De son vivant il avait été le maître incontesté de la nouvelle littérature. Il resta, à travers le siècle, l'homme qui avait fait régner l'ordre et la raison dans les lettres françaises, qui avait assuré le triomphe du bon goût, qui avait fixé les lois définitives de notre poésie. Ceux qui ne reconnaissaient pas son autorité n'étaient, aux yeux des gens sérieux, que des « extravagants ». Qu'est-il devenu pour nous ?

On aurait pu s'attendre qu'il parût aujourd'hui tellement loin de nous que son œuvre fût désormais sans véritable intérêt. La poésie était pour lui, et déjà Chapelain l'avait bien vu, de la belle éloquence rimée. Et voici que Verlaine nous a appris que, pour être poète, il faut d'abord tordre le cou à l'éloquence. Il avait, dans l'œuvre poétique, mis au tout premier rang le langage. Et depuis Rimbaud, depuis les surréalistes surtout, la poésie n'apparaît que dans la désintégration du langage. Comment Malherbe nous séduirait-il encore ?

Certains pourtant trouvent dans ses vers une étrange modernité. Ils l'admirent d'avoir été si exigeant, d'avoir tellement insisté sur l'idée de contrainte, et d'en être venu, croient-ils du moins, à y réduire l'essence de l'art. Conception qui ne date pas de Paul Valéry et qui peut se réclamer des vers fameux de Gautier. Mais conception paradoxale lorsqu'elle est poussée jusqu'à ses extrêmes limites, puisqu'elle en viendrait à juger une œuvre par la souffrance que son auteur s'est imposée pour l'écrire. Ce n'est pas parce que Malherbe a beaucoup peiné sur ses vers qu'il peut encore nous plaire aujourd'hui.

C'est d'abord que dans son œuvre les admirables réussites abondent. C'est tantôt l'équilibre heureux d'une strophe, tantôt une phrase qui part avec un élan magnifique ou qui se déploie en une sorte de vol harmonieux. Tantôt, c'est très simplement et très profondément un beau vers, aux longues et secrètes résonances. Et sans doute, ces réussites, Malherbe les doit à son effort, aux contraintes de ses exigences. Mais ce n'est pas cet effort, ce ne sont pas ces contraintes qui fondent cette beauté. Ils n'en peuvent être que la condition. Nous n'avons pas tellement à les connaître. C'est le chef-d'œuvre qui compte, c'est le ravissement qu'il produit en nous.

Cette joie en présence de la beauté n'est pas la seule au surplus que l'œuvre de Malherbe soit capable de nous donner. Si nous sommes sensibles à cette grande réalité qu'est l'histoire des civilisations, comment ne sentirions-nous pas, dans sa poésie, l'expression tout à fait éminente d'une époque de la culture européenne, celle qui succède à la Renaissance, et qui correspond à l'état politique et social de l'Europe après la grande crise de la Réforme ? L'ordre qui domine toute l'œuvre de Malherbe, qu'est-il donc que l'expression de l'ordre politique restauré ? La majesté de ses vers ne fait que traduire l'exigence de grandeur qui anime alors les hiérarchies. Et si cette majesté nous semble marquée de froideur, ce n'est pas à Malherbe que nous le devons imputer, c'est à son époque tout entière.

Ce n'est pas réduire l'importance de l'œuvre de Malherbe, ni en diminuer la valeur que d'y voir de la sorte l'expression supérieure de son siècle. Que font, après tout, les grands écrivains, que de donner un langage aux pensées informulées et aux aspirations confuses de leur temps. Leur grandeur n'est-elle pas d'incarner un moment de l'esprit humain et de son histoire ? Malherbe est un grand écrivain.

Antoine Adam

NOTE DE LA PRÉSENTE ÉDITION
(1982)

Elle reprend pour l'essentiel celle qu'Antoine Adam avait établie en 1971 pour la Bibliothèque de la Pléiade. Nous avons intégralement conservé l'introduction, la chronologie, la bibliographie, les notes de sens, la mention des éditions et du texte retenu. En revanche, conformément aux principes à peu près constants de cette collection, nous n'avons pas fait état des variantes et, par là même, nous n'avons pas retenu l'indication des manuscrits.

Poésies

Naguère tout à coup un dormir éternel
Serra sous le tombeau Geneviève Roussel,
Et presque sans sentir aucune maladie
D'une mort imprévue à nos yeux fut ravie.
Chacun va discourant d'un penser incertain
6 Quelle est l'occasion de ce trépas soudain.
Les avis sont divers. Pour ôter ce discord
Je vous raconterai la cause de sa mort.
Tandis que cette vierge ardentement poussée
D'un feu vraiment céleste élève sa pensée
À Christ tant seulement, dédaignant les plaisirs
12 Où le mortel assied ses frivoles désirs,
Son âme incontinent de ce corps dévêtue
D'un vol libre et isnel[1] se haussa dans la nue,
Et là affriandée[2] au nectar doucereux,
Se fit sans retourner citoyenne des cieux,
Pour jouir désormais loin de cette ombre obscure
18 De la sainte clarté éternellement pure.

LARMES DU SIEUR MALHERBE

Donques tu ne vis plus, Geneviève, et la mort
En l'avril de tes mois a montré son effort :

27

Donques il t'a fallu en la fleur de ton âge
Payer à crèvecœur de Charon le naulage[1].
5 Nous ne te verrons plus, car les sévères cieux
Nous enviant cet heur, t'ont ôtée à nos yeux ;
Cieux lâchement cruels, si vous aviez envie
D'accourcir si soudain la trame de sa vie,
Pourquoi premièrement la nous montrâtes-vous ?
10 Ne l'ayant vue, hélas ! nous n'aurions ce courroux
Qui maintenant fâcheux nos courages bourrelle
De nous voir éloignés d'une chose si belle :
Ou bien si du destin la fatale rigueur
Nous réservait, hélas ! ce désastré malheur[2]
15 De la perdre si tôt, que ne l'aviez-vous faite
De vos rares faveurs moins richement parfaite.
Notre ennui serait moindre, et de sa triste mort
Nous n'aurions un regret si cruel et si fort ;
Et, peut-être, un bref temps briderait la carrière
20 Des pleurs qui jour et nuit mouillent notre paupière :
Mais, las ! vous lui avez prodigué tant votre heur[3],
Pour faire en nous l'ôtant croître notre douleur,
Et afin que des ans la course entresuivie[4]
Ne vît jamais cesser notre peine infinie.
25 Cieux, vous avez mal fait en voulant par sa mort
Nous affliger ça-bas[5], vous vous êtes fait tort :
Car ceux qui regardant la noble architecture
De ce bienheureux corps, admirant la nature
Des astres, et de vous la puissante grandeur,
30 Ores étant privés d'un si rare bonheur,
Avec mille soupirs que la juste colère
Leur tire des poumons, pleurent notre misère,
Accusant votre orgueil d'avoir si tôt défait
Ce que si riche et beau vous-mêmes aviez fait ;
35 Et n'y a rien en quoi désormais on contemple
Votre hautain[6] pouvoir, puisque le seul exemple
Où de tous vos présents le trésor amassé
Reluisait, est par vous maintenant effacé.
Tant de rares faveurs, tant de grâces honnêtes,
40 Tant de sages vertus, tant de beautés parfaites,
Qui eussent alenti[7] d'un tigre le courroux,

Ne vous ont pu mouvoir à lui être plus doux.
Las ! nous avons perdu des filles l'outrepasse[8],
Des neuf muses la muse, et des grâces la grâce !
45 Geneviève Roussel, Geneviève l'honneur
De ce cercle, et de Caen la perle et le bonheur ;
Las ! Geneviève, hélas ! ta beauté tant exquise,
Vaine contre la mort sous terre a été mise.
Cette virginité que si soigneusement
50 Tu avais défendue encontre maint amant[9],
N'a su vaincre la Parque, et de ce beau trophée
La salle de Pluton est ores étoffée ;
Lieu horrible ! et vraiment indigne de loger
Ce trésor qu'ici-bas tu avais eu si cher !
55 Ce luth, qui sous tes doigts, d'une douce harmonie
Charmait des écoutants et les yeux et l'ouïe,
Pendu ores au croc triste et muet se deut[10]
Et plus sous autre main fredonner il ne veut ;
Il se couvre d'ordure et l'areigne venteuse[11]
60 Ourdit tout à l'entour une toile poudreuse[12].
Tes beaux yeux d'où l'amour épuis[ait] mille dards,
Mille traits, mille feux, et mille attraits mignards,
Pour poindre tout d'un coup, blesser, brûler, attraire
Celui qui fou, osait attendre leur lumière,
65 Desséchés sous la lame, au lieu de leur splendeur
Sont ore enveloppés d'une sale noirceur.
Ta bouche dont le miel d'une douceur exquise
Distillait od[o]reux[13] confit en mignardise,
À cette heure a perdu ce qu'elle avait de beau,
70 Son sucre, et son parfum, hôtesse du tombeau.
Ce tant pudique sein, cette main blanchissante,
Ces pieds qui en hiver faisaient dessous leur plante
Naître un émail luisant de fleurons bigarrés,
Flétrissent maintenant, au sépulcre serrés :
75 Et bref plus entre nous ne reste aucune trace,
Fors un bruit glorieux de ta première grâce.
Geneviève n'est plus, et s'en allant d'ici
N'a rien laissé de soi qu'un ennuyeux souci.
Geneviève avec toi [morte est][14] la gentillesse,
80 Morte est toute vertu, morte toute liesse,

Et tout ce que ça-bas nous avions de plus beau,
Pour ne vivre après toi t'a suivie au tombeau.
Les Muses avec toi, Geneviève, vécurent[15],
Les Muses avec toi, Geneviève, moururent.
85 Ta mère s'attendait qu'ell' verrait quelquefois
Ton chaste cœur rangé sous les nocières[16] lois ;
Plût à Dieu qu'ainsi fût, et que la destinée
Se fût hélas ! vers toi d'un plus doux œil tournée,
Nous eussions vu hymen en habillement blanc
90 D'agrafe retroussé bravement sur le flanc,
D'une verte guirlande environner sa tête,
Et marcher le premier à célébrer ta fête.
Tu fusses allée après, et cent cupidonneaux[17],
Ba-branlant à l'entour leurs peinturés cerceaux,
95 Eussent deçà, delà, à secousses tremblantes
Éventé mollement tes tresses ondoyantes ;
On n'eut rien entendu parmi les carrefours
Que les jeux de Cypris, des grâces et d'amours :
Lors j'eusse, accompagné de tant d'autres poètes,
100 De meurte[18] couronné, dit mille chansonnettes,
Criant hymen, hymen. L'Apollon que je sers
M'eût lui-même soufflé en la bouche les vers :
Mais la Parque qui porte à nos aises envie[19],
Ensemble a dérobé notre espoir et ta vie ;
105 La cruelle ennemie, au long crin couleuvreux[20],
Sur la rive du Styx, d'un flambeau noir fumeux,
Célèbre ton noçage[21], et toute la liesse
Que nous nous promettions est changée en tristesse.
Caen, qui en te perdant a perdu son soleil,
110 Mène, désespéré, un lamentable deuil.
Ta mère, de douleur étrangement frappée,
S'aigrit contre les cieux qui ne lui ont coupé
Sa trame avec la tienne, épuisant son cerveau
En un ruisseau de pleurs pour ton trépas nouveau :
115 Ell' perd tout sentiment, car elle est si marrie,
Que plutôt que son deuil voudrait finir sa vie ;
En sorte que vers toi sa loyale amitié,
Depuis que tu mourus, est accru' de moitié.
Ta sœur que tu laissas ici-bas languissante

120 Sous le faix ennuyeux d'une fièvre tremblante,
    Comble son mal de pleurs, et son accès fiévreux
    Bien moins que ton trépas lui semble douloureux ;
    Sans cesse remplit l'air d'une triste querelle,
    Nommant le ciel cruel, toute étoile cruelle[22],
125 Cruelle la fortune ; et sa forte langueur
    Depuis que tu es morte a doublé sa rigueur.
    Roussel ton oncle[23], honneur de la muse romaine,
    Accusant du destin la fierté inhumaine,
    Pleure si tendrement, que ses doux-plaignants vers[24],
130 (Si une âme pouvait retourner des enfers),
    Réveilleraient ton somme ; et sa Muse, d'envie,
    En dépit de la mort, te redonrait la vie.
    Vauquelin, du Sénat le premier ornement[25],
    Qui du flot cab[a]lin[26] a bu si largement,
135 Triste de ton départ, a ta tombe enrichie
    Des plus riches présents de sa docte poésie.
    Ton Fèvre, et ton Fanu[27], et ton Malherbe aussi,
    Qui portent pour ta mort un extrême souci,
    Raniment ton beau nom, de la vive peinture
140 De leurs soupirants vers, hors de la sépulture.
    Voilà, voilà comment, Geneviève, ici-bas
    Tout est rempli de deuil pour ton triste trépas.
    Or[28] Geneviève adieu, puisque la destinée
    T'a, loin de cette terre, en plus beau lieu menée ;
145 La sucrée ambrosie, et le nectar mielleux
    Repaissent désormais ton trépas bienheureux.
    Adieu donc, Geneviève, et si tu as chérie,
    Tandis que tu vivais, ma Muse, je te prie,
    Reçois ces vers à gré, qu'à tes cendres j'appends,
150 Et mes cheveux coupés que sur toi je répands
    Fâché de te survivre. Ainsi toujours fleurisse
    Sur tes os le jasmin, l'amarant, le narcisse,
    Le thym, le serpolet, et la pourprée fleur
    Qui prend du sang d'Adon le suc et la couleur[29].
155 Le prophète laurier y croisse, et le lierre
    De ses bras tortueux étroitement l'enserre,
    Afin qu'à l'avenir, ton nom victorieux
    Du malheur de la mort, malgré les envieux,

Erre de Thulle[30] en Bactre, et d'une aile légère
160 Des siècles empennés[31] devance la carrière.

Ce n'est pas en mes vers qu'une amante abusée
Des appas enchanteurs d'un parjure Thésée
Après l'honneur ravi de sa pudicité,
Laissée ingratement en un bord solitaire,
Fait de tous les assauts que la rage peut faire,
6 Une fidèle preuve à l'infidélité.

Les ondes que j'épands d'une éternelle veine,
Dans un courage saint ont leur sainte fontaine,
Où l'amour de la terre, et le soin de la chair
Aux fragiles pensers ayant ouvert la porte,
Une plus belle amour se rendit la plus forte,
12 Et le fit repentir aussitôt que pécher.

HENRI[1], de qui les yeux et l'image sacrée
Font un visage d'or à cette âge ferrée[2] :
Ne refuse à mes vœux un favorable appui :
Et si pour ton autel ce n'est chose assez grande,
Pense qu'il est si grand qu'il n'aurait point d'offrande,
18 S'il n'en recevait point que d'égales à lui.

La foi qui fut au cœur d'où sortirent ses larmes,
Est le premier essai de tes premières armes[3],
Pour qui tant d'ennemis à tes pieds abattus,
Pâles ombres d'enfer, poussières de la terre,
Ont connu ta fortune, et que l'art de la guerre
24 A moins d'enseignements que tu n'as de vertus.

32

De son nom de rocher, comme d'un bon augure[4],
Un éternel état l'Église se figure,
Et croit par le destin de tes justes combats,
Que ta main relevant son épaule courbée,
Un jour, qui n'est pas loin, elle verra tombée
30 La troupe qui l'assaut et la veut mettre bas.

Mais le coq a chanté, pendant que je m'arrête
À l'ombre des lauriers qui t'embrassent la tête,
Et la source déjà commençant à s'ouvrir,
A lâché les ruisseaux, qui font bruire leur trace,
Entre tant de malheurs estimant une grâce
36 Qu'un monarque si grand les regarde courir.

Ce miracle d'amour, ce courage invincible,
Qui n'espérait jamais une chose possible,
Que rien finit sa foi que le même trépas[5],
De vaillant fait couard, de fidèle fait traître,
Aux portes de la peur abandonne son maître,
42 Et jure impudemment qu'il ne le connaît pas.

À peine la parole avait quitté sa bouche,
Qu'un regret aussi prompt en son âme le touche :
Et mesurant sa faute à la peine d'autrui,
Voulant faire beaucoup, il ne peut davantage
Que soupirer tout bas, et se mettre au visage
48 Sur le feu de sa honte une cendre d'ennui.

Les arcs qui de plus près sa poitrine joignirent,
Les traits qui plus avant dans le sein l'atteignirent,
Ce fut quand du Sauveur il se vit regardé :
Les yeux furent les arcs, les œillades les flèches
Qui percèrent son âme, et remplirent de brèches
54 Le rempart qu'il avait si lâchement gardé[6].

Cet assaut comparable à l'éclat d'une foudre,
Pousse et jette d'un coup ses défenses en poudre,
Ne laissant rien chez lui, que le même penser
D'un homme qui tout nu de glaive et de courage,

Voit de ses ennemis la menace et la rage,
60 Qui le fer en la main le viennent offenser.

Ces beaux yeux souverains qui traversent la terre,
Mieux que les yeux mortels ne traversent le verre,
Et qui n'ont rien de clos à leur juste courroux,
Entrent victorieux en son âme étonnée,
Comme dans une place au pillage donnée,
66 Et lui font recevoir plus de morts que de coups.

La mer a dans le sein moins de vagues courantes,
Qu'il n'a dans le cerveau de formes différentes :
Et n'a rien toutefois qui le mette en repos :
Car aux flots de la peur sa navire qui tremble
Ne trouve point de port, et toujours il lui semble
72 Que des yeux de son maître il entend ce propos.

« Eh bien, où maintenant est ce brave langage ?
Cette roche de foi ? cet acier de courage ?
Qu'est le feu de ton zèle au besoin devenu ?
Où sont tant de serments qui juraient une fable ?
Comme tu fus menteur, suis-je pas véritable ?
78 Et que t'ai-je promis qui ne soit advenu ?

Toutes les cruautés de ces mains qui m'attachent,
Le mépris effronté que ces bouches me crachent,
Les preuves que je fais de leur impiété,
Pleines également de fureur et d'ordure,
Ne me sont une pointe aux entrailles si dure,
84 Comme le souvenir de ta déloyauté[7].

Je sais bien qu'au danger les autres de ma suite
Ont eu peur de la mort, et se sont mis en fuite :
Mais toi, que plus que tous j'aimai parfaitement[8],
Pour rendre en me niant ton offense plus grande,
Tu suis mes ennemis, t'assembles à leur bande,
90 Et des maux qu'ils me font prends ton ébattement[9]. »

Le nombre est infini des paroles empreintes
Que regarde l'Apôtre en ces lumières saintes :
Et celui seulement, que sous une beauté
Les feux d'un œil humain ont rendu tributaire,
Jugera sans mentir quel effet a pu faire
96 Des rayons immortels l'immortelle clarté[10].

Il est bien assuré que l'angoisse qu'il porte,
Ne s'emprisonne pas sous les clefs d'une porte,
Et que de tous côtés elle suivra ses pas :
Mais pource qu'il la voit dans les yeux de son maître,
Il se veut absenter, espérant que peut-être
102 Il la sentira moins en ne la voyant pas.

La place lui déplaît, où la troupe maudite
Son Seigneur attaché par outrages dépite,
Et craint tant de tomber en un autre forfait,
Qu'il estime déjà ses oreilles coupables,
D'entendre ce qui sort de leurs bouches damnables,
108 Et ses yeux d'assister aux tourments qu'on lui fait.

Il part, et la douleur qui d'un morne silence
Entre les ennemis couvrait sa violence
Comme il se voit dehors a si peu de compas,
Qu'il demande tout haut, que le sort favorable
Lui fasse rencontrer un ami secourable,
114 Qui touché de pitié lui donne le trépas[11].

En ce piteux état il n'a rien de fidèle,
Que sa main qui le guide où l'orage l'appelle[12],
Ses pieds comme ses yeux ont perdu la vigueur :
Il a de tout conseil son âme dépourvue,
Et dit en soupirant que la nuit de sa vue
120 Ne l'empêche pas tant que la nuit de son cœur.

Sa vie auparavant si chèrement gardée,
Lui semble trop longtemps ici-bas retardée :
C'est elle qui le fâche, et le fait consumer :

Il la nomme parjure, il la nomme cruelle,
Et toujours se plaignant que sa faute vient d'elle,
126 Il n'en veut faire compte, et ne la peut aimer[13].

« Va, laisse-moi, dit-il, va déloyable vie,
Si de te retenir autrefois j'eus envie,
Et si j'ai désiré que tu fusses chez moi,
Puis que tu m'as été si mauvaise compaigne,
Ton infidèle foi maintenant je dédaigne,
132 Quitte-moi, je te quitte, et ne veux plus de toi.

Sont-ce tes beaux desseins, mensongère et méchante,
Qu'une seconde fois ta malice m'enchante ?
Et que pour retarder d'une heure seulement
La nuit déjà prochaine à ta courte journée
Je demeure en danger que l'âme qui est née
138 Pour ne mourir jamais, meure éternellement ?

Non, ne m'abuse plus d'une lâche pensée :
Le coup encore frais de ma chute passée
Me doit avoir appris à me tenir debout,
Et savoir discerner de la trêve la guerre,
Des richesses du ciel les fanges de la terre,
144 Et d'un bien qui s'envole, un qui n'a point de bout.

Si quelqu'un d'aventure en délices abonde,
Il te perd aussitôt et déloge du monde :
Qui te porte amitié, c'est à lui que tu nuis :
Ceux qui te veulent mal, sont ceux que tu conserves :
Tu vas à qui te fuit, et toujours le réserves
150 À souffrir en vivant davantage d'ennuis.

On voit par ta rigueur tant de blondes jeunesses,
Tant de riches grandeurs, tant d'heureuses vieillesses,
En fuyant le trépas au trépas arriver :
Et celui qui chétif aux misères succombe,
Sans vouloir autre bien, que le bien de la tombe,
156 N'ayant qu'un jour à vivre, il ne peut l'achever.

Que d'hommes fortunés en leur âge première,
Trompés de l'inconstance à nos ans coutumière
Du depuis se sont vus en étrange langueur !
Qui fussent morts contents, si le ciel amiable
Ne les abusant pas en ton sein variable,
162 Au temps de leur repos eût coupé ta longueur[14].

Quiconque de plaisir a son âme assouvie,
Plein d'honneur et de bien, son sujet à l'envie,
Sans jamais à son aise un malaise éprouver,
S'il demande à ses jours davantage de terme,
Que fait-il ignorant, qu'attendre de pied ferme
168 De voir à son beau temps un orage arriver ?

Et moi, si de mes jours l'importune durée
Ne m'eût en vieillissant la cervelle empirée,
Ne devais-je être sage, et me ressouvenir
D'avoir vu la lumière aux aveugles rendue,
Rebailler aux muets la parole perdue,
174 Et faire dans les corps les âmes revenir[15] ?

De ces faits non communs la merveille profonde,
Qui par la main d'un seul étonnait tout le monde,
Et tant d'autres encor me devaient avertir,
Que si pour leur auteur j'endurais de l'outrage,
Le même qui les fit, en faisant davantage,
180 Quand on m'offenserait me pourrait garantir.

Mais troublé par les ans, j'ai souffert que la crainte
Loin encore du mal, ait découvert ma feinte :
Et sortant promptement de mon sens et de moi,
Ne me suis aperçu qu'un destin favorable
M'offrait en ce danger un sujet honorable
186 D'acquérir par ma perte un triomphe à ma foi.

Que je porte d'envie à la troupe innocente[16].
De ceux qui massacrés d'une main violente
Virent dès le matin leur beau jour accourci !
Le fer qui les tua leur donna cette grâce,

Que si de faire bien ils n'eurent pas l'espace,
192 Ils n'eurent pas le temps de faire mal aussi[17].

De ces jeunes guerriers la flotte vagabonde
Allait courre fortune aux orages du monde,
Et déjà pour voguer abandonnait le bord :
Quand l'aguet d'un pirate arrêta le voyage :
Mais leur sort fut si bon, que d'un même naufrage
198 Ils se virent sous l'onde et se virent au port.

Ce furent de beaux lis, qui mieux que la nature,
Mêlant à leur blancheur l'incarnate peinture,
Que tira de leur sein le couteau criminel,
Devant que d'un hiver la tempête et l'orage,
À leur teint délicat pussent faire dommage,
204 S'en allèrent fleurir au printemps éternel.

Ces enfants bienheureux (créatures parfaites,
Sans l'imperfection de leurs bouches muettes)
Ayant Dieu dans le cœur ne le purent louer :
Mais leur sang leur en fut un témoin véritable,
Et moi pouvant parler, j'ai parlé misérable
210 Pour lui faire vergogne, et le désavouer.

Le peu qu'ils ont vécu leur fut grand avantage,
Et le trop que je vis ne me fait que dommage,
Cruelle occasion du souci qui me nuit :
Quand j'avais de ma foi l'innocence première,
Si la nuit de la mort m'eût privé de lumière,
216 Je n'aurais pas la peur d'une immortelle nuit.

Ce fut en ce troupeau que venant à la guerre
Pour combattre l'enfer et défendre la terre,
Le Sauveur inconnu sa grandeur abaissa :
Par eux il commença la première mêlée,
Et furent eux aussi, que la rage aveuglée
222 Du contraire parti les premiers offensa.

Qui voudra se vanter, avec eux se compare
D'avoir reçu la mort par un glaive barbare,
Et d'être allé soi-même au martyre s'offrir.
L'honneur leur appartient d'avoir ouvert la porte
A quiconque osera d'une âme belle et forte,
228 Pour vivre dans le ciel, en la terre mourir.

Ô désirable fin de leurs peines passées !
Leurs pieds qui n'ont jamais les ordures pressées,
Un superbe plancher des étoiles se font :
Leur salaire payé les services précède[18],
Premier que d'avoir mal ils trouvent le remède,
234 Et devant le combat ont les palmes au front.

Que d'applaudissements de rumeurs et de presse !
Que de feux, que de jeux, que de traits de caresse !
Quand là-haut en ce point on les vit arriver.
Et quel plaisir encore à leur courage tendre,
Voyant Dieu devant eux en ses bras les attendre,
240 Et pour leur faire honneur les anges se lever[19] !

Et vous femmes trois fois quatre fois bienheureuses
De ces jeunes amours les mères amoureuses,
Que faites-vous pour eux, si vous les regrettez ?
Vous fâchez leur repos, et vous rendez coupables
Ou de n'estimer pas leurs trépas honorables,
246 Ou de porter envie à leurs félicités.

Le soir fut avancé de leurs belles journées,
Mais qu'eussent-ils gagné par un siècle d'années ?
Ou que leur advint-il en ce vite départ,
Que laisser promptement une basse demeure,
Qui n'a rien que du mal, pour avoir de bonne heure
252 Aux plaisirs éternels une éternelle part ?

Si vos yeux pénétrant jusqu'aux choses futures
Vous pouvaient enseigner leurs belles aventures :
Vous auriez tant de bien en si peu de malheurs,

Que vous ne voudriez pas pour l'empire du monde,
N'avoir eu dans le sein la racine féconde
²⁵⁸ D'où naquit entre nous ce miracle de fleurs.

Mais moi puisque les lois me défendent l'outrage
Qu'entre tant de langueurs me commande la rage,
Et qu'il ne faut soi-même éteindre son flambeau,
Que m'est-il demeuré pour conseil et pour armes,
Que d'écouler ma vie en un fleuve de larmes,
²⁶⁴ Et la chassant de moi l'envoyer au tombeau[20] ?

Je sais bien que ma langue ayant commis l'offense,
Mon cœur incontinent en a fait pénitence :
Mais quoi ? si peu de cas ne me rend satisfait :
Mon regret est si grand, et ma faute si grande,
Qu'une mer éternelle à mes yeux je demande,
²⁷⁰ Pour pleurer à jamais le péché que j'ai fait. »

Pendant que le chétif en ce point se lamente,
S'arrache les cheveux, se bat et se tourmente,
En tant d'extrémités cruellement réduit,
Il chemine toujours, mais rêvant à sa peine,
Sans donner à ses pas une règle certaine,
²⁷⁶ Il erre vagabond où le pied le conduit.

À la fin égaré (car la nuit qui le trouble
Par les eaux de ses pleurs son ombrage redouble)
Soit un cas d'aventure, ou que Dieu l'ait permis,
Il arrive au jardin où la bouche du traître,
Profanant d'un baiser la bouche de son maître,
²⁸² Pour en priver les bons aux méchants l'a remis[21].

Comme un homme dolent, que le glaive contraire[22]
A privé de son fils, et du titre de père,
Plaignant deçà delà son malheur advenu,
S'il arrive à la place où s'est fait le dommage,
L'ennui renouvelé plus rudement l'outrage,
²⁸⁸ En voyant le sujet à ses yeux revenu.

Le vieillard, qui n'attend une telle rencontre[23],
Sitôt qu'au dépourvu sa fortune lui montre
Le lieu qui fut témoin d'un si lâche méfait :
De nouvelles fureurs se déchire et s'entame,
Et de tous les pensers qui travaillent son âme
294 L'extrême cruauté plus cruelle se fait.

Toutefois il n'a rien qu'une tristesse peinte,
Ses ennuis sont des jeux, son angoisse une feinte,
Son malheur un bonheur, et ses larmes un ris,
Au prix de ce qu'il sent, quand sa vue abaissée
Remarque les endroits où la terre pressée,
300 A des pieds du Sauveur les vestiges écrits.

C'est alors que ses cris en tonnerre s'éclatent[24],
Ses soupirs se font vents, qui les chênes combattent,
Et ses pleurs qui tantôt descendaient mollement,
Ressemblent un torrent qui des hautes montagnes
Ravageant, et noyant les voisines campagnes,
306 Veut que tout l'univers ne soit qu'un élément.

Il y fiche ses yeux, il les baigne, il les baise,
Il se couche dessus, et serait à son aise[25],
S'il pouvait avec eux à jamais s'attacher :
Il demeure muet du respect qu'il leur porte,
Mais enfin la douleur se rendant la plus forte
312 Lui fait encor un coup une plainte arracher.

« Pas adorés de moi, quand par accoutumance
Je n'aurais comme j'ai de vous la connaissance[26],
Tant de perfections vous découvrent assez :
Vous avez une odeur des parfums d'Assyrie
Les autres ne l'ont pas, et la terre flétrie,
318 Est belle seulement où vous êtes passés.

                         [connaissent[27],
Beaux pas de ces beaux pieds, que les astres
Comme ores à mes yeux vos marques apparaissent,
Telle autrefois de vous la merveille me prit,
Quand déjà demi-clos sous la vague profonde,

Vous ayant appelé vous affermîtes l'onde,
324 Et m'assurant les pieds m'étonnâtes l'esprit.

Mais ô de tant de biens indigne récompense !
Ô dessus les sablons inutile semence !
Une peur, ô Seigneur, m'a séparé de toi :
Et d'une âme semblable à la mienne parjure
Tous ceux qui furent tiens, s'ils ne t'ont fait injure,
330 Ont laissé ta présence, et t'ont manqué de foi.

De douze, deux fois cinq étonnés de courage
Par une lâche fuite évitèrent l'orage,
Et tournèrent le dos quand tu fus assailli :
L'autre qui fut gagné d'une sale avarice,
Fit un prix de ta vie à l'injuste supplice,
336 Et l'autre en te niant plus que tous a failli[28].

C'est chose à mon esprit impossible à comprendre :
Et nul autre que toi ne me la peut apprendre,
Comme a pu ta bonté nos outrages souffrir :
Et qu'attend plus de nous ta longue patience,
Sinon qu'à l'homme ingrat, la seule conscience
342 Doive être le couteau qui le fasse mourir ?

Toutefois tu sais tout, tu connais qui nous sommes,
Tu vois quelle inconstance accompagne les hommes
Faciles à fléchir quand il faut endurer :
Si j'ai fait comme un homme en faisant une offense,
Tu feras comme Dieu d'en laisser la vengeance,
348 Et m'ôter un sujet de me désespérer.

Au moins si les regrets de ma faute advenue
M'ont de ton amitié quelque part retenue,
Pendant que je me trouve au milieu de tes pas,
Désireux de l'honneur d'une si belle tombe,
Afin qu'en autre part ma dépouille ne tombe,
354 Puisque ma fin est près, ne la recule pas. »

En ces propos mourants ses complaintes se meurent,
Mais vivantes sans fin ses angoisses demeurent,
Pour le faire en langueur à jamais consumer :
Tandis la nuit s'en va, ses chandelles s'éteignent,
Et déjà devant lui les campagnes se peignent
360 Du safran que le jour apporte de la mer.

L'Aurore d'une main en sortant de ses portes[29],
Tient un vase de fleurs languissantes et mortes :
Elle verse de l'autre une cruche de pleurs,
Et d'un voile tissu de vapeur et d'orage
Couvrant ses cheveux d'or découvre en son visage
366 Tout ce qu'une âme sent de cruelles douleurs.

Le Soleil qui dédaigne une telle carrière[30],
Puisqu'il faut qu'il déloge, éloigne sa barrière,
Mais comme un criminel qui chemine au trépas,
Montrant que dans le cœur ce voyage le fâche,
Il marche lentement, et désire qu'on sache
372 Que si ce n'était force il ne le ferait pas.

Ses yeux par un dépit en ce monde regardent :
Ses chevaux tantôt vont, et tantôt se retardent,
Eux-mêmes ignorants de la course qu'ils font,
Sa lumière pâlit, sa couronne se cache,
Aussi n'en veut-il pas, cependant qu'on attache
378 À celui qui l'a fait, des épines au front[31].

Au point accoutumé les oiseaux qui sommeillent,
Apprêtés à chanter, dans les bois se réveillent :
Mais voyant ce matin des autres différent,
Remplis d'étonnement ils ne daignent paraître,
Et font à qui les voit ouvertement connaître,
384 De leur peine secrète un regret apparent[32].

Le jour est déjà grand, et la honte plus claire
De l'Apôtre ennuyé, l'avertit de se taire,
Sa parole se lasse, et le quitte au besoin :

Il voit de tous côtés qu'il n'est vu de personne,
Toutefois le remords que son âme lui donne,
390 Témoigne assez le mal qui n'a point de témoin.

Aussi l'homme qui porte une âme belle et haute,
Quand seul en une part il a fait une faute,
S'il n'a de jugement son esprit dépourvu :
Il rougit de lui-même, et combien qu'il ne sente
Rien que le Ciel présent et la terre présente,
396 Pense qu'en se voyant tout le monde l'a vu[33].

VICTOIRE DE LA CONSTANCE

Stances

Enfin cette Beauté m'a la place rendue,
Que d'un siège si long elle avait défendue :
Mes vainqueurs sont vaincus : ceux qui m'ont fait la loi
4   La reçoivent de moi.

J'honore tant la palme acquise en cette guerre
Que si victorieux des deux bouts de la terre,
J'avais mille lauriers de ma gloire témoins,
8   Je les priserais moins.

Au repos où je suis tout ce qui me travaille,
C'est la doute que j'ai qu'un malheur ne m'assaille
Qui me sépare d'elle, et me fasse lâcher
12   Un bien que j'ai si cher.

Il n'est rien ici-bas d'éternelle durée :
Une chose qui plaît n'est jamais assurée :
L'épine suit la rose, et ceux qui sont contents
16   Ne le sont pas longtemps.

Et puis qui ne sait point que la mer amoureuse
En sa bonace même est souvent dangereuse,

Et qu'on y voit toujours quelques nouveaux rochers
20   Inconnus aux nochers[1] ?

Déjà de toutes parts tout le monde m'éclaire[2] :
Et bientôt les jaloux ennuyés de se taire,
Si les vœux que je fais n'en détournent l'assaut,
24   Vont médire tout haut.

Peuple qui me veux mal, et m'imputes à vice
D'avoir été payé d'un fidèle service,
Où trouves-tu qu'il faille avoir semé son bien,
28   Et ne recueillir rien ?

Voudrais-tu que Madame, étant si bien servie,
Refusât le plaisir où l'âge la convie,
Et qu'elle eût des rigueurs à qui mon amitié
32   Ne sût faire pitié ?

Ces vieux contes d'honneur, invisibles chimères,
Qui naissent aux cerveaux des maris, et des mères,
Étaient-ce impressions qui pussent aveugler
36   Un jugement si cler ?

Non, non, elle a bien fait de m'être favorable,
Voyant mon feu si grand, et ma foi si durable,
Et j'ai bien fait aussi d'asservir ma raison
40   En si belle prison.

C'est peu d'expérience à conduire sa vie,
De mesurer son aise au compas de l'envie,
Et perdre ce que l'âge a de fleur et de fruit,
44   Pour éviter un bruit.

De moi, que tout le monde à me nuire s'apprête,
Le Ciel à tous ses traits fasse un but de ma tête :
Je me suis résolu d'attendre le trépas,
48   Et ne la quitter pas.

Plus j'y vois de hasard, plus j'y trouve d'amorce,
Où le danger est grand, c'est là que je m'efforce :
En un sujet aisé moins de peine apportant,
52   Je ne brûle pas tant.

Un courage élevé toute peine surmonte :
Les timides conseils n'ont rien que de la honte,
Et le front d'un guerrier aux combats étonné,
56   Jamais n'est couronné.

Soit la fin de mes jours contrainte ou naturelle,
S'il plaît à mes destins que je meure pour elle,
Amour en soit loué, je ne veux un tombeau,
60   Plus heureux ni plus beau.

Stances

Quoi donc, ma lâcheté sera si criminelle ?
Et les vœux que j'ai faits pourront si peu sur moi,
Que je quitte Madame, et démente la foi
4 Dont je lui promettais une amour éternelle ?

Que ferons-nous, mon cœur, avec quelle science,
Vaincrons-nous les malheurs qui nous sont préparés ?
Courrons-nous le hasard comme désespérés ?
8 Ou nous résoudrons-nous à prendre patience ?

Non, non, quelques assauts que me donne l'envie
Et quelques vains respects qu'allègue mon devoir,
Je ne céderai point, que de même pouvoir
12 Dont on m'ôte Madame, on ne m'ôte la vie.

Mais où va ma fureur ? quelle erreur me transporte,
De vouloir en géant aux astres commander ?
Ai-je perdu l'esprit, de me persuader
16 Que la nécessité ne soit pas la plus forte ?

Achille, à qui la Grèce a donné cette marque,
D'avoir eu le courage aussi haut que les cieux,
Fut en la même peine, et ne put faire mieux,
20 Que soupirer neuf ans dans le fond d'une barque.

Je veux du même esprit que ce miracle d'armes,
Chercher en quelque part un séjour écarté,
Où ma douleur et moi soyons en liberté,
24 Sans que rien qui m'approche interrompe mes larmes.

Bien sera-ce à jamais renoncer à la joie,
D'être sans la beauté dont l'objet m'est si doux ;
Mais qui m'empêchera qu'en dépit des jaloux
28 Avecque le penser mon âme ne la voie ?

Le temps qui toujours vole, et sous qui tout succombe
Fléchira cependant l'injustice du sort,
Ou d'un pas insensible avancera la mort,
32 Qui bornera ma peine au repos de la tombe.

La fortune en tous lieux, à l'homme est dangereuse ;
Quelque chemin qu'il tienne il trouve des combats ;
Mais des conditions où l'on vit ici-bas,
36 Certes celle d'aimer est la plus malheureuse.

DESGEIN DE QUITTER UNE DAME
QUI NE LE CONTENTAIT
QUE DE PROMESSE

Beauté, mon beau souci, de qui l'âme incertaine
A comme l'Océan son flux et son reflux :
Pensez de vous résoudre à soulager ma peine,
4 Ou je me vais résoudre à ne la souffrir plus.

Vos yeux ont des appas que j'aime et que je prise,
Et qui peuvent beaucoup dessus ma liberté :

Mais pour me retenir, s'ils font cas de ma prise,
8 Il leur faut de l'amour autant que de beauté.

Quand je pense être au point que cela s'accomplisse,
Quelque excuse toujours en empêche l'effet :
C'est la toile sans fin de la femme d'Ulysse,
12 Dont l'ouvrage du soir au matin se défait.

Madame, avisez-y, vous perdez votre gloire
De me l'avoir promis et vous rire de moi,
S'il ne vous en souvient vous manquez de mémoire,
16 Et s'il vous en souvient vous n'avez point de foi.

J'avais toujours fait compte, aimant chose si haute,
De ne m'en séparer qu'avecque le trépas,
S'il arrive autrement ce sera votre faute,
20 De faire des serments et ne les tenir pas.

AUX OMBRES DE DAMON

. . . .
L'Orne comme autrefois nous reverrait encore,
Ravis de ces pensers que le vulgaire ignore,
Égarer à l'écart nos pas et nos discours ;
Et couchés sur les fleurs comme étoiles semées,
Rendre en si doux ébat les heures consumées,
6   Que les soleils nous seraient courts.

Mais, ô loi rigoureuse à la race des hommes,
C'est un point arrêté, que tout ce que nous sommes,
Issus de pères rois et de pères bergers,
La Parque également sous la tombe nous serre,
Et les mieux établis au repos de la terre,
12   N'y sont qu'hôtes et passagers.

Tout ce que la grandeur a de vains équipages,
D'habillements de pourpre, et de suite de pages,
Quand le terme est échu n'allonge point nos jours ;
Il faut aller tous nus où le destin commande ;
Et de toutes douleurs, la douleur la plus grande
₁₈   C'est qu'il faut laisser nos amours.

Amours qui la plupart infidèles et feintes,
Font gloire de manquer à nos cendres éteintes,
Et qui plus que l'honneur estimant le plaisir,
Sous le masque trompeur de leurs visages blêmes,
Acte digne du foudre ! en nos obsèques mêmes
₂₄   Conçoivent de nouveaux désirs.

Elles savent assez alléguer Artémise,
Disputer du devoir, et de la foi promise ;
Mais tout ce beau langage est de si peu d'effet
Qu'à peine en leur grand nombre une seule se treuve
De qui la foi survive, et qui fasse la preuve
₃₀   Que ta Carinice te fait.

Depuis que tu n'es plus, la campagne déserte
A dessous deux hivers perdu sa robe verte,
Et deux fois le printemps l'a repeinte de fleurs,
Sans que d'aucuns discours sa douleur se console,
Et que ni la raison, ni le temps qui s'envole,
₃₆   Puisse faire tarir ses pleurs.

Le silence des nuits, l'horreur des cimetières,
De son contentement sont les seules matières ;
Tout ce qui plaît déplaît à son triste penser ;
Et si tous ses appas sont encore en sa face,
C'est que l'amour y loge, et que rien qu'elle fasse
₄₂   N'est capable de l'en chasser.

. . . .
Mais quoi, c'est un chef-d'œuvre où tout mérite
Un miracle du ciel, une perle du monde,   [abonde,
Un esprit adorable à tous autres esprits ;

Et nous sommes ingrats d'une telle aventure,
Si nous ne confessons que jamais la nature
48   N'a rien fait de semblable prix.

J'ai vu maintes beautés à la cour adorées,
Qui des vœux des amants à l'envi désirées,
Aux plus audacieux ôtaient la liberté ;
Mais de les approcher d'une chose si rare,
C'est vouloir que la rose au pavot se compare,
54   Et le nuage à la clarté.

Celle à qui dans mes vers, sous le nom de Nérée,
J'allais bâtir un temple éternel en durée,
Si la déloyauté ne l'avait abattu,
Lui peut bien ressembler du front, ou de la joue,
Mais quoi ? puisqu'à ma honte il faut que je l'avoue,
60   Elle n'a rien de sa vertu.

L'âme de cette ingrate est une âme de cire,
Matière à toute forme, incapable d'élire,
Changeant de passion aussitôt que d'objet ;
Et de la vouloir vaincre avecque des services,
Après qu'on a tout fait, on trouve que ses vices
66   Sont de l'essence du sujet.

Souvent de tes conseils la prudence fidèle
M'avait sollicité de me séparer d'elle
Et de m'assujettir à de meilleures lois ;
Mais l'aise de la voir avait tant de puissance,
Que cet ombrage faux m'ôtait la connaissance
72   Du vrai bien où tu m'appellois.

Enfin après quatre ans une juste colère,
. . . .
Que le flux de ma peine a trouvé son reflux,
Mes sens qu'elle aveuglait ont connu leur offense,
Je les en ai purgés, et leur ai fait défense
78   De me la ramentevoir plus.

La femme est une mer aux naufrages fatale ;
Rien ne peut aplanir son humeur inégale ;
Ses flammes d'aujourd'hui seront glace demain ;
Et s'il s'en rencontre une à qui cela n'avienne,
Fais compte, cher esprit, qu'elle a comme la tienne
84   Quelque chose de plus qu'humain.

LE SEIGNEUR DE MALHERBE
[SUR LA MAIN D'ESTIENNE PASQUIER]

Il ne faut qu'avec le visage
L'on tire tes mains au pinceau :
Tu les montres dans ton ouvrage
Et les caches dans le tableau.

À MONSIEUR PERRACHE

Le guerrier qui brûlant dans les cieux se rendit[1],
De monstres et de maux dépeupla tout le monde
Arracha d'un taureau[2] la corne vagabonde,
4 Et sans vie à ses pieds un lion étendit[3].

Antée dessous lui la poussière mordit[4],
Inégal à sa force à nul autre seconde
Et l'hydre si souvent à renaître féconde[5],
8 Par un coup de sa main les sept têtes perdit.

De tout ce qui troublait le repos de la terre,
Le Berlan seulement fut exempt de sa guerre,
11 N'osant pas sa vertu poursuivre ce bonheur.

Perrache qui s'émeut d'une sainte colère
L'attaque, le combat, et remporte l'honneur
14 D'avoir fait un travail qu'Alcide n'a su faire.

CONSOLATION FUNÈBRE
À UN DE SES AMIS
SUR LA MORT DE SA FILLE

Ta douleur, Cléophon, veut donc être incurable,
  Et les sages discours,
Qu'apporte à l'adoucir un ami secourable,
₄ L'enaigrissent[1] toujours.

Le malheur de ta fille au tombeau descendue
  Par un commun trépas,
Est-ce quelque dédale où ta raison perdue
₈ Ne se recouvre pas.

J'ai su de son esprit la beauté naturelle,
  Et si par son mépris
Je voulais t'empêcher de soupirer pour elle
₁₂ Je serais mal appris.

Nul autre plus que moi n'a fait cas de sa perte
  Pour avoir vu ses mœurs,
Avec étonnement qu'une saison si verte
₁₆ Portât des fruits si meurs.

Mais elle était du monde où les plus belles choses
  Font le moins de séjour,
Et ne pouvait Rosette être mieux que les roses
₂₀ Qui ne vivent qu'un jour.

Puis quand ainsi serait[2] que selon ta prière
  Elle aurait obtenu
D'avoir en cheveux blancs terminé sa carrière
₂₄ Qu'en fût-il avenu ?

Penses-tu que plus vieille en la maison céleste
  Elle eût eu plus d'accueil ?
Ou qu'elle eût moins senti la poussière funeste
₂₈ Et les vers du cercueil ?

Non, non, mon Cléophon, aussitôt que la parque
                    Ôte l'âme du corps,
L'âge s'évanouit au-deçà de la barque
32   Et ne suit plus les morts.

Tithon n'a plus les ans qui le firent cigale[3]
                    Et Pluton d'aujourd'hui,
Sans égard du passé les mérites égale
36   D'Archémore et de lui[4].

Ne te lasse donc plus d'inutiles complaintes
                    Ains sage à l'avenir,
Aime une ombre comme ombre et des cendres éteintes
40   Éteins le souvenir.

Je sais que la nature a fait cette coutume
                    Que le cœur affligé,
Par le canal des yeux versant son amertume
44   Cherche d'être allégé.

Même quand la blessure est en lieu si sensible
                    Il faut que de tout point
L'homme cesse d'être homme et n'ait rien de passible[5]
48   S'il ne s'en émeut point.

Mais sans se consoler et dedans sa mémoire
                    Enfermer un ennui,
N'est-ce pas se haïr par une vaine gloire
52   De bien aimer autrui ?

Priam qui vit ses fils abattus par Achille
                    Dénué de support,
Et hors de tout espoir du salut de sa ville
56   Reçut du réconfort.

François quand la Castille[6] inégale à ses armes
                    Lui vola son Dauphin,
Semblait d'un si grand coup devoir jeter des larmes
60   Qui n'eussent jamais fin.

Il les sécha pourtant et comme un autre Alcide
          Contre fortune instruit
Fit qu'à ses ennemis d'un acte si perfide
64   La honte fut le fruit.

Leur camp qui la Durance avait presque tarie
          De bataillons épais,
Entendant sa constance, eut peur de sa furie
68   Et demanda la paix[7].

De moi déjà deux fois d'une pareille foudre[8]
          Je me suis vu perclus,
Et deux fois la raison m'a si bien fait résoudre
72   Qu'il ne m'en souvient plus.

Non qu'il ne me soit mal que la tombe possède
          Ce qui me fut si cher,
Mais à un accident qui n'a point de remède
76   Il n'en faut point chercher.

La mort d'un coup fatal toutes choses moissonne
          Et l'arrêt souverain
Qui veut que sa rigueur ne connaisse personne
80   Est écrit en airain.

Le pauvre en sa cabane où le chaume le couvre
          Est sujet à ses lois,
Et la garde qui veille aux barrières du Louvre
84   N'en défend point nos rois.

De murmurer contre elle et perdre patience
          Il est mal à propos
Vouloir ce que Dieu veut est la seule science
88   De nous mettre en repos.

SUR LA MORT D'UN GENTILHOMME
QUI FUT ASSASSINÉ

Sonnet

Belle âme, aux beaux travaux sans repos adonnée,
Si parmi tant de gloire et de contentement
Rien te fâche là-bas, c'est l'ennui seulement
4 Qu'un indigne trépas ait clos ta destinée.

Tu penses que d'Yvry la fatale journée,
Où ta belle vertu parut si clairement,
Avecque plus d'honneur et plus heureusement
8 Aurait de tes beaux jours la carrière bornée.

Toutefois, bel esprit, console ta douleur ;
Il faut par la raison adoucir le malheur,
11 Et telle qu'elle vient prendre son aventure.

Il ne se fit jamais un acte si cruel ;
Mais c'est un témoignage à la race future,
14 Qu'on ne t'aurait su vaincre en un juste duel.

ÉPITAPHE DE M. D'IS,
PARENT DE L'AUTEUR,
ET DE QUI L'AUTEUR ÉTAIT HÉRITIER

Ici dessous gît Monsieur d'Is,
Plût or à Dieu qu'ils fussent dix !
Mes trois sœurs[1], mon père, et ma mère,
Le grand Éléazar[2], mon frère ;
Mes trois tantes[3], et Monsieur d'Is.
Vous les nommé-je pas tous dix ?

Marie Stuvarte : Sa vertu m'atire.
            Tu as eu martire.
            Tu es au martire.
            Va tu es martire. Malerbe.

AU ROI HENRI LE GRAND, SUR LA PRISE DE MARSEILLE

Ode

Enfin, après tant d'années
Voici l'heureuse saison,
Où nos misères bornées
Vont avoir leur guérison.
5 Les dieux, longs à se résoudre
Ont fait un coup de leur foudre,
Qui montre aux ambitieux,
Que les fureurs de la terre
Ne sont que paille et que verre
10 À la colère des cieux.

Peuples, à qui la tempête
A fait faire tant de vœux,
Quelles fleurs à cette fête
Couronneront vos cheveux ?
15 Quelle victime assez grande
Donnerez-vous pour offrande ?
Et quel Indique séjour
Une perle fera naître
D'assez de lustre, pour être[1]
20 La marque d'un si beau jour ?

Cet effroyable colosse,
Casaux, l'appui des mutins[2],
A mis le pied dans la fosse
Que lui cavaient les destins.
25 Il est bas, le parricide,
Un Alcide fils d'Alcide[3],
À qui la France a prêté
Son invincible génie,
A coupé sa tyrannie
30 D'un glaive de liberté[4].

Les aventures du monde
Vont d'un ordre mutuel,
Comme on voit au bord de l'onde
Un reflux perpétuel[5].
35 L'aise et l'ennui de la vie
Ont leur course entresuivie
Aussi naturellement
Que le chaud et la froidure,
Et rien, afin que tout dure,
40 Ne dure éternellement[6].

Cinq ans Marseille volée
À son juste possesseur,
Avait langui désolée
Aux mains de cet oppresseur.
45 Enfin le temps l'a remise
En sa première franchise ;
Et les maux qu'elle endurait
Ont eu ce bien pour échange,
Qu'elle a vu parmi la fange
50 Fouler ce qu'elle adorait.

Déjà tout le peuple more
À ce miracle entendu,
À l'un et l'autre Bosphore[7]
Le bruit en est répandu ;
55 Toutes les plaines le savent
Que l'Inde et l'Euphrate lavent ;

Et déjà pâle d'effroi
Memphis se pense captive,
Voyant si près de sa rive
60 Un neveu de Godefroy[8].

. . . .

SUR LE MÊME SUJET

Ode

. . . .
Soit que de tes lauriers la grandeur poursuivant
D'un cœur où l'ire juste et la gloire commande,
Tu passes comme un foudre en la terre flamande,
D'Espagnols abattus la campagne pavant ;
5   Soit qu'en sa dernière tête
        L'hydre civile t'arrête,
        Roi, que je verrai jouir
        De l'empire de la terre,
        Laisse le soin de la guerre,
10   Et pense à te réjouir.

Nombre tous les succès où ta fatale main,
Sous l'appui du bon droit aux batailles conduite,
De tes peuples mutins la malice a détruite,
Par un heur éloigné de tout penser humain ;
15   Jamais tu n'as vu journée
        De si douce destinée ;
        Non celle où tu rencontras
        Sur la Dordogne en désordre
        L'orgueil à qui tu fis mordre
20   La poussière de Coutras.

Casaux, ce grand titan, qui se moquait des cieux,
A vu par le trépas son audace arrêtée,

Et sa rage infidèle aux étoiles montée,
24 Du plaisir de sa chute a fait rire nos yeux.
. . . .

Ce dos chargé de pourpre, et rayé de clinquant
A dépouillé sa gloire au milieu de la fange ;
Les dieux qu'il ignorait ayant fait cet échange
Pour venger en un jour ses crimes de cinq ans.
29   La mer en cette furie
            À peine a sauvé Dorie[1] ;
            Et le funeste remords
            Que fait la peur des supplices,
            A laissé tous ses complices
34   Plus morts que s'ils étaient morts.

À LA REINE
SUR SA BIENVENUE EN FRANCE

Ode présentée à S. M. à Aix, 1600

Peuples, qu'on mette sur la tête
Tout ce que la terre a de fleurs :
Peuples, que cette belle fête
À jamais tarisse nos pleurs :
5 Qu'aux deux bouts du monde se voie
Luire le feu de notre joie :
Et soient dans les coupes noyés
Les soucis de tous ces orages,
Que pour nos rebelles courages[1]
10 Les dieux nous avaient envoyés.

À ce coup iront en fumée
Les vœux que faisaient nos mutins[2],
En leur âme encor affamée
De massacres et de butins :
15 Nos doutes seront éclaircies[3] :

Et mentiront les prophéties
De tous ces visages pâlis,
Dont le vain étude s'applique
À chercher l'an climatérique[4]
20 De l'éternelle fleur de lis.

Aujourd'hui nous est amenée
Cette princesse que la foi
D'amour ensemble et d'hyménée
Destine au lit de notre roi :
25 La voici la belle Marie,
Belle merveille d'Étrurie[5],
Qui fait confesser au Soleil,
Quoi que l'âge passé raconte,
Que du Ciel depuis qu'il y monte,
30 Ne vint jamais rien de pareil.

Telle n'est point la Cythérée[6],
Quand d'un nouveau feu s'allumant,
Elle sort pompeuse et parée
Pour la conquête d'un amant :
35 Telle ne luit en sa carrière
Des mois l'inégale courrière :
Et telle dessus l'horizon
L'aurore au matin ne s'étale,
Quand les yeux mêmes de Céphale[7]
40 En feraient la comparaison.

Le sceptre que porte sa race,
Où l'heur aux mérites est joint,
Lui met le respect en la face,
Mais il ne l'enorgueillit point :
45 Nulle vanité ne la touche :
Les Grâces parlent par sa bouche :
Et son front témoin assuré
Qu'au vice elle est inaccessible,
Ne peut que d'un cœur insensible
50 Être vu sans être adoré.

Quantesfois lors que sur les ondes,
Ce nouveau miracle flottait,
Neptune en ses caves profondes
Plaignit-il le feu qu'il sentait ?
55 Et quantesfois en sa pensée
De vives atteintes blessée,
Sans l'honneur de la royauté
Qui lui fit celer son martyre,
Eût-il voulu de son empire
60 Faire échange à cette beauté ?

Dix jours ne pouvant se distraire
Du plaisir de la regarder,
Il a par un effort contraire
Essayé de la retarder :
65 Mais à la fin, soit que l'audace
Au meilleur avis ait fait place,
Soit qu'un autre démon plus fort,
Aux vents ait imposé silence,
Elle est hors de sa violence,
70 Et la voici dans notre port[8].

La voici, peuples, qui nous montre
Tout ce que la gloire a de prix :
Les fleurs naissent à sa rencontre
Dans les cœurs, et dans les esprits :
75 Et la présence des merveilles
Qu'en oyaient dire nos oreilles,
Accuse la témérité
De ceux qui nous l'avaient décrite,
D'avoir figuré son mérite
80 Moindre que n'est la vérité.

Ô toute parfaite princesse,
L'étonnement de l'univers,
Astre par qui vont avoir cesse
Nos ténèbres, et nos hivers :
85 Exemple sans autres exemples,
Future image de nos temples,

Quoi que notre faible pouvoir
En votre accueil ose entreprendre,
Peut-il espérer de vous rendre
90   Ce que nous vous allons devoir ?

Ce sera vous qui de nos villes
Ferez la beauté refleurir,
Vous, qui de nos haines civiles
Ferez la racine mourir :
95   Et par vous la paix assurée
N'aura pas la courte durée
Qu'espèrent infidèlement,
Non lassés de notre souffrance,
Ces Français qui n'ont de la France,
100   Que la langue et l'habillement⁹.

Par vous un Dauphin nous va naître,
Que vous-même verrez un jour
De la terre entière le maître,
Ou par armes ou par amour :
105   Et ne tarderont ses conquêtes
Dans les oracles déjà prêtes,
Qu'autant que le premier coton
Qui de jeunesse est le message,
Tardera d'être en son visage,
110   Et de faire ombre à son menton.

Ô combien lors aura de veuves
La gent qui porte le turban !
Que de sang rougira les fleuves
Qui lavent les pieds du Liban !
115   Que le Bosphore en ses deux rives
Aura de sultanes captives !
Et que de mères à Memphis,
En pleurant diront la vaillance
De son courage et de sa lance,
120   Aux funérailles de leurs fils¹⁰ !

Cependant notre grand Alcide,
Amolli parmi vos appas,
Perdra la fureur qui sans bride
L'emporte à chercher le trépas :
125 Et cette valeur indomptée
De qui l'honneur est l'Euristée[11],
Puisque rien n'a su l'obliger
À ne nous donner plus d'alarmes,
Au moins pour épargner vos larmes
130 Aura peur de nous affliger.

Si l'espoir qu'aux bouches des hommes
Nos beaux faits seront récités,
Est l'aiguillon par qui nous sommes
Dans les hasards précipités :
135 Lui de qui la gloire semée
Par les voix de la renommée
En tant de parts s'est fait ouïr,
Que tout le siècle en est un livre,
N'est-il pas indigne de vivre
140 S'il ne vit pour se réjouir ?

Qu'il lui suffise que l'Espagne
Réduite par tant de combats
À ne l'oser voir en campagne,
A mis l'ire, et les armes bas :
145 Qu'il ne provoque point l'envie
Du mauvais sort contre sa vie :
Et puisque selon son dessein
Il a rendu nos troubles calmes,
S'il veut davantage de palmes,
150 Qu'il les acquerre en votre sein.

C'est là qu'il faut qu'à son Génie,
Seul arbitre de ses plaisirs,
Quoi qu'il demande il ne dénie
Rien qu'imaginent ses désirs :
155 C'est là qu'il faut que les années
Lui coulent comme des journées

Et qu'il ait de quoi se vanter,
Que la douceur qui tout excède,
N'est point ce que sert Ganimède
160 À la table de Jupiter.

Mais d'aller plus à ces batailles,
Où tonnent les foudres d'enfer,
Et lutter contre des murailles,
D'où pleuvent la flamme et le fer,
165 Puisqu'il sait qu'en ses destinées
Les nôtres seront terminées,
Et qu'après lui notre discord
N'aura plus qui dompte sa rage,
N'est-ce pas nous rendre au naufrage
170 Après nous avoir mis à bord ?

Cet Achille de qui la pique
Faisait aux braves d'Ilion
La terreur que fait en Afrique
Aux troupeaux l'assaut d'un lion,
175 Bien que sa mère eût à ses armes,
Ajouté la force des charmes,
Quand les Destins l'eurent permis,
N'eut-il pas sa trame coupée,
De la moins redoutable épée
180 Qui fut parmi ses ennemis ?

Les Parques d'une même soie
Ne dévident pas tous nos jours :
Ni toujours par semblable voie
Ne font les planètes leur cours :
185 Quoi que promette la fortune,
À la fin quand on l'importune,
Ce qu'elle avait fait prospérer
Tombe du faîte au précipice :
Et pour l'avoir toujours propice
190 Il la faut toujours révérer.

Je sais bien que sa Carmagnole[12]
Devant lui se représentant,
Telle qu'une plaintive idole
Va son courroux sollicitant,
195 Et l'invite à prendre pour elle
Une légitime querelle :
Mais doit-il vouloir que pour lui
Nous ayons toujours le teint blême,
Cependant qu'il tente lui-même
200 Ce qu'il peut faire par autrui ?

Si vos yeux sont toute sa braise,
Et vous la fin de tous ses vœux,
Peut-il pas languir à son aise
En la prison de vos cheveux ?
205 Et commettre aux dures corvées[13]
Toutes ces âmes relevées,
Que d'un conseil ambitieux
La faim de gloire persuade
D'aller sur les pas d'Encélade
210 Porter des échelles aux cieux ?

Apollon n'a point de mystère,
Et sont profanes ses chansons,
Ou devant que le Sagittaire,
Deux fois ramène les glaçons,
215 Le succès de leurs entreprises,
De qui deux provinces conquises[14]
Ont déjà fait preuve à leur dam,
Favorisé de la victoire,
Changera la fable en histoire
220 De Phaéton en l'Éridan[15].

Nice payant avecque honte
Un siège autrefois repoussé[16],
Cessera de nous mettre en compte
Barberousse qu'elle a chassé :
225 Guise en ses murailles forcées,
Remettra les bornes passées,

Qu'avait notre empire marin :
Et Soissons fatal aux superbes[17],
Fera chercher parmi les herbes,
230 En quelle place fut Turin.

Stances

Trois ans déjà passés, théâtre de la guerre,
J'exerce de deux chefs les funestes combats[1],
Et fais émerveiller tous les yeux de la terre,
4 De voir que le malheur ne m'ose mettre à bas[2].

À la merci du Ciel en ces rives je reste[3],
Où je souffre l'hiver froid à l'extrémité,
Lors que l'été revient, il m'apporte la peste,
8 Et le glaive est le moins de ma calamité[4].

Tout ce dont la fortune afflige cette vie
Pêle-mêle assemblé, me presse tellement,
Que c'est parmi les miens être digne d'envie,
12 Que de pouvoir mourir d'une mort seulement[5].

Que tardez-vous, Destins[6], ceci n'est pas matière,
Qu'avecque tant de doute il faille décider :
Toute la question n'est que d'un cimetière,
16 Prononcez librement qui le doit posséder[7].

CONSOLATION À CARITÉE,
SUR LA MORT DE SON MARI

Ainsi quand Mausole fut mort
Artémise accusa le sort :

De pleurs se noya le visage .
Et dit aux astres innocents
Tout ce que fait dire la rage,
⁶ Quand elle est maîtresse des sens.

Ainsi fut sourde au réconfort,
Quand elle eut trouvé dans le port
La perte qu'elle avait songée,
Celle de qui les passions
Firent voir à la mer Égée
¹² Le premier nid des Alcyons[1].

Vous n'êtes seule en ce tourment
Qui témoignez du sentiment,
Ô trop fidèle Caritée[2] :
En toutes âmes l'amitié
De mêmes ennuis agitée
¹⁸ Fait les mêmes traits de pitié.

De combien de jeunes maris
En la querelle de Pâris[3]
Tomba la vie entre les armes,
Qui fussent retournés un jour,
Si la mort se payait de larmes,
²⁴ À Mycènes faire l'amour.

Mais le destin qui fait nos lois,
Est jaloux qu'on passe deux fois
Au-deçà du rivage blême :
Et les dieux ont gardé ce don
Si rare, que Jupiter même
³⁰ Ne le sut faire[4] à Sarpedon.

Pourquoi donc si peu sagement
Démentant votre jugement
Passez-vous en cette amertume,
Le meilleur de votre saison,
Aimant mieux plaindre par coutume
³⁶ Que vous consoler par raison ?

Nature fait bien quelque effort,
Qu'on ne peut condamner qu'à tort,
Mais que direz-vous pour défendre
Ce prodige de cruauté,
Par qui vous semblez entreprendre
42 De ruiner votre beauté ?

Que vous ont fait ces beaux cheveux,
Dignes objets de tant de vœux,
Pour endurer votre colère ?
Et devenus vos ennemis
Recevoir l'injuste salaire
48 D'un crime qu'ils n'ont point commis ?

Quelles aimables qualités
En celui que vous regrettez,
Ont pu mériter qu'à vos roses
Vous ôtiez leur vive couleur,
Et livriez de si belles choses
54 À la merci de la douleur ?

Remettez-vous l'âme en repos,
Changez ces funestes propos :
Et par la fin de vos tempêtes,
Obligeant tous les beaux esprits,
Conservez au siècle où vous êtes,
60 Ce que vous lui donnez de prix[5].

Amour autrefois en vos yeux
Plein d'appas si délicieux,
Devient mélancolique et sombre,
Quand il voit qu'un si long ennui,
Vous fait consumer pour un ombre,
66 Ce que vous n'avez que pour lui.

S'il vous ressouvient du pouvoir
Que ses traits vous ont fait avoir,
Quand vos lumières étaient calmes,
Permettez-lui de vous guérir

Et ne différez point les palmes,
72 Qu'il brûle de vous acquérir.

Le temps d'un insensible cours
Nous porte à la fin de nos jours :
C'est à notre sage conduite,
Sans murmurer de ce défaut,
De nous consoler de sa fuite
78 En le ménageant comme il faut.

CONSOLATION
À MONSIEUR DU PÉRIER,
GENTILHOMME D'AIX-EN-PROVENCE,
SUR LA MORT DE SA FILLE

Ta douleur, du Périer, sera donc éternelle,
        Et les tristes discours
Que te met en l'esprit l'amitié paternelle
4   L'augmenteront toujours ?

Le malheur de ta fille au tombeau descendue
        Par un commun trépas,
Est-ce quelque dédale, où ta raison perdue
8   Ne se retreuve pas ?

Je sais de quels appas son enfance était pleine,
        Et n'ai pas entrepris,
Injurieux ami, de soulager ta peine
12   Avecque son mépris.

Mais elle était du monde, où les plus belles choses
        Ont le pire destin :
Et rose elle a vécu ce que vivent les roses,
16   L'espace d'un matin.

Puis quand ainsi serait, que selon ta prière
          Elle aurait obtenu
D'avoir en cheveux blancs terminé sa carrière,
20   Qu'en fût-il advenu ?

Penses-tu que plus vieille en la maison céleste,
          Elle eût eu plus d'accueil ?
Ou qu'elle eût moins senti la poussière funeste,
24   Et les vers du cercueil ?

Non, non, mon du Périer, aussitôt que la Parque
          Ôte l'âme du corps,
L'âge s'évanouit au-deçà de la barque[1]
28   Et ne suit point les morts.

Tithon n'a plus les ans qui le firent cigale[2] :
          Et Pluton aujourd'hui,
Sans égard du passé les mérites égale
32   D'Archémore[3] et de lui.

Ne te lasse donc plus d'inutiles complaintes :
          Mais sage à l'avenir,
Aime une ombre comme ombre, et de cendres éteintes
36   Eteins le souvenir.

C'est bien, je le confesse, une juste coutume,
          Que le cœur affligé
Par le canal des yeux vuidant son amertume
40   Cherche d'être allégé.

Même quand il advient que la tombe sépare
          Ce que Nature a joint,
Celui qui ne s'émeut a l'âme d'un Barbare,
44   Ou n'en a du tout point[4].

Mais d'être inconsolable, et dedans sa mémoire
          Enfermer un ennui,
N'est-ce pas se haïr pour acquérir la gloire
48   De bien aimer autrui[5] ?

70

Priam qui vit ses fils abattus par Achille,
             Dénué du support,
Et hors de tout espoir du salut de sa ville,
52   Reçut du réconfort.

François, quand la Castille, inégale à ses armes,
             Lui vola son Dauphin[6],
Sembla d'un si grand coup devoir jeter des larmes
56   Qui n'eussent point de fin.

Il les sécha pourtant, et comme un autre Alcide
             Contre fortune instruit,
Fit qu'à ses ennemis d'un acte si perfide
60   La honte fut le fruit.

Leur camp qui la Durance avait presque tarie
             De bataillons épais,
Entendant sa constance eut peur de sa furie,
64   Et demanda la paix[7].

De moi déjà deux fois d'une pareille foudre
             Je me suis vu perclus,
Et deux fois la raison m'a si bien fait résoudre,
68   Qu'il ne m'en souvient plus.

Non, qu'il ne me soit grief que la tombe possède
             Ce qui me fut si cher :
Mais en un accident qui n'a point de remède
72   Il n'en faut point chercher.

La mort a des rigueurs à nulle autre pareilles :
             On a beau la prier,
La cruelle qu'elle est, se bouche les oreilles,
76   Et nous laisse crier[8].

Le pauvre en sa cabane, où le chaume le couvre,
             Est sujet à ses lois :
Et la garde qui veille aux barrières du Louvre
80   N'en défend point nos rois[9].

De murmurer contre elle, et perdre patience,
      Il est mal à propos :
Vouloir ce que Dieu veut est la seule science,
      Qui nous met en repos[10].

Infidèle mémoire,
      Pourquoi fais-tu gloire
De me ramentevoir
Une saison prospère
      Que je désespère,
De jamais plus revoir ?

POUR LES PAIRS DE FRANCE,
ASSAILLANTS AU COMBAT DE BARRIÈRE

Stances

Et quoi donc ? la France féconde
En incomparables guerriers,
Aura jusqu'aux deux bouts du monde
Planté des forêts de lauriers,
5 Et fait gagner à ses armées
Des batailles si renommées,
Afin d'avoir cette douleur
D'ouïr démentir ses victoires,
Et nier ce que les histoires
10 Ont publié de sa valeur[1] ?

Tant de fois le Rhin et la Meuse,
Par nos redoutables efforts
Auront vu leur onde écumeuse
Regorger de sang et de morts ;

₁₅ Et tant de fois nos destinées
Des Alpes et des Pyrénées
Les sommets auront fait branler,
Afin que je ne sais quels Scythes[2],
Bas de fortune et de mérites,
₂₀ Présument de nous égaler ?

Non, non, s'il est vrai que nous sommes
Issus de ces nobles aïeux,
Que la voix commune des hommes
A fait asseoir entre les dieux ;
₂₅ Ces arrogants, à leur dommage,
Apprendront un autre langage ;
Et dans leur honte ensevelis
Feront voir à toute la terre,
Qu'on est brisé comme du verre
₃₀ Quand on choque les fleurs de lis.

Henri, l'exemple des monarques,
Les plus vaillants et les meilleurs,
Plein de mérites et de marques,
Qui jamais ne furent ailleurs ;
₃₅ Bel astre vraiment adorable,
De qui l'ascendant[3] favorable
En tous lieux nous sert de rempart,
Si vous aimez votre louange,
Désirez-vous pas qu'on la venge
₄₀ D'une injure où vous avez part ?

Ces arrogants, qui se défient
De n'avoir pas de lustre assez,
Impudemment se glorifient
Aux fables des siècles passés ;
₄₅ Et d'une audace ridicule,
Nous content qu'ils sont fils d'Hercule[4],
Sans toutefois en faire foi ;
Mais qu'importe-t-il qui puisse être
Ni leur père ni leur ancêtre,
₅₀ Puisque vous êtes notre Roi ?

Contre l'aventure funeste
Que leur garde notre courroux,
Si quelque espérance leur reste,
C'est d'obtenir grâce de vous ;
55 Et confesser que nos épées,
Si fortes et si bien trempées
Qu'il faut leur céder, ou mourir,
Donneront à votre couronne
Tout ce que le Ciel environne
60 Quand vous le voudrez acquérir.

PRIÈRE POUR LE ROI
ALLANT EN LIMOUSIN

Stances

Ô Dieu, dont les bontés de nos larmes touchées,
Ont aux vaines fureurs les armes arrachées[1],
Et rangé l'insolence aux pieds de la raison,
Puisqu'à rien d'imparfait[2] ta louange n'aspire,
Achève ton ouvrage au bien de cet empire,
6 Et nous rends l'embonpoint[3] comme la guérison.

Nous sommes sous un roi si vaillant, et si sage,
Et qui si dignement a fait l'apprentissage,
De toutes les vertus propres à commander,
Qu'il semble que cet heur nous impose silence,
Et qu'assurés par lui de toute violence,
12 Nous n'avons plus sujet de te rien demander.

Certes quiconque a vu pleuvoir dessus nos têtes
Les funestes éclats des plus grandes tempêtes
Qu'excitèrent jamais deux contraires partis,
Et n'en voit aujourd'hui nulle marque paraître,
En ce miracle seul il peut assez connaître[4]
18 Quelle force a la main qui nous a garantis.

Mais quoi ? de quelque soin qu'incessamment il veille,
Quelque gloire qu'il ait à nulle autre pareille,
Et quelques excès d'amour qu'il porte à votre bien :
Comme échapperons-nous en des nuits si profondes,
Parmi tant de rochers que lui cachent les ondes,
24 Si ton entendement ne gouverne le sien ?

Un malheur inconnu glisse parmi les hommes,
Qui les rend ennemis du repos où nous sommes ;
La plupart de leurs vœux tendent au changement :
Et comme s'ils vivaient des misères publiques,
Pour les renouveler ils font tant de pratiques[5],
30 Que qui n'a point de peur n'a point de jugement.

En ce fâcheux état ce qui nous réconforte,
C'est que la bonne cause est toujours la plus forte,
Et qu'un bras si puissant t'ayant pour son appui,
Quand la rébellion plus qu'une hydre féconde,
Aurait pour le combattre assemblé tout le monde,
36 Tout le monde assemblé s'enfuirait devant lui.

Conforme donc, Seigneur, ta grâce à nos pensées.
Ôte-nous ces objets, qui des choses passées
Ramènent à nos yeux le triste souvenir :
Et comme sa valeur, maîtresse de l'orage,
À nous donner la paix a montré son courage,
42 Fais luire sa prudence à nous l'entretenir.

Il n'a point son espoir au nombre des armées,
Étant bien assuré que ces vaines fumées,
N'ajoutent que de l'ombre à nos obscurités.
L'aide qu'il veut avoir, c'est que tu le conseilles :
Si tu le fais, Seigneur, il fera des merveilles,
48 Et vaincra nos souhaits par nos prospérités.

Les fuites des méchants, tant soient-elles secrètes,
Quand il les poursuivra n'auront point de cachettes :
Aux lieux les plus profonds ils seront éclairés[6] :
Il verra sans effet leur honte se produire,

Et rendra les desseins qu'ils feront pour lui nuire,
54 Aussitôt confondus comme délibérés[7].

La rigueur de ses lois, après tant de licence,
Redonnera le cœur à la faible innocence,
Que dedans la misère on faisait envieillir :
À ceux qui l'oppressaient, il ôtera l'audace :
Et sans distinction de richesse, ou de race,
60 Tous de peur de la peine auront peur de faillir.

La terreur de son nom rendra nos villes fortes,
On n'en gardera plus ni les murs ni les portes,
Les veilles cesseront aux sommets de nos tours :
Le fer mieux employé cultivera la terre,
Et le peuple qui tremble aux frayeurs de la guerre,
66 Si ce n'est pour danser, n'aura plus de tambours.

Loin des mœurs de son siècle il bannira les vices,
L'oisive nonchalance, et les molles délices
Qui nous avaient portés jusqu'aux derniers hasards :
Les vertus reviendront de palmes couronnées,
Et ses justes faveurs aux mérites données
72 Feront ressusciter l'excellence des arts.

La foi de ses aïeux, ton amour, et ta crainte,
Dont il porte dans l'âme une éternelle empreinte,
D'actes de piété ne pourront l'assouvir :
Il étendra ta gloire autant que sa puissance :
Et n'ayant rien si cher que ton obéissance,
78 Où tu le fais régner il te fera servir.

Tu nous rendras alors nos douces destinées :
Nous ne reverrons plus ces fâcheuses années,
Qui pour les plus heureux n'ont produit que des
Toute sorte de biens comblera nos familles,   [pleurs :
La moisson de nos champs lassera les faucilles,
84 Et les fruits passeront la promesse des fleurs.

La fin de tant d'ennuis dont nous fûmes la proie,
Nous ravira les sens de merveille, et de joie ;
Et d'autant que le monde est ainsi composé,
Qu'une bonne fortune en craint une mauvaise,
Ton pouvoir absolu, pour conserver notre aise,
90 Conservera celui qui nous l'aura causé.

Quand un roi fainéant, la vergogne des princes,
Laissant à ses flatteurs le soin de ses provinces,
Entre les voluptés indignement s'endort,
Quoi que l'on dissimule on n'en fait point d'estime :
Et si la vérité se peut dire sans crime,
96 C'est avecque plaisir qu'on survit à sa mort[8].

Mais ce roi, des bons rois l'éternel exemplaire,
Qui de notre salut est l'ange tutélaire,
L'infaillible refuge, et l'assuré secours,
Son extrême douceur ayant dompté l'envie,
De quels jours assez longs peut-il borner sa vie,
102 Que notre affection ne les juge trop courts ?

Nous voyons les esprits nés à la tyrannie,
Ennuyés de couver leur cruelle manie,
Tourner tous leurs conseils à notre affliction :
Et lisons clairement dedans leur conscience,
Que s'ils tiennent la bride à leur impatience,
108 Nous n'en sommes tenus qu'à sa protection.

Qu'il vive donc, Seigneur, et qu'il nous fasse vivre :
Que de toutes ces peurs nos âmes il délivre :
Et rendant l'univers de son heur étonné,
Ajoute chaque jour quelque nouvelle marque
Au nom qu'il s'est acquis du plus rare monarque,
114 Que ta bonté propice ait jamais couronné.

Cependant son Dauphin d'une vitesse prompte
Des ans de sa jeunesse accomplira le compte :
Et suivant de l'honneur les aimables appas,
De faits si renommés ourdira son histoire,

Que ceux qui dedans l'ombre éternellement noire,
120 Ignorent le Soleil, ne l'ignoreront pas.

Par sa fatale main qui vengera nos pertes,
L'Espagne pleurera ses provinces désertes,
Ses châteaux abattus, et ses champs déconfits,
Et si de nos discors l'infâme vitupère,
A pu la dérober aux victoires du Père,
126 Nous la verrons captive aux triomphes du Fils.

ODE SUR L'ATTENTAT COMMIS
EN LA PERSONNE DE SA MAJESTÉ,
LE 19 DE DÉCEMBRE 1605

Que direz-vous races futures
Si quelquefois un vrai discours
Vous récite les aventures
De nos abominables jours :
5 Lirez-vous sans rougir de honte,
Que notre impiété surmonte[1],
Les faits les plus audacieux,
Et les plus dignes du tonnerre,
Qui firent jamais à la terre,
10 Sentir la colère des cieux.

Ô que nos fortunes prospères
Ont un change bien apparent !
Ô que du siècle de nos pères
Le nôtre s'est fait différent :
15 La France devant ces orages
Pleine de mœurs, et de courages,
Qu'on ne pouvait assez louer,
S'est fait aujourd'hui si tragique,
Qu'elle produit ce que l'Afrique
20 Aurait vergogne d'avouer.

Quelles preuves incomparables
Peut donner un prince de soi,
Que les rois les plus adorables
N'en quittent l'honneur à mon roi ?
25 Quelle terre n'est parfumée
Des odeurs de sa renommée ?
Et qui peut nier qu'après Dieu,
Sa gloire qui n'a point d'exemples,
N'ait mérité que dans nos temples
30 On lui donne le second lieu ?

Qui ne sait point qu'à sa vaillance
Il ne se peut rien ajouter ?
Qu'on reçoit de sa bienveillance,
Tout ce qu'on en doit souhaiter ?
35 Et que si de cette couronne,
Que sa tige illustre lui donne,
Les lois ne l'eussent revêtu,
Nos peuples d'un juste suffrage
Ne pouvaient sans faire naufrage
40 Ne l'offrir point à sa vertu ?

Toutefois ingrats que nous sommes,
Barbares et dénaturés,
Plus qu'en ce climat où les hommes
Par les hommes sont dévorés :
45 Toujours nous assaillons sa tête
De quelque nouvelle tempête :
Et d'un courage forcené,
Rejetant son obéissance,
Lui défendons la jouissance
50 Du repos qu'il nous a donné.

La main de cet esprit farouche,
Qui sorti des ombres d'enfer,
D'un coup sanglant frappa sa bouche[2],
À peine avait laissé le fer :
55 Et voici qu'un autre perfide,
Où la même audace réside,

Comme si détruire l'État
Tenait lieu de juste conquête,
De pareilles armes s'apprête
60 À faire un pareil attentat.

Ô Soleil, ô grand luminaire,
Si jadis l'horreur d'un festin
Fit que de ta route ordinaire,
Tu reculas vers le matin :
65 Et d'un émerveillable change
Te couchas aux rives du Gange :
D'où vient que ta sévérité
Moindre qu'en la faute d'Atrée
Ne punit point cette contrée,
70 D'une éternelle obscurité[3] ?

Non, non, tu luis sur le coupable,
Comme tu fais sur l'innocent :
Ta nature n'est point capable
Du trouble qu'une âme ressent :
75 Tu dois ta flamme à tout le monde :
Et ton allure vagabonde,
Comme une servile action
Qui dépend d'une autre puissance,
N'ayant aucune connaissance,
80 N'a point aussi d'affection.

Mais, ô planète belle et claire,
Je ne parle pas sagement :
Le juste excès de la colère
M'a fait perdre le jugement :
85 Ce traître, quelque frénésie
Qui travaillât sa fantaisie,
Eut encor assez de raison,
Pour ne vouloir rien entreprendre,
Bel astre, qu'il n'eût vu descendre
90 Ta lumière sous l'horizon[4].

Au point qu'il⁵ écuma sa rage,
Le Dieu de Seine était dehors[6]
À regarder croître l'ouvrage
Dont ce prince embellit ses bords[7] :
95 Il se resserra tout à l'heure
Au plus bas lieu de sa demeure :
Et ses Nymphes dessous les eaux
Toutes sans voix, et sans haleine,
Pour se cacher furent en peine
100 De trouver assez de roseaux.

La terreur des choses passées,
À leurs yeux se ramentevant[8],
Faisait prévoir à leurs pensées
Plus de malheurs qu'auparavant :
105 Et leur était si peu croyable
Qu'en cet accident effroyable
Personne les pût secourir,
Que pour en être dégagées
Le Ciel les aurait obligées
110 S'il leur eût permis de mourir.

Revenez, belles fugitives :
De quoi versez-vous tant de pleurs ?
Assurez vos âmes craintives :
Remettez vos chapeaux de fleurs :
115 Le roi vit, et ce misérable,
Ce monstre vraiment déplorable[9],
Qui n'avait jamais épreuvé
Que peut un visage d'Alcide,
A commencé le parricide,
120 Mais il ne l'a pas achevé.

Pucelles, qu'on se réjouisse :
Mettez-vous l'esprit en repos :
Que cette peur s'évanouisse :
Vous la prenez mal à propos :
125 Le roi vit et les destinées
Lui gardent un nombre d'années,

Qui fera maudire le sort
À ceux dont l'aveugle manie[10]
Dresse des plans de tyrannie
130 Pour bâtir quand il sera mort.

Ô bienheureuse intelligence,
Puissance, quiconque tu sois,
Dont la fatale[11] diligence
Préside à l'Empire français :
135 Toutes ces visibles merveilles
De soins, de peines, et de veilles,
Qui jamais ne t'ont pu lasser,
N'ont-elles pas fait une histoire
Qu'en la plus ingrate mémoire
140 L'oubli ne saurait effacer ?

Ces archers aux casaques peintes
Ne peuvent pas n'être surpris,
Ayant à combattre les feintes
De tant d'infidèles esprits :
145 Leur présence n'est qu'une pompe :
Avecque peu d'art on les trompe :
Mais de quelle dextérité
Se peut déguiser une audace,
Qu'en l'âme aussitôt qu'en la face
150 Tu n'en lises la vérité[12] ?

Grand démon d'éternelle marque,
Fais qu'il te souvienne toujours
Que tous nos maux en ce monarque
Ont leur refuge et leur secours :
155 Et qu'arrivant l'heure prescrite,
Que le trépas qui tout limite
Nous privera de sa valeur,
Nous n'avons jamais eu d'alarmes
Où nous ayons versé des larmes
160 Pour une semblable douleur.

Je sais bien que par la justice,
Dont la paix accroît le pouvoir,
Il fait demeurer la malice
Aux bornes de quelque devoir :
165 Et que son invincible épée,
Sous telle influence est trempée,
Qu'elle met la frayeur partout
Aussitôt qu'on la voit reluire :
Mais quand le malheur nous veut nuire,
170 De quoi ne vient-il point à bout ?

Soit que l'ardeur de la prière
Le tienne devant un autel,
Soit que l'honneur à la barrière
L'appelle à débattre un cartel[13] :
175 Soit que dans la chambre il médite,
Soit qu'aux bois la chasse l'invite,
Jamais ne t'écarte si loin
Qu'aux embûches qu'on lui peut tendre
Tu ne sois prêt à le défendre,
180 Sitôt qu'il en aura besoin.

Garde sa compagne fidèle,
Cette reine dont les bontés
De notre faiblesse mortelle
Tous les défauts ont surmontés,
185 Fais que jamais rien ne l'ennuie,
Que toute infortune la fuie :
Et qu'aux roses de sa beauté
L'âge par qui tout se consume
Redonne contre sa coutume
190 La grâce de la nouveauté.

Serre d'une étreinte si ferme
Le nœud de leurs chastes amours,
Que la seule mort soit le terme
Qui puisse en arrêter le cours :
195 Bénis les plaisirs de leur couche,
Et fais renaître de leur souche

Des scions si beaux, et si vers,
Que de leur feuillage sans nombre,
À jamais ils puissent faire ombre
200 Aux peuples de tout l'univers.

Surtout pour leur commune joie,
Dévide aux ans de leur Dauphin,
À longs filets d'or, et de soie,
Un bonheur qui n'ait point de fin :
205 Quelques vœux que fasse l'envie,
Conserve-leur sa chère vie :
Et tiens par elle ensevelis
D'une bonace continue
Les aquilons dont sa venue
210 A garanti les fleurs de lis.

Conduis-le sous leur assurance
Promptement jusques au sommet
De l'indubitable espérance
Que son enfance leur promet :
215 Et pour achever leurs journées,
Que les oracles ont bornées
Dedans le trône impérial,
Avant que le Ciel les appelle,
Fais-leur ouïr cette nouvelle
220 Qu'il a rasé l'Escurial.

ODE AU FEU ROI
SUR L'HEUREUX SUCCÈS
DU VOYAGE DE SEDAN

Enfin après les tempêtes
Nous voici rendus au port :
Enfin nous voyons nos têtes
Hors de l'injure du sort.
5 Nous n'avons rien qui menace

De troubler notre bonace :
Et ces matières de pleurs,
Massacres, feux, et rapines,
De leurs funestes épines
10 Ne gâteront plus nos fleurs.

Nos prières sont ouïes,
Tout est réconcilié :
Nos peurs sont évanouies,
Sedan s'est humilié.
15 À peine il a vu le foudre
Parti pour le mettre en poudre
Que faisant comparaison
De l'espoir, et de la crainte,
Pour éviter la contrainte
20 Il s'est mis à la raison.

Qui n'eût cru que ses murailles,
Que défendait un lion[1],
N'eussent fait des funérailles
Plus que n'en fit Ilion :
25 Et qu'avant qu'être à la fête
De si pénible conquête,
Les champs se fussent vêtus
Deux fois de robe nouvelle,
Et le fer eût en javelle
30 Deux fois les blés abattus ?

Et toutefois, ô merveille !
Mon roi, l'exemple des rois,
Dont la grandeur nonpareille
Fait qu'on adore ses lois,
35 Accompagné d'un génie
Qui les volontés manie[2],
L'a su tellement presser
D'obéir et de se rendre,
Qu'il n'a pas eu pour le prendre
40 Loisir de le menacer.

Tel qu'à vagues épandues,
Marche un fleuve impérieux,
De qui les neiges fondues
Rendent le cours furieux,
45 Rien n'est sûr en son rivage :
Ce qu'il treuve il le ravage :
Et traînant comme buissons,
Les chênes, et leurs racines,
Ôte aux campagnes voisines
50 L'espérance des moissons³.

Tel, et plus épouvantable,
S'en allait ce conquérant,
À son pouvoir indomptable
Sa colère mesurant :
55 Son front avait une audace
Telle que Mars en la Thrace :
Et les éclairs de ses yeux
Étaient comme d'un tonnerre,
Qui gronde contre la terre,
60 Quand elle a fâché les cieux.

Quelle vaine résistance
À son puissant appareil,
N'eût porté la pénitence
Qui suit un mauvais conseil !
65 Et vu sa faute bornée⁴
D'une chute infortunée,
Comme la rébellion,
Dont la fameuse folie
Fit voir à la Thessalie
70 Olympe sur Pélion ?

Voyez comme en son courage,
Quand on se range au devoir,
La pitié calme l'orage
Que l'ire a fait émouvoir :
75 À peine fut réclamée,
Sa douceur accoutumée,

86

Que d'un sentiment humain,
Frappé non moins que de charmes,
Il fit la paix, et les armes
80 Lui tombèrent de la main.

Arrière vaines chimères
De haines, et de rancœurs :
Soupçons de choses amères
Éloignez-vous de nos cœurs :
85 Loin, bien loin, tristes pensées,
Où nos misères passées
Nous avaient ensevelis :
Sous HENRI c'est ne voir goutte,
Que de révoquer en doute
90 Le salut des fleurs de lis.

Ô roi, qui du rang des hommes,
T'exceptes par ta bonté,
Roi qui de l'âge où nous sommes
Tout le mal as surmonté :
95 Si tes labeurs, d'où la France
A tiré sa délivrance,
Sont écris avecque foi,
Qui sera si ridicule
Qui ne confesse qu'Hercule
100 Fut moins Hercule que toi⁵ ?

De combien de tragédies,
Sans ton assuré secours,
Étaient les trames ourdies
Pour ensanglanter nos jours ?
105 Et qu'aurait fait l'innocence,
Si l'outrageuse licence,
De qui le souverain bien
Est d'opprimer, et de nuire,
N'eût treuvé pour la détruire
110 Un bras fort comme le tien ?

Mon roi, connais ta puissance,
Elle est capable de tout,
Tes desseins n'ont pas naissance
Qu'on en voit déjà le bout :
115 Et la fortune amoureuse
De ta vertu généreuse,
Treuve de si doux appas
À te servir, et te plaire,
Que c'est la mettre en colère
120 Que de ne l'employer pas.

Use de sa bienveillance,
Et lui donne ce plaisir,
Qu'elle suive ta vaillance
À quelque nouveau désir :
125 Où que tes bannières aillent,
Quoi que tes armes assaillent,
Il n'est orgueil endurci,
Que brisé comme du verre,
À tes pieds elle n'atterre[6],
130 S'il implore ta merci.

Je sais bien que les oracles
Prédisent tous qu'à ton fils
Sont réservés les miracles
De la prise de Memphis :
135 Et que c'est lui dont l'épée
Au sang barbare trempée,
Quelque jour apparaissant,
À la Grèce qui soupire,
Fera décroître l'empire
140 De l'infidèle Croissant.

Mais tandis que les années
Pas à pas font avancer,
L'âge où de ses destinées
La gloire doit commencer :
145 Que fais-tu d'une armée
À te venger animée,

Tu ne mets dans le tombeau
Ces voisins, dont les pratiques
De nos rages domestiques
150 Ont allumé le flambeau ?

Quoique les Alpes chenues
Les couvrent de toutes parts,
Et fassent monter aux nues
Leurs effroyables remparts :
155 Alors que de ton passage
On leur fera le message,
Qui verront-elles venir,
Envoyé sous tes auspices,
Qu'aussitôt leurs précipices
160 Ne se laissent aplanir ?

Crois-moi, contente l'envie
Qu'ont tant de jeunes guerriers,
D'aller exposer leur vie
Pour t'acquérir des lauriers :
165 Et ne tiens point otieuses
Ces âmes ambitieuses,
Qui jusques où le matin
Met les étoiles en fuite,
Oseront sous ta conduite
170 Aller querir du butin.

Déjà le Tessin tout morne,
Consulte de se cacher,
Voulant garantir sa corne[7]
Que tu lui dois arracher :
175 Et le Pô, tombe certaine
De l'audace trop hautaine,
Tenant baissé le menton,
Dans sa caverne profonde,
S'apprête à voir en son onde
180 Choir un autre Phaéton[8].

Va, monarque magnanime,
Souffre à ta juste douleur,
Qu'en leurs rives elle imprime
Les marques de ta valeur :
185 L'astre, dont la course ronde
Tous les jours voit tout le monde,
N'aura point achevé l'an,
Que tes conquêtes ne rasent
Tout le Piémont, et n'écrasent
190 La couleuvre de Milan[9].

Ce sera là que ma lyre,
Faisant son dernier effort,
Entreprendra de mieux dire
Qu'un cygne près de sa mort :
195 Et se rendant favorable
Ton oreille incomparable
Te forcera d'avouer,
Qu'en l'aise de la victoire,
Rien n'est si doux que la gloire
200 De se voir si bien louer.

Il ne faut pas que tu penses
Treuver de l'éternité,
En ces pompeuses dépenses
Qu'invente la vanité :
205 Tous ces chefs-d'œuvres antiques
Ont à peine leurs reliques :
Par les Muses seulement
L'homme est exempt de la Parque :
Et ce qui porte leur marque
210 Demeure éternellement.

Par elles traçant l'histoire
De tes faits laborieux,
Je défendrai ta mémoire
Du trépas injurieux,
215 Et quelque assaut que te fasse
L'oubli par qui tout s'efface,

Ta louange dans mes vers
D'amarante couronnée
N'aura sa fin terminée
220 Qu'en celle de l'univers.

Sonnet

Quoi donc c'est un arrêt qui n'épargne personne
Que rien n'est ici-bas heureux parfaitement,
Et qu'on ne peut au monde avoir contentement,
4 Qu'un funeste malheur aussitôt n'empoisonne.

La santé de mon prince en la guerre était bonne :
Il vivait aux combats comme en son élément :
Depuis que dans la paix il règne absolument
8 Tous les jours la douleur quelque atteinte lui donne.

Dieu ! à qui nous devons ce miracle des rois,
Qui du bruit de sa gloire, et de ses justes lois
11 Invite à l'adorer tous les yeux de la terre,

Puisque seul après vous il est notre soutien,
Quelques malheureux fruits que produise la guerre,
14 N'ayons jamais la paix, et qu'il se porte bien.

[FRAGMENT]

. . . .
Les peuples pipés de leur mine,
Les voyant ainsi renfermer,
Jugeaient qu'ils parlaient de s'armer
Pour conquérir la Palestine,
5 Et borner de Tyr à Calis

L'Empire de la fleur de lis ;
Et toutefois leur entreprise
Était le parfum d'un collet,
Le point coupé d'une chemise,
10 Et la figure d'un ballet.
De leur mollesse léthargique,
Le discord sortant des enfers,
Des maux que nous avons soufferts
Nous ourdit la toile tragique ;
15 La justice n'eut plus de poids ;
L'impunité chassa les lois ;
Et le taon des guerres civiles
Piqua les âmes des méchants,
Qui firent avoir à nos villes
20 La face déserte des champs.

POUR MONSIEUR LE DAUPHIN
ET MONSIEUR D'ORLÉANS

Sonnet

Destins je le connais, vous avez arrêté
Qu'aux deux fils de mon roi se partage la terre,
Et qu'après le trépas ce miracle de guerre,
4 Soit encor adorable en sa postérité.

Leur courage aussi grand que leur prospérité,
Tous les fronts orgueilleux brisera comme verre :
Et qui de leurs combats attendra le tonnerre,
8 Aura le châtiment de sa témérité.

Le cercle imaginé qui de même intervalle,
Du nord et du midi les distances égale,
11 De pareille grandeur bornera leur pouvoir.

Mais étant fils d'un père où tant de gloire abonde,
Pardonnez-moi destins, quoi qu'ils puissent avoir,
14 Ce leur sera trop peu s'ils n'ont chacun un monde.

AU FEU ROI

Sonnet

Mon roi, s'il est ainsi que des choses futures,
L'école d'Apollon[1] apprend la vérité,
Quel ordre merveilleux de belles aventures
4 Va combler de lauriers votre postérité !

Que vos jeunes lions[2] vont amasser de proie,
Soit qu'aux rives du Tage ils portent leurs combats,
Soit que de l'Orient mettant l'empire bas
8 Ils veuillent rebâtir les murailles de Troie.

Ils seront malheureux seulement en un point :
C'est que si leur courage à leur fortune joint
11 Avait assujetti l'un et l'autre hémisphère :

Votre gloire est si grande en la bouche de tous,
Que toujours on dira qu'ils ne pouvaient moins faire,
14 Puisqu'ils avaient l'honneur d'être sortis de vous.

À MONSEIGNEUR LE DAUPHIN

Sonnet

Que l'honneur de mon prince est cher aux destinées !
Que le démon est grand qui lui sert de support !
Et que visiblement un favorable sort
4 Tient ses prospérités l'une à l'autre enchaînées !

93

Ses filles sont encor en leurs tendres années[1] :
Et déjà leurs appas ont un charme si fort,
Que les rois les plus grands du Ponant et du Nord,
8 Brûlent d'impatience après leurs hyménées.

Pensez à vous Dauphin, j'ai prédit en mes vers[2],
Que le plus grand orgueil de tout cet univers
11 Quelque jour à vos pieds doit abaisser la tête :

Mais ne vous flattez point de ces vaines douceurs :
Si vous ne vous hâtez d'en faire la conquête,
14 Vous en serez frustré par les yeux de vos sœurs.

À MADAME
LA PRINCESSE DOUAIRIÈRE,
CHARLOTTE DE LA TRÉMOUILLE

Sonnet

Quoi donc, grande princesse, en la terre adorée,
Et que même le Ciel est contraint d'admirer,
Vous avez résolu de nous voir demeurer
4 En une obscurité d'éternelle durée[1] ?

La flamme de vos yeux, dont la cour éclairée
À vos rares vertus ne peut rien préférer,
Ne se lasse donc point de nous désespérer,
8 Et d'abuser les vœux dont elle est désirée ?

Vous êtes en des lieux, où les champs toujours verts,
Pource qu'ils n'ont jamais que de tièdes hivers,
11 Semblent en apparence avoir quelque mérite.

Mais si c'est pour cela que vous causez nos pleurs,
Comment faites-vous cas de chose si petite,
14 Vous de qui chaque pas fait naître mille fleurs ?

ÉPITAPHE DE MADEMOISELLE DE CONTY, MARIE DE BOURBON

Tu vois, passant, la sépulture
D'un chef-d'œuvre si précieux,
Qu'avoir mille rois pour aïeux
4 Fut le moins de son aventure.

L'experte main de la nature,
Et le soin propice des cieux,
Jamais ne s'accordèrent mieux
8 À former une créature.

On doute pourquoi les destins,
Au bout de quatorze matins,
11 De ce monde l'ont appelée.

Mais leur prétexte le plus beau,
C'est que la terre était brûlée
14 S'ils n'eussent tué ce flambeau.

POUR ELLE-MÊME

N'égalons point cette petite,
Aux déesses que nous récite
3 L'histoire des siècles passés.

Tout cela n'est qu'une chimère :
Il faut dire pour dire assez,
6 Elle est belle comme sa mère.

Ode

À la fin c'est trop de silence
En si beau sujet de parler :
Le mérite qu'on veut celer
Souffre une injuste violence :
5 Bellegarde unique support
Où mes vœux ont trouvé leur port[1],
Que tarde ma paresse ingrate,
Que déjà ton bruit[2] nonpareil
Aux bords du Tage, et de l'Euphrate,
10 N'a vu l'un et l'autre Soleil ?

Les Muses hautaines et braves,
Tiennent le flatter odieux,
Et comme parentes des dieux
Ne parlent jamais en esclaves :
15 Mais aussi ne sont-elles pas
De ces beautés dont les appas
Ne sont que rigueur, et que glace :
Et de qui le cerveau léger,
Quelque service qu'on leur fasse,
20 Ne se peut jamais obliger.

La vertu, qui de leur étude
Est le fruit le plus précieux,
Sur tous les actes vicieux
Leur fait haïr l'ingratitude :
25 Et les agréables chansons
Par qui leurs doctes nourrissons
Savent charmer les destinées,
Récompensent un bon accueil
De louanges que les années
30 Ne mettent point dans le cercueil.

Les tiennes par moi publiées,
Je le jure sur les autels,
En la mémoire des mortels
Ne seront jamais oubliées :
35 Et l'éternité que promet
La montagne au double sommet[3],
N'est que mensonge et que fumée :
Ou je rendrai cet univers
Amoureux de ta renommée
40 Autant que tu l'es de mes vers.

Comme en cueillant une guirlande,
L'homme est d'autant plus travaillé,
Que le parterre est émaillé
D'une diversité plus grande :
45 Tant de fleurs de tant de côtés,
Faisant paraître en leurs beautés
L'artifice de la nature :
Qu'il tient suspendu son désir,
Et ne sait en cette peinture
50 Ni que laisser, ni que choisir.

Ainsi quand pressé de la honte,
Dont me fait rougir mon devoir,
Je veux mon œuvre concevoir
Qui pour toi les âges surmonte :
55 Tu me tiens les sens enchantés,
De tant de rares qualités,
Où brille un excès de lumière,
Que plus je m'arrête à penser,
Laquelle sera la première,
60 Moins je sais par où commencer.

Si nommer en son parentage
Une longue suite d'aïeux[4],
Que la gloire a mis dans les cieux,
Est réputé grand avantage :
65 De qui n'est-il point reconnu,
Que toujours les tiens ont tenu

Les charges les plus honorables,
Dont le mérite, et la raison,
Quand les destins sont favorables,
70 Parent une illustre maison ?

Qui ne sait de quelles tempêtes
Leur fatale main autrefois,
Portant la foudre de nos rois,
Des Alpes a battu les têtes[5] ?
75 Qui n'a vu dessous leurs combats,
Le Pô mettre les cornes bas[6] ?
Et les peuples de ses deux rives,
Dans la frayeur ensevelis,
Laisser leurs dépouilles captives
80 À la merci des fleurs de lis ?

Mais de chercher aux sépultures
Des témoignages de valeur,
C'est à ceux qui n'ont rien du leur
Estimable aux races futures :
85 Non pas à toi qui revêtu,
De tous les dons que la vertu
Peut recevoir de la fortune,
Connais que c'est que du vrai bien,
Et ne veux pas comme la lune
90 Luire d'autre feu que du tien.

Quand le monstre infâme d'envie,
À qui rien de l'autrui[7] ne plaît,
Tout lâche et perfide qu'il est,
Jette les yeux dessus ta vie :
95 Et te voit emporter le prix
Des grands cœurs, et des beaux esprits,
Dont aujourd'hui la France est pleine,
Est-il pas contraint d'avouer,
Qu'il a lui-même de la peine
100 À s'empêcher de te louer ?

Soit que l'honneur de la carrière[8]
T'appelle à monter à cheval,
Soit qu'il se présente un rival
Pour la lice, ou pour la barrière[9],
105 Soit que tu donnes ton loisir
À prendre quelque autre plaisir
Éloigné des molles délices :
Qui ne sait que toute la cour
À regarder tes exercices,
110 Comme à des théâtres accourt ?

Quand tu passas en Italie[10],
Où tu fus querir pour mon roi
Ce joyau d'honneur, et de foi,
Dont l'Arne[11] à la Seine s'allie :
115 Thétis ne suivit-elle pas
Ta bonne grâce, et tes appas,
Comme un objet émerveillable :
Et jura qu'avecque Jason
Jamais Argonaute semblable
120 N'alla conquérir la toison ?

Tu menais le blond Hyménée,
Qui devait solennellement,
De ce fatal[12] accouplement
Célébrer l'heureuse journée :
125 Jamais il ne fut si paré :
Jamais en son habit doré
Tant de richesses n'éclatèrent :
Toutefois les Nymphes du lieu,
Non sans apparence doutèrent
130 Qui de vous deux était le dieu.

De combien de pareilles marques,
Dont on ne me peut démentir,
Ai-je de quoi te garantir
Contre les menaces des Parques ?
135 Si ce n'est qu'un si long discours
A de trop pénibles détours :

Et qu'à bien dispenser les choses,
Il faut mêler pour un guerrier
À peu de myrthe et peu de roses,
140 Force palme et force laurier ?

Achille était haut de corsage[13] :
L'or éclatait en ses cheveux :
Et les dames avecque vœux
Soupiraient après son visage :
145 Sa gloire à danser et chanter,
Tirer de l'arc, sauter, lutter,
À nulle autre n'était seconde :
Mais s'il n'eût rien eu de plus beau,
Son nom qui vole par le monde
150 Serait-il pas dans le tombeau ?

S'il n'eût par un bras homicide,
Dont rien ne repoussait l'effort,
Sur Ilion vengé le tort
Qu'avait reçu le jeune Atride :
155 De quelque adresse qu'au giron
Ou de Phénix, ou de Chiron,
Il eût fait son apprentissage,
Notre âge aurait-il aujourd'hui
Le mémorable témoignage
160 Que la Grèce a donné de lui ?

C'est aux magnanimes exemples,
Qui sous la bannière de Mars
Sont faits au milieu des hasards,
Qu'il appartient d'avoir des temples :
165 Et c'est avecque ces couleurs,
Que l'histoire de nos malheurs
Marquera si bien ta mémoire,
Que tous les siècles avenir
N'auront point de nuit assez noire,
170 Pour en cacher le souvenir.

En ce longtemps, où les manies
D'un nombre infini de mutins,
Poussés de nos mauvais destins,
Ont assouvi leurs félonies,
175 Par quels faits d'armes valeureux,
Plus que nul autre aventureux,
N'as-tu mis ta gloire en estime ?
Et déclaré ta passion,
Contre l'espoir illégitime
180 De la rebelle ambition[14] ?

Tel que d'un effort difficile
Un fleuve au travers de la mer,
Sans que son goût devienne amer,
Passe d'Élide en la Sicile :
185 Ses flots par moyens inconnus
En leur douceur entretenus
Aucun mélange ne reçoivent :
Et dans Syracuse arrivant
Sont treuvés de ceux qui les boivent
190 Aussi peu salés que devant[15].

Tel entre ces esprits tragiques,
Ou plutôt démons insensés,
Qui de nos dommages passés
Tramaient les funestes pratiques,
195 Tu ne t'es jamais diverti[16],
De suivre le juste parti :
Mais blâmant l'impure licence
De leurs déloyales humeurs,
As toujours aimé l'innocence,
200 Et pris plaisir aux bonnes mœurs.

Depuis que pour sauver sa terre,
Mon roi, le plus grand des humains,
Eut laissé partir de ses mains
Le premier trait de son tonnerre,
205 Jusqu'à la fin de ses exploits,
Que tout eut reconnu ses lois,

A-t-il jamais défait armée,
Pris ville, ni forcé rempart,
Où ta valeur accoutumée
210 N'ait eu la principale part ?

Soit que près de Seine et de Loire
Il pavât les plaines de morts[17] :
Soit que le Rhône outre ses bords
Lui vît faire éclater sa gloire[18] :
215 Ne l'as-tu pas toujours suivi ?
Ne l'as-tu pas toujours servi ?
Et toujours par dignes ouvrages
Témoigné le mépris du sort
Que sait imprimer aux courages
220 Le soin de vivre après la mort ?

Mais quoi ? ma barque vagabonde
Est dans les Syrtes bien avant ;
Et le plaisir la décevant
Toujours l'emporte au gré de l'onde :
225 BELLEGARDE les matelots,
Jamais ne méprisent les flots,
Quelque phare qui leur éclaire :
Je ferai mieux de relâcher,
Et borner le soin de te plaire,
230 Par la crainte de te fâcher.

L'unique but où mon attente
Croit avoir raison d'aspirer,
C'est que tu veuilles m'assurer
Que mon offrande te contente :
235 Donne-m'en d'un clin de tes yeux
Un témoignage gracieux :
Et si tu la trouves petite,
Ressouviens-toi qu'une action
Ne peut avoir peu de mérite,
240 Ayant beaucoup d'affection.

Ainsi de tant d'or et de soie,
Ton âge dévide son cours,

Que tu reçoives tous les jours
Nouvelles matières de joie :
245 Ainsi tes honneurs fleurissants
De jour en jour aillent croissants,
Malgré la fortune contraire :
Et ce qui les fait trébucher
De toi ni de TERMES ton frère[19],
250 Ne puisse jamais approcher.

Quand la faveur à pleines voiles,
Toujours compagne de vos pas,
Vous ferait devant le trépas
Avoir le front dans les étoiles,
255 Et remplir de votre grandeur
Ce que la terre a de rondeur :
Sans être menteur je puis dire
Que jamais vos prospérités
N'iront jusques où je désire,
260 Ni jusques où vous méritez.

Ô qu'une sagesse profonde,
Aux aventures de ce monde
Préside souverainement :
Et que l'audace est mal apprise
De ceux qui font une entreprise,
6 Sans douter de l'événement.

Le renom que chacun admire,
Du prince qui tient cet empire,
Nous avait fait ambitieux,
De mériter sa bienveillance,

Et donner à notre vaillance
12 Le témoignage de ses yeux.

Nos forces partout reconnues
Faisaient monter jusques aux nues
Les desseins de nos vanités :
Et voici qu'avecque des charmes
Un enfant qui n'avait point d'armes,
18 Nous a ravi nos libertés.

Belles merveilles de la terre,
Doux sujets de paix et de guerre,
Pouvons-nous avecque raison
Ne bénir pas les destinées,
Par qui nos âmes enchaînées
24 Servent en si belle prison ?

L'aise nouveau de cette vie
Nous ayant fait perdre l'envie
De nous en retourner chez nous,
Soit notre gloire ou notre honte,
Neptune peut bien faire compte
30 De nous laisser avecque vous.

Nous savons quelle obéissance
Nous oblige notre naissance
De porter à sa royauté :
Mais est-il ni crime, ni blâme,
Dont vous ne dispensiez une âme
36 Qui dépend de votre beauté ?

Qu'il s'en aille à ses Néréides,
Dedans ses cavernes humides :
Et vive misérablement
Confiné parmi ses tempêtes.
Quant à nous étant où vous êtes,
42 Nous sommes en notre élément.

Sonnet

Voici de ton État la plus grande merveille,
Ce fils où ta vertu reluit si vivement ;
Approche-toi, mon prince, et vois le mouvement
4 Qu'en ce jeune Dauphin la musique réveille.

Qui témoigna jamais une si juste oreille
À remarquer des tons le divers changement ?
Qui jamais à les suivre eut tant de jugement,
8 Ou mesura ses pas d'une grâce pareille ?

Les esprits de la cour s'attachant par les yeux
À voir en cet objet un chef-d'œuvre des cieux,
11 Disent tous que la France est moins qu'il ne mérite ;

Mais moi que du futur Apollon avertit,
Je dis que sa grandeur n'aura point de limite,
14 Et que tout l'univers lui sera trop petit.

BALLET DE LA REINE
LA RENOMMÉE AU ROI

Pleine de langues et de voix,
Ô Roi le miracle des rois
Je viens de voir toute la terre,
Et publier en ses deux bouts
Que pour la paix ni pour la guerre
6 Il n'est rien de pareil à vous.

Par ce bruit je vous ai donné
Un renom qui n'est terminé[1],
Ni de fleuve, ni de montagne,
Et par lui j'ai fait désirer
À la troupe que j'accompagne
12 De vous voir et vous adorer.

Ce sont douze rares beautés[2],
Qui de si dignes qualités
Tirent un cœur à leur service,
Que leur souhaiter plus d'appas,
C'est vouloir avecque injustice
18 Ce que les cieux ne peuvent pas.

L'Orient qui de leurs aïeux
Sait les titres ambitieux,
Donne à leur sang un avantage
Qu'on ne leur peut faire quitter
Sans être issu du parentage,
24 Ou de vous, ou de Jupiter.

Tout ce qu'à façonner un corps
Nature assemble de trésors,
Est en elles sans artifice :
Et la force de leurs esprits
D'où jamais n'approche le vice,
30 Fait encore accroître leur prix.

Elles souffrent bien que l'amour
Par elles fasse chaque jour
Nouvelle preuve de ses charmes :
Mais sitôt qu'il les veut toucher,
Il reconnaît qu'il n'a point d'armes
36 Qu'elles ne fassent reboucher[3].

Loin des vaines impressions
De toutes folles passions,
La vertu leur apprend à vivre,
Et dans la cour leur fait des lois

Que Diane aurait peine à suivre
42 Au plus grand silence des bois.

Une reine qui les conduit
De tant de merveilles reluit
Que le Soleil qui tout surmonte,
Quand même il est plus flamboyant,
S'il était sensible à la honte,
48 Se cacherait en la voyant.

Aussi le temps a beau courir,
Je la ferai toujours fleurir
Au rang des choses éternelles :
Et non moins que les immortels,
Tant que mon dos aura des ailes,
54 Son image aura des autels.

Grand roi faites-leur bon accueil :
Louez leur magnanime orgueil
Que vous seul avez fait ployable :
Et vous acquérez sagement
Afin de me rendre croyable
60 La faveur de leur jugement.

Jusqu'ici vos faits glorieux
Peuvent avoir des envieux :
Mais quelles âmes si farouches
Oseront douter de ma foi,
Quand on verra leurs belles bouches
66 Les raconter avecque moi ?

BALLET DE MADAME,
DE PETITES NYMPHES
QUI MÈNENT L'AMOUR PRISONNIER.
AU ROI

À la fin tant d'amants dont les âmes blessées
    Languissent nuit et jour,
Verront sur leur auteur leurs peines renversées,
4 Et seront consolés aux dépens de l'Amour.

Ce public ennemi, cette peste du monde,
    Que l'erreur des humains
Fait le maître absolu de la terre et de l'onde,
8 Se treuve à la merci de nos petites mains.

Nous le vous amenons dépouillé de ses armes
    Ô roi, l'astre des rois,
Quittez votre bonté, moquez-vous de ses larmes,
12 Et lui faites sentir la rigueur de vos lois.

Commandez que sans grâce on lui fasse justice,
    Il sera malaisé
Que sa vaine éloquence ait assez d'artifice
16 Pour démentir les faits dont il est accusé.

Jamais ses passions par qui chacun soupire
    Ne nous ont fait d'ennui :   [empire
Mais c'est un bruit commun que dans tout votre
20 Il n'est point de malheur qui ne vienne de lui[1].

Mars qui met sa louange à déserter la terre
    Par des meurtres épais,
N'a rien de si tragique aux fureurs de la guerre,
24 Comme ce déloyal aux douceurs de la paix.

Mais sans qu'il soit besoin d'en parler davantage,
    Votre seule valeur,
Qui de son impudence a ressenti l'outrage,
28 Vous fournit-elle pas une juste douleur ?

Ne mêlez rien de lâche à vos hautes pensées :
        Et par quelques appas
Qu'il demande merci de ses fautes passées,
32 Imitez son exemple à ne pardonner pas.

L'ombre de vos lauriers admirés de l'envie
        Fait l'Europe trembler :
Attachez bien ce monstre, ou le privez de vie,
36 Vous n'aurez jamais rien qui vous puisse troubler.

Stances

    Dure contrainte de partir[1],
    À quoi je ne puis consentir,
    Et dont je ne m'ose défendre,
    Que ta rigueur a de pouvoir ?
    Et que tu me fais bien apprendre
6 Quel tyran c'est que le devoir ?

    J'aurai donc nommé ces beaux yeux
    Tant de fois mes rois et mes dieux ?
    Pour aujourd'hui n'en tenir compte,
    Et permettre qu'à l'avenir
    On leur impute cette honte
12 De n'avoir su me retenir ?

    Ils auront donc ce déplaisir,
    Que je meure après un désir,
    Où la vanité me convie :
    Et qu'ayant juré si souvent
    D'être auprès d'eux toute ma vie,
18 Mes serments s'en aillent au vent ?

    Vraiment je puis bien avouer
    Que j'avais tort de me louer
    Par-dessus le reste des hommes :

Je n'ai point d'autre qualité
Que celle du siècle où nous sommes,
24 La fraude, et l'infidélité.

Mais à quoi tendent ces discours,
Ô beauté qui de mes amours
Êtes le port, et le naufrage ?
Ce que je dis contre ma foi,
N'est-ce pas un vrai témoignage
30 Que je suis déjà hors de moi ?

Votre esprit de qui la beauté,
Dans la plus sombre obscurité
Se fait une insensible voie,
Ne vous laisse pas ignorer
Que c'est le comble de ma joie
36 Que l'honneur de vous adorer.

Mais pourrais-je n'obéir pas
Au destin de qui le compas
Marque à chacun son aventure,
Puisqu'en leur propre adversité
Les dieux tout-puissants de Nature
42 Cèdent à la nécessité ?

Pour le moins j'ai ce réconfort,
Que les derniers traits de la mort
Sont peints en mon visage blême[2],
Et font voir assez clair à tous
Que c'est m'arracher à moi-même,
48 Que de me séparer de vous[3].

Un lâche espoir de revenir[4]
Tâche en vain de m'entretenir :
Ce qu'il me propose m'irrite :
Et mes vœux n'auront point de lieu,
Si par le trépas je n'évite
54 La douleur de vous dire adieu.

Laisse-moi raison importune,
Cesse d'affliger mon repos,
En me faisant mal à propos
Désespérer de ma fortune :
Tu perds temps de me secourir,
6 Puisque je ne veux point guérir.

Si l'amour en tout son empire,
Au jugement des beaux esprits[1],
N'a rien qui ne quitte le prix
À celle pour qui je soupire,
D'où vient que tu me veux ravir
12 L'aise que j'ai de la servir ?

À quelles roses ne fait honte
De son teint la vive fraîcheur[2] ?
Quelle neige a tant de blancheur
Que sa gorge ne la surmonte[3] ?
Et quelle flamme luit aux cieux
18 Claire, et nette comme ses yeux[4] ?

Soit que de ses douces merveilles,
Sa parole enchante les sens[5],
Soit que sa voix de ses accents,
Frappe les cœurs par les oreilles,
À qui ne fait-elle avouer
24 Qu'on ne la peut assez louer ?

Tout ce que d'elle on me peut dire,
C'est que son trop chaste penser,
Ingrat à me récompenser
Se moquera de mon martyre :
Supplice qui jamais ne faut[6]
30 Aux désirs qui volent trop haut.

Je l'accorde, il est véritable :
Je devais bien moins désirer :
Mais mon humeur est d'aspirer
Où la gloire est indubitable.
Les dangers me sont des appas :
36 Un bien sans mal ne me plaît pas.

Je me rends donc sans résistance
À la merci d'elle et du sort :
Aussi bien par la seule mort
Se doit faire la pénitence
D'avoir osé délibérer,
42 Si je la devais adorer.

Sonnet

C'est fait, belle Caliste, il n'y faut plus penser :
Il se faut affranchir des lois de votre empire ;
Leur rigueur me dégoûte[1], et fait que je soupire
4 Que ce qui s'est passé n'est à recommencer.

Plus en vous adorant je me pense avancer,
Plus votre cruauté, qui toujours devient pire,
Me défend d'arriver au bonheur où j'aspire,
8 Comme si vous servir était vous offenser :

Adieu donc, ô beauté, des beautés la merveille
Il faut qu'à l'avenir la raison me conseille,
11 Et dispose mon âme à se laisser guérir.

Vous m'étiez un trésor aussi cher que la vie :
Mais puisque votre amour ne se peut acquérir,
14 Comme j'en perds l'espoir, j'en veux perdre l'envie.

Sonnet

Beauté de qui la grâce étonne la nature,
Il faut donc que je cède à l'injure du sort,
Que je vous abandonne, et loin de votre port
4 M'en aille au gré du vent suivre mon aventure.

Il n'est ennui si grand que celui que j'endure :
Et la seule raison qui m'empêche la mort,
C'est la doute que j'ai que ce dernier effort
8 Ne fût mal employé pour une âme si dure.

Caliste, où pensez-vous ? qu'avez-vous entrepris ?
Vous résoudrez-vous point à borner ce mépris,
11 Qui de ma patience indignement se joue ?

Mais, ô de mon erreur l'étrange nouveauté,
Je vous souhaite douce, et toutefois j'avoue
14 Que je dois mon salut à votre cruauté.

POUR METTRE DEVANT LES HEURES
DE CALISTE

Tant que vous serez sans amour,
Caliste, priez nuit et jour,
Vous n'aurez point miséricorde :
Ce n'est pas que Dieu ne soit doux :
Mais pensez-vous qu'il vous accorde
Ce qu'on ne peut avoir de vous ?

Prier Dieu qu'il vous soit propice,
Tant que vous me tourmenterez,
C'est le prier d'une injustice :
Faites-moi grâce, et vous l'aurez.

Sonnet

Il n'est rien de si beau comme Caliste est belle :
C'est une œuvre où Nature a fait tous ses efforts :
Et notre âge est ingrat qui voit tant de trésors,
4 S'il n'élève à sa gloire une marque éternelle.

La clarté de son teint n'est pas chose mortelle :
Le baume est dans sa bouche, et les roses dehors :
Sa parole et sa voix ressuscitent les morts,
8 Et l'art n'égale point sa douceur naturelle.

La blancheur de sa gorge éblouit les regards :
Amour est en ses yeux, il y trempe ses dards,
11 Et la fait reconnaître un miracle visible.

En ce nombre infini de grâces, et d'appas,
Qu'en dis-tu ma raison ? crois-tu qu'il soit possible
14 D'avoir du jugement, et ne l'adorer pas ?

Sonnet

Beaux et grands bâtiments d'éternelle structure,
Superbes de matière, et d'ouvrages divers,
Où le plus digne roi qui soit en l'univers
4 Aux miracles de l'art fait céder la nature.

Beau parc, et beaux jardins, qui dans votre clôture,
Avez toujours des fleurs, et des ombrages verts,
Non sans quelque démon qui défend aux hivers
8 D'en effacer jamais l'agréable peinture.

Lieux qui donnez aux cœurs tant d'aimables désirs,
Bois, fontaines, canaux, si parmi vos plaisirs
11 Mon humeur est chagrine, et mon visage triste :

Ce n'est point qu'en effet vous n'ayez des appas,
Mais quoi que vous ayez, vous n'avez point Caliste :
14 Et moi je ne vois rien quand je ne la vois pas.

Sonnet

Caliste, en cet exil j'ai l'âme si gênée
Qu'au tourment que je souffre il n'est rien de pareil :
Et ne saurais ouïr ni raison, ni conseil,
4 Tant je suis dépité contre ma destinée.

J'ai beau voir commencer et finir la journée,
En quelque part des cieux que luise le soleil,
Si le plaisir me fuit, aussi fait le sommeil :
8 Et la douleur que j'ai n'est jamais terminée.

Toute la cour fait cas du séjour où je suis :
Et pour y prendre goût je fais ce que je puis :
11 Mais j'y deviens plus sec, plus j'y vois de verdure.

En ce piteux état si j'ai du réconfort,
C'est, ô rare beauté, que vous êtes si dure,
14 Qu'autant près comme loin je n'attends que la mort.

Sonnet

Quel astre malheureux ma fortune a bâtie ?
À quelles dures lois m'a le Ciel attaché[1],
Que l'extrême regret ne m'ait point empêché
4 De me laisser résoudre à cette départie ?

Quelle sorte d'ennuis fut jamais ressentie
Égale au déplaisir dont j'ai l'esprit touché ?
Qui jamais vit coupable expier son péché,
8 D'une douleur si forte, et si peu divertie ?

On doute en quelle part est le funeste lieu
Que réserve aux damnés la justice de Dieu,
11 Et de beaucoup d'avis la dispute en est pleine :

Mais sans être savant, et sans philosopher[2],
Amour en soit loué, je n'en suis point en peine :
14 Où Caliste n'est point, c'est là qu'est mon enfer.

À MONSIEUR DE FLEURANCE,
SUR SON ART D'EMBELLIR

Sonnet

Voyant ma Caliste si belle,
Que l'on n'y peut rien désirer,
Je ne me pouvais figurer
4 Que ce fût chose naturelle.

J'ignorais que ce pouvait être
Qui lui colorait ce beau teint,
Où l'Aurore même n'atteint
8 Quand elle commence de naître.

Mais, Fleurance, ton docte écrit
M'ayant fait voir qu'un bel esprit
11 Est la cause d'un beau visage :

Ce ne m'est plus de nouveauté,
Puisqu'elle est parfaitement sage,
14 Qu'elle soit parfaite en beauté.

FRAGMENT D'UNE ODE D'HORACE

Voici venir le temps que je vous avais dit,
Vos yeux, pauvre Caliste, ont perdu leur crédit,
Et leur état aujourd'hui me fait honte
            D'en avoir tenu compte.

Stances

Le dernier de mes jours est dessus l'horizon :
Celle dont mes ennuis avaient leur guérison
S'en va porter ailleurs ses appas et ses charmes :
Je fais ce que je puis, l'en pensant divertir[1] :
Mais tout m'est inutile, et semble que mes larmes
6 Excitent sa rigueur à la faire partir.

Beaux yeux à qui le Ciel, et mon consentement,
Pour me combler de gloire ont donné justement
Dessus mes volontés un empire suprême :
Que ce coup m'est sensible : et que tout à loisir
Je vais bien épreuver qu'un déplaisir extrême
12 Est toujours à la fin d'un extrême plaisir.

Quel tragique succès[2] ne dois-je redouter
Du funeste voyage où vous m'allez ôter

Pour un terme si long tant d'aimables délices,
Puisque votre présence étant mon élément,
Je pense être aux enfers, et souffrir leurs supplices,
18 Lorsque je m'en sépare une heure seulement.

Au moins si je voyais cette fière beauté,
Préparant son départ cacher sa cruauté
Dessous quelque tristesse, ou feinte ou véritable,
L'espoir qui volontiers accompagne l'amour,
Soulageant ma langueur la rendrait supportable,
24 Et me consolerait jusques à son retour.

Mais quel aveuglement me le fait désirer,
Avec quelle raison me puis-je figurer,
Que cette âme de roche une grâce m'octroie :
Et qu'ayant fait dessein de ruiner ma foi,
Son humeur se dispose à vouloir que je croie
30 Qu'elle ait compassion de s'éloigner de moi.

Puis étant son mérite infini comme il est,
Dois-je pas me résoudre à tout ce qui lui plaît,
Quelques lois qu'elle fasse, et quoi qu'il m'en avienne,
Sans faire cette injure à mon affection,
D'appeler sa douleur au secours de la mienne,
36 Et chercher mon repos en son affliction ?

Non, non, qu'elle s'en aille à son contentement,
Ou dure ou pitoyable, il n'importe comment :
Je n'ai point d'autre vœu que ce qu'elle souhaite :
Et quand de mes travaux je n'aurais jamais rien,
Le sort en est jeté : l'entreprise en est faite :
42 Je ne saurais brûler d'autre feu que du sien.

Je ne ressemble point à ces faibles esprits,
Qui bientôt délivrés, comme ils sont bientôt pris,
En leur fidélité n'ont rien que du langage,
Toute sorte d'objets les touche également,
Quant à moi je dispute avant que je m'engage,
48 Mais quand je l'ai promis l'aime éternellement.

Sur une absence

Stances

Complices de ma servitude,
Pensers où mon inquiétude
Trouve son repos désiré :
Mes fidèles amis, et mes vrais secrétaires,
Ne m'abandonnez point en ces lieux solitaires :
6 C'est pour l'amour de vous que j'y suis retiré.

Partout ailleurs je suis en crainte :
Ma langue demeure contrainte :
Si je parle c'est à regret :
Je pèse mes discours, je me trouble, et m'étonne :
Tant j'ai peu d'assurance en la foi de personne :
12 Mais à vous je suis libre, et n'ai rien de secret.

Vous lisez bien en mon visage
Ce que je souffre en ce voyage,
Dont le Ciel m'a voulu punir :
Et savez bien aussi que je ne vous demande,
Étant loin de Madame, une grâce plus grande
18 Que d'aimer sa mémoire, et m'en entretenir.

Dites-moi donc sans artifice,
Quand je lui vouai mon service,
Faillis-je en mon élection ?
N'est-ce pas un objet digne d'avoir un temple ?
Et dont les qualités n'ont jamais eu d'exemple,
24 Comme il n'en fut jamais de mon affection ?

Au retour des saisons nouvelles
Choisissez les fleurs les plus belles,
De qui la campagne se peint :
En trouverez-vous une, où le soin de Nature
Ait avecque tant d'art employé sa peinture,
30 Qu'elle soit comparable aux roses de son teint ?

Peut-on assez vanter l'ivoire
De son front, où sont en leur gloire
La douceur et la majesté ?
Ses yeux, moins à des yeux qu'à des soleils semblables,
Et de ses beaux cheveux les nœuds inviolables,
36 D'où n'échappe jamais rien qu'elle ait arrêté ?

Ajoutez à tous ces miracles
Sa bouche de qui les oracles
Ont toujours de nouveaux trésors :
Prenez garde à ses mœurs : considérez-la toute,
Ne m'avouerez-vous pas que vous êtes en doute
42 Ce qu'elle a plus parfait, ou l'esprit ou le corps.

Mon roi par son rare mérite
A fait que la terre est petite,
Pour un nom si grand que le sien :
Mais si mes longs travaux faisaient cette conquête,
Quelques fameux lauriers qui lui couvrent la tête
48 Il n'en aurait pas un qui fût égal au mien.

Aussi quoi que l'on me propose
Que l'espérance m'en est close,
Et qu'on n'en peut rien obtenir :
Puisqu'à si beau dessein mon désir me convie,
Son extrême rigueur me coûtera la vie,
54 Ou mon extrême foi m'y fera parvenir.

Si les tigres les plus sauvages
Enfin apprivoisent leurs rages,
Flattés par un doux traitement,
Par la même raison pourquoi n'est-il croyable
Qu'à la fin mes ennuis la rendront pitoyable,
60 Pourvu que je la serve à son contentement ?

Toute ma peur est que l'absence
Ne lui donne quelque licence
De tourner ailleurs ses appas :
Et qu'étant, comme elle est, d'un sexe variable,

Ma foi, qu'en me voyant elle avait agréable,
66 Ne lui soit contemptible en ne me voyant pas.

Amour a cela de Neptune,
Que toujours à quelque infortune
Il se faut tenir préparé :
Ses infidèles flots ne sont point sans orages :
Aux jours les plus sereins on y fait des naufrages :
72 Et même dans le port on est mal assuré.

Peut-être qu'à cette même heure,
Que je languis, soupire et pleure,
De tristesse me consumant :
Elle qui n'a souci de moi, ni de mes larmes,
Étale ses beautés, fait montre de ses charmes,
78 Et met en ses filets quelque nouvel amant[1].

Tout beau, pensers mélancoliques,
Auteurs d'aventures tragiques,
De quoi m'osez-vous discourir ?
Impudents boutefeux de noise et de querelle,
Ne savez-vous pas bien que je brûle pour elle,
84 Et que me la blâmer c'est me faire mourir ?

Dites-moi qu'elle est sans reproche,
Que sa constance est une roche,
Que rien n'est égal à sa foi :
Prêchez-moi ses vertus, contez-m'en des merveilles :
C'est le seul entretien, qui plaît à mes oreilles :
90 Mais pour en dire mal n'approchez point de moi.

MADRIGAL

Ma Crisante avec une foi
Dont l'âge atteste l'innocence,
M'a fait serment qu'en mon absence
4 Elle aura mémoire de moi.

Cette faveur si peu commune
Me donne tant de vanité
Qu'à la même divinité
8 J'ose comparer ma fortune.

Peut-être qu'elle me déçoit
De m'assurer que cela soit,
11 Mais si le tiens-je véritable

Pour me garantir du trépas
Qui me serait inévitable,
14 Si je croyais qu'il ne fût pas.

PLAINTE

C'est faussement qu'on estime,
Qu'il ne soit point de beautés,
Où ne se trouve le crime
4 De se plaire aux nouveautés.

Si Madame avait envie,
De brûler de feux divers,
Serait-elle pas suivie
8 Des yeux de tout l'univers ?

Est-il courage si brave
Qui ne pense avoir raison,
De se rendre son esclave
12 Et languir en sa prison ?

Toutefois cette belle âme,
À qui l'honneur sert de loi,
Ne fuit rien tant que le blâme,
16 D'aimer un autre que moi.

Tous les charmes de langage,
Dont l'on s'offre à la servir
Me l'assurent davantage,
20 Au lieu de me la ravir.

Aussi ma gloire est si grande
D'un acquêt si précieux,
Que je ne sais quelle offrande
24 M'en peut acquitter aux cieux.

Tout le soin qui me demeure,
N'est que d'obtenir du sort
Que ce qu'elle est à cette heure,
28 Elle soit jusqu'à la mort.

Quant à moi quoi qu'elle fasse,
L'astre d'où naissent les jours,
Courra dans un autre espace,
32 Quand j'aurai d'autres amours.

POUR ALCANDRE
AU RETOUR D'ORANTHE
À FONTAINEBLEAU

Revenez mes plaisirs, Madame est revenue :
Et les vœux que j'ai faits pour revoir ses beaux yeux,
Rendant par mes soupirs ma douleur reconnue,
4   Ont eu grâce des cieux.

Les voici de retour ces astres adorables
Où prend mon océan son flux et son reflux :
Soucis retirez-vous, cherchez les misérables :
8   Je ne vous connais plus.

Peut-on voir ce miracle, où le soin de Nature
A semé comme fleurs tant d'aimables appas,
Et ne confesser point qu'il n'est pire aventure
12   Que de ne la voir pas ?

Certes l'autre soleil d'une erreur vagabonde
Court inutilement par ses douze maisons :
C'est elle, et non pas lui, qui fait sentir au monde
16   Le change des saisons.

Avecque sa beauté toutes beautés arrivent :
Ces déserts sont jardins de l'un à l'autre bout :
Tant l'extrême pouvoir des grâces qui la suivent
20   Les pénètre partout.

Ces bois en ont repris leur verdure nouvelle :
L'orage en est cessé, l'air en est éclairci :
Et même ces canaux ont leur course plus belle
24   Depuis qu'elle est ici.

De moi, que les respects obligent au silence,
J'ai beau me contrefaire, et beau dissimuler :
Les douceurs où je nage ont une violence
28   Qui ne se peut celer.

Mais, ô rigueur du sort, tandis que je m'arrête
À chatouiller mon âme en ce contentement,
Je ne m'aperçois pas que le destin m'apprête
32   Un autre partement.

Arrière ces pensers que la crainte m'envoie :
Je ne sais que trop bien l'inconstance du sort :
Mais de m'ôter le goût d'une si chère joie,
36   C'est me donner la mort.

Donc cette merveille des cieux,
Pource qu'elle est chère à mes yeux,
En sera toujours éloignée :
Et mon impatiente amour
Par tant de larmes témoignée,
6 N'obtiendra jamais son retour ?

Mes vœux donc ne servent de rien :
Les dieux ennemis de mon bien,
Ne veulent plus que je la voie :
Et semble que les rechercher
De me permettre cette joie,
12 Les invite à me l'empêcher.

Ô beauté, reine des beautés,
Seule de qui les volontés
Président à ma destinée :
Pourquoi n'est comme la toison,
Votre conquête abandonnée
18 À l'effort d'un autre Jason ?

Quels feux, quels dragons, quels taureaux,
Quelle horreur de monstres nouveaux,
Et quelle puissance de charmes,
Garderait que jusqu'aux enfers
Je n'allasse avecque les armes
24 Rompre vos chaînes et vos fers[1] ?

N'ai-je pas le cœur aussi haut,
Et pour oser tout ce qu'il faut
Un aussi grand désir de gloire,
Que j'avais lors que je couvris
D'exploits d'éternelle mémoire
30 Les plaines d'Arques et d'Ivry ?

Mais quoi ? ces lois dont la rigueur
Tire mes souhaits en langueur
Règnent avec un tel empire,
Que si le Ciel ne les dissout
Pour pouvoir ce que je désire,
36 Ce n'est rien que de pouvoir tout.

Je ne veux point en me flattant
Croire que le sort inconstant
De ces tempêtes me délivre :
Quelque espoir qui se puisse offrir,
Il faut que je cesse de vivre,
42 Si je veux cesser de souffrir.

Arrière donc ces vains discours,
Qu'après les nuits viennent les jours,
Et le repos après l'orage :
Autre sorte de réconfort
Ne me satisfait le courage,
48 Que de me résoudre à la mort.

C'est là que de tout mon tourment
Se bornera le sentiment :
Ma foi seule aussi pure et belle
Comme le sujet en est beau,
Sera ma compagne éternelle,
54 Et me suivra dans le tombeau.

Ainsi d'une mourante voix,
Alcandre au silence des bois²
Témoignait ses vives atteintes :
Et son visage sans couleur,
Faisait connaître que ses plaintes
60 Étaient moindres que sa douleur.

Oranthe qui par les Zéphirs
Reçut les funestes soupirs
D'une passion si fidèle :
Le cœur outré de même ennui,

Jura que s'il mourait pour elle,
66 Elle mourrait avecque lui.

POUR ALCANDRE

Stances

Quelque ennui donc qu'en cette absence,
Avec une injuste licence
Le destin me fasse endurer,
Ma peine lui semble petite,
Si chaque jour il ne l'irrite
6 D'un nouveau sujet de pleurer ?

Paroles que permet la rage
À l'innocence qu'on outrage,
C'est aujourd'hui votre saison ;
Faites-vous ouïr en ma plainte ;
Jamais l'âme n'est bien atteinte
12 Quand on parle avecque raison.

Ô fureurs, dont mêmes les Scythes
N'useraient pas vers des mérites
Qui n'ont rien de pareil à soi,
Madame est captive, et son crime
C'est que je l'aime, et qu'on estime
18 Qu'elle en fait de même de moi.

Rochers, où mes inquiétudes
Viennent chercher les solitudes
Pour blasphémer contre le sort,
Qu[oique insensibles aux tempêtes],
Je suis plus rocher que vous n'êtes,
24 De le voir, et n'être pas mort !

Assez de preuves à la guerre,
D'un bout à l'autre de la terre,
Ont fait paraître ma valeur ;
Ici je renonce à la gloire,
Et ne veux point d'autre victoire
30 Que de céder à ma douleur.

Quelquefois les dieux pitoyables
Terminent des maux incroyables ;
Mais en un lieu que tant d'appas
Exposent à la jalousie,
Ne serait-ce pas frénésie
36 De ne les en soupçonner pas ?

Qui ne sait combien de mortelles
Les ont fait soupirer pour elles,
Et d'un conseil audacieux,
En bergers, bêtes, et Satyres,
Afin d'apaiser leurs martyres,
42 Les ont fait descendre des cieux ?

Non, non, si je veux un remède,
C'est de moi qu'il faut qu'il procède,
Sans les importuner de rien ;
J'ai su faire la délivrance
Du malheur de toute la France,
48 Je la saurai faire du mien.

Hâtons donc ce fatal ouvrage ;
Trouvons le salut au naufrage,
Et multiplions dans les bois
Les herbes, dont les feuilles peintes
Gardent les sanglantes empreintes
54 De la fin tragique des rois.

Pour le moins la haine et l'envie
Ayant leur rigueur assouvie
Quand j'aurai clos mon dernier jour,

Oranthe sera sans alarmes,
Et mon trépas aura des larmes
60 De quiconque aura de l'amour.

À ces mots tombant sur la place,
Transi d'une mortelle glace,
Alcandre cessa de parler ;
La nuit assiégea ses prunelles ;
Et son âme étendant les ailes
66 Fut toute prête à s'envoler[1].

Que fais-tu, Monarque adorable,
Lui dit un démon favorable,
En quels termes te réduis-tu ?
Veux-tu succomber à l'orage
Et laisser perdre à ton courage
72 Le nom qu'il a pour sa vertu ?

N'en doute point, quoi qu'il avienne,
La belle Oranthe sera tienne ;
C'est chose qui ne peut faillir ;
Le temps adoucira les choses,
Et tous deux vous aurez des roses,
78 Plus que vous n'en saurez cueillir.

IL PLAINT LA CAPTIVITÉ
DE SA MAÎTRESSE

Pour Alcandre

Stances

Que d'épines, amour, accompagnent tes roses !
Que d'une aveugle erreur tu laisses toutes choses
    A la merci du sort !
Qu'en tes prospérités à bon droit on soupire !

Et qu'il est malaisé de vivre en ton empire
6   Sans désirer la mort[1] !

Je sers, je le confesse, une jeune merveille[2],
En rares qualités, à nulle autre pareille,
    Seule semblable à soi :
Et, sans faire le vain, mon aventure est telle,
Que de la même ardeur que je brûle pour elle
12   Elle brûle pour moi.

Mais parmi tout cet heur, ô dure destinée !
Que de tragiques soins, comme oiseaux de Phinée[3]
    Sens-je me dévorer :
Et ce que je supporte avecque patience,
Ai-je quelque ennemi, s'il n'est sans conscience,
18   Qui le vît sans pleurer ?

La mer a moins de vents qui ses vagues irritent,
Que je n'ai de pensers qui tous me sollicitent,
    D'un funeste dessein :
Je ne treuve la paix qu'à me faire la guerre :
Et si l'Enfer est fable au centre de la terre,
24   Il est vrai dans mon sein.

Depuis que le Soleil est dessus l'hémisphère,
Qu'il monte, ou qu'il descende, il ne me voit rien faire
    Que plaindre et soupirer :
Des autres actions j'ai perdu la coutume,
Et ce qui s'offre à moi, s'il n'a de l'amertume,
30   Je ne puis l'endurer.

Comme la nuit arrive, et que par le silence,
Qui fait des bruits du jour cesser la violence,
    L'esprit est relâché :
Je vois de tous côtés sur la terre, et sur l'onde,
Les pavots qu'elle sème assoupir tout le monde,
36   Et n'en suis point touché.

S'il m'avient quelquefois de clore les paupières,
Aussitôt ma douleur en nouvelles matières
        Fait de nouveaux efforts :
Et de quelque souci qu'en veillant je me ronge,
Il ne me trouble point comme le meilleur songe
42   Que je fais quand je dors.

Tantôt cette beauté, dont ma flamme est le crime[4],
M'apparaît à l'autel, où comme une victime
        On la veut égorger :
Tantôt je me la vois d'un pirate[5] ravie :
Et tantôt la fortune abandonne sa vie,
48   À quelque autre danger.

En ces extrémités, la pauvrette s'écrie,
Alcandre, mon Alcandre, ôte-moi, je te prie,
        Du malheur où je suis[6] :
La fureur me saisit, je mets la main aux armes :
Mais son destin m'arrête, et lui donner des larmes,
54   C'est tout ce que je puis.

Voilà comme je vis, voilà ce que j'endure,
Pour une affection que je veux qui me dure
        Au-delà du trépas :
Tout ce qui me la blâme offense mon oreille :
Et qui veut m'affliger il faut qu'il me conseille
60   De ne m'affliger pas.

On me dit qu'à la fin toute chose se change :
Et qu'avecque le temps les beaux yeux de mon ange
        Reviendront m'éclairer :
Mais voyant tous les jours ses chaînes se restreindre,
Désolé que je suis ! que ne dois-je point craindre :
66   Ou que puis-je espérer ?

Non, non, je veux mourir : la raison m'y convie :
Aussi bien le sujet, qui m'en donne l'envie,
        Ne peut être plus beau.
Et le sort qui détruit tout ce que je consulte,

Me fait voir assez clair que jamais ce tumulte
72   N'aura paix qu'au tombeau.

Ainsi le grand Alcandre aux campagnes de Seine
Faisait, loin de témoins, le récit de sa peine,
       Et se fondait en pleurs :
Le fleuve en fut ému : ses Nymphes se cachèrent :
Et l'herbe du rivage, où ses larmes touchèrent,
78   Perdit toutes ses fleurs.

SUR LE MÊME SUJET

Stances

Que n'êtes-vous lassées
    Mes tristes pensées,
De troubler ma raison ?
Et faire avecque blâme
Rebeller mon âme
6 Contre sa guérison ?

Que ne cessent mes larmes,
    Inutiles armes ?
Et que n'ôte des cieux
La fatale ordonnance
    À ma souvenance
12 Ce qu'elle ôte à mes yeux ?

Ô beauté nonpareille,
    Ma chère merveille,
Que le rigoureux sort
Dont vous m'êtes ravie
    Aimerait ma vie
18 S'il m'envoyait la mort.

Quelles pointes de rage
    Ne sent mon courage,
De voir que le danger,
En vos ans les plus tendres
    Menace vos cendres
24 D'un cercueil étranger ?

Je m'impose silence
    En la violence
Que me fait le malheur :
Mais j'accroîs mon martyre :
    Et n'oser rien dire
30 M'est douleur sur douleur.

Aussi suis-je un squelette :
    Et la violette,
Qu'un froid hors de saison,
Ou le soc a touchée,
    De ma peau séchée
36 Est la comparaison[1].

Dieu qui les destinées
    Les plus obstinées
Tournez de mal en bien,
Après tant de tempêtes
    Mes justes requêtes
42 N'obtiendront-elles rien ?

Avez-vous eu les titres
    D'absolus arbitres
De l'état des mortels,
Pour être inexorables
    Quand les misérables
48 Implorent vos autels ?

Mon soin n'est point de faire
    En l'autre hémisphère
Voir mes actes guerriers :
Et jusqu'aux bords de l'onde,

Où finit le monde,
54 Acquérir des lauriers.

Deux beaux yeux sont l'empire,
Pour qui je soupire,
Sans eux rien ne m'est doux :
Donnez-moi cette joie
Que je les revoie,
60 Je suis Dieu comme vous.

Chanson

Est-ce à jamais, folle espérance,
Que tes infidèles appas
M'empêcheront la délivrance
4 Que me propose le trépas ?

La raison veut, et la nature,
Qu'après le mal vienne le bien ;
Mais en ma funeste aventure,
8 Leurs règles ne servent de rien.

C'est fait de moi, quoi que je fasse ;
J'ai beau plaindre et beau soupirer,
Le seul remède en ma disgrâce,
12 C'est qu'il n'en faut point espérer.

Une résistance mortelle
Ne m'empêche point son retour ;
Quelque Dieu qui brûle pour elle
16 Fait injure à mon amour.

Ainsi trompé de mon attente,
Je me consume vainement,
Et les remèdes que je tente
20 Demeurent sans événement.

Toute nuit enfin se termine,
La mienne seule a ce destin,
Que d'autant plus qu'elle chemine,
24 Moins elle approche du matin.

Adieu donc, importune peste,
À qui j'ai trop donné de foi ;
Le meilleur avis qui me reste,
28 C'est de me séparer de toi.

Sors de mon âme, et t'en va suivre
Ceux qui désirent de guérir ;
Plus tu me conseilles de vivre,
32 Plus je me résous de mourir.

POUR UNE MASCARADE

Stances

Ceux-ci de qui vos yeux admirent la venue,
Pour un fameux honneur qu'ils brûlent d'acquérir,
Partis des bords lointains d'une terre inconnue,
S'en vont au gré d'amour tout le monde courir.
5   Ce grand démon, qui se déplaît
       D'être profané comme il est,
       Par eux veut repurger son temple ;
       Et croit qu'ils auront ce pouvoir,
       Que ce qu'on ne fait par devoir,
10   On le fera par leur exemple.

Ce ne sont point esprits qu'une vague licence
Porte inconsidérés à leurs contentements ;
L'or de cet âge vieil, où régnait l'innocence,
N'est pas moins en leurs mœurs qu'en leurs accoutre-
15   La foi, l'honneur, et la raison   [ments ;
       Gardent la clef de leur prison ;

Penser au change leur est crime ;
Leurs paroles n'ont point de fard ;
Et faire les choses sans art,
20   Est l'art dont ils font plus d'estime.

Composez-vous sur eux, âmes belles et hautes ;
Retirez votre humeur de l'infidélité ;
Lassez-vous d'abuser les jeunesses peu cautes,
Et de vous prévaloir de leur crédulité ;
25   N'ayez jamais impression
Que d'une seule passion,
À quoi que l'espoir vous convie ;
Bien aimer soit votre vrai bien,
Et, bien aimés, n'estimez rien
30   Si doux qu'une si douce vie.

On tient que ce plaisir est fertile de peines,
Et qu'un mauvais succès l'accompagne souvent ;
Mais n'est-ce pas la loi des fortunes humaines,
Qu'elles n'ont point de havre à l'abri de tout vent ?
35   Puis cela n'avient qu'aux amours
Où les désirs, comme vautours,
Se paissent de sales rapines ;
Ce qui les forme les détruit ;
Celles que la vertu produit
40   Sont roses qui n'ont point d'épines.

Stances

Qu'autres que vous soient désirées,
Qu'autres que vous soient adorées,
Cela se peut facilement,
Mais qu'il soit des beautés pareilles
À vous, merveille des merveilles,
6 Cela ne se peut nullement.

Que chacun sous votre puissance
Captive son obéissance,
Cela se peut facilement,
Mais qu'il soit une amour si forte
Comme celle que je vous porte,
12 Cela ne se peut nullement.

Que ce fâcheux nom de cruelles
Semble doux à beaucoup de belles,
Cela se peut facilement.
Mais qu'en leur âme trouve place,
Rien de si froid que votre glace,
18 Cela ne se peut nullement.

Qu'autres que moi soient misérables
Par vos rigueurs inexorables,
Cela se peut facilement :
Mais que de si vives atteintes
Parte la cause de leurs plaintes,
24 Cela ne se peut nullement.

Qu'on serve bien lorsque l'on pense
En recevoir la récompense,
Cela se peut facilement :
Mais qu'une autre foi que la mienne
N'ait point d'espoir et se maintienne,
30 Cela ne se peut nullement.

Qu'à la fin la raison essaie
Quelque guérison à ma plaie,
Cela se peut facilement.
Mais que d'un si digne servage
Sa remontrance me dégage,
36 Cela ne se peut nullement.

Qu'en ma seule mort soient finies
Mes peines et vos tyrannies,
Cela se peut facilement :
Mais que jamais pour le martyre

De vous aimer je me retire,
42 Cela ne se peut nullement.

Stances

Philis qui me voit le teint blême,
Les sens ravis hors de moi-même,
Et les yeux trempés tout le jour,
Charchant la cause de ma peine,
Se figure tant elle est vaine
6 Qu'elle m'a donné de l'amour.

Je suis marri que la colère
Me porte jusqu'à lui déplaire :
Mais pourquoi ne m'est-il permis
De lui dire qu'elle s'abuse,
Puisqu'à ma honte elle s'accuse
12 De ce qu'elle n'a point commis ?

En quelle école nonpareille
Aurait-elle appris la merveille
De si bien charmer ses appas :
Que je pusse la trouver belle,
Pâlir, transir, languir pour elle,
18 Et ne m'en apercevoir pas ?

Ô qu'il me serait désirable
Que je ne fusse misérable,
Que pour être dans sa prison :
Mon mal ne m'étonnerait guères,
Et les herbes les plus vulgaires,
24 M'en donneraient la guérison.

Mais, ô rigoureuse aventure !
Un chef-d'œuvre de la nature,
Au lieu du monde le plus beau

Tient ma liberté si bien close,
Que le mieux que je m'en propose
30 C'est d'en sortir par le tombeau.

Pauvre Philis mal avisée,
Cessez de servir de risée,
Et souffrez que la vérité
Vous témoigne votre ignorance,
Afin que perdant l'espérance,
36 Vous perdiez la témérité.

C'est de Glicère que procèdent
Tous les ennuis qui me possèdent,
Sans remède et sans réconfort :
Glicère fait mes destinées,
Et comme il lui plaît mes années
42 Sont ou près ou loin de ma mort.

C'est bien un courage de glace,
Où la pitié n'a point de place,
Et que rien ne peut émouvoir :
Mais quelque défaut que j'y blâme,
Je ne puis l'ôter de mon âme
48 Non plus que vous y recevoir.

Chanson

Sus debout la merveille des belles.
Allons voir sur les herbes nouvelles
Luire un émail dont la vive peinture
4 Défend à l'art d'imiter la nature.

L'air est plein d'une haleine de roses,
Tous les vents tiennent leurs bouches closes,
Et le soleil semble sortir de l'onde
8 Pour quelque amour plus que pour luire au monde.

On dirait à lui voir sur la tête
Ses rayons comme un chapeau de fête,
Qu'il s'en va suivre en si belle journée,
12 Encore un coup la fille du Pénée.

Toute chose aux délices conspire
Mettez-vous en votre humeur de rire,
Les soins profonds d'où les rides nous viennent,
16 À d'autres ans qu'aux vôtres appartiennent.

Il fait chaud mais un feuillage sombre
Loin du bruit, nous fournira quelque ombre,
Où nous ferons parmi les violettes
20 Mépris de l'ambre et de ses cassolettes.

Près de nous sur les branches voisines,
Des genêts, des houx, et des épines,
Le rossignol déployant ses merveilles
24 Jusqu'aux rochers donnera des oreilles.

Et peut-être à travers des fougères
Verrons-nous de bergers à bergères,
Sein contre sein, et bouche contre bouche,
28 Naître et finir quelque douce escarmouche.

C'est chez eux qu'amour est à son aise
Il y saute, il y danse, il y baise,
Et foule aux pieds les contraintes serviles,
32 De tant de lois qui le gênent aux villes.

Ô qu'un jour mon âme aurait de gloire
D'obtenir cette heureuse victoire,
Si la pitié de mes peines passées
36 Vous disposait à semblables pensées !

Votre honneur le plus vain des idoles,
Vous remplit de mensonges frivoles[1],
Mais quel esprit que la raison conseille,
40 S'il est aimé ne rend point de pareille ?

Vous avez beau, mon berger,
Me déguiser le danger,
Je sais bien que par mes larmes
Le jeu se terminera :
Mais vos prières sont charmes :
Faites ce qu'il vous plaira.

Épigramme

Tu dis, Colin, de tous côtés,
Que mes vers, à les ouïr lire,
Te font venir des crudités,
Et penses qu'on en doive rire ;
Cocu de long et de travers,
Sot au-delà de toutes bornes,
Comme te plains-tu de mes vers,
Toi qui souffres si bien les cornes ?

[Quatrain]

Que l'épée et la dague
Soient à votre côté ;
Ne courez point la bague
Si vous n'êtes botté.

[SUR UN PORTRAIT DE MONTAIGNE]

Voici du grand Montaigne une entière figure,
Le peintre a peint le corps et lui-même l'esprit ;
Le premier par son art égale la nature,
Le second la surpasse en tout ce qu'il écrit.

[SUR UN PORTRAIT DE CASSANDRE]

L'art, la nature exprimant,
En ce portrait me fait belle,
Mais si ne suis-je point telle
Qu'aux écrits de mon amant.

SUR L'IMAGE
D'UNE SAINTE CATHERINE

Épigramme

L'art aussi bien que la nature
Eût fait plaindre cette peinture,
Mais il a voulu figurer
Qu'aux tourments dont la cause est belle,
La gloire d'une âme fidèle
Est de souffrir sans murmurer.

Elle était jusqu'au nombril,
Sur les ondes paraissante,
Telle que l'aube naissante
Peint les roses en avril.

PARAPHRASE
DU SIEUR DE MALHERBE,
SUR LE PSAUME VIII,
« DOMINE DOMINUS NOSTER »

Stances

Ô sagesse éternelle, à qui cet univers
Doit le nombre infini des miracles divers,
Qu'on voit également sur la terre, et sur l'onde :
    Mon Dieu, mon Créateur,
Que ta magnificence étonne tout le monde,
6 Et que le Ciel est bas au prix de ta hauteur !

Quelques blasphémateurs, oppresseurs d'innocents,
À qui l'excès d'orgueil a fait perdre le sens,
De profanes discours ta puissance rabaissent :
    Mais la naïveté[1],
Dont mêmes au berceau les enfants te confessent,
12 Clôt-elle pas la bouche à leur impiété ?

De moi, toutes les fois que j'arrête les yeux
À voir les ornements dont tu pares les cieux,
Tu me sembles si grand, et nous si peu de chose,
    Que mon entendement
Ne peut s'imaginer quelle amour te dispose,
18 À nous favoriser d'un regard seulement.

Il n'est faiblesse égale à nos infirmités :
Nos plus sages discours ne sont que vanités :
Et nos sens corrompus n'ont goût qu'à des ordures,
  Toutefois, ô bon Dieu,
Nous te sommes si chers, qu'entre tes créatures,
²⁴ Si l'ange est le premier, l'homme a le second lieu.

Quelles **marques** d'honneur se peuvent ajouter,
À ce **comble** de gloire où tu l'as fait monter ?
Et pour obtenir mieux quel souhait peut-il faire ?
  Lui que jusqu'au Ponant[2],
Depuis où le soleil vient dessus l'hémisphère,
³⁰ Ton absolu pouvoir a fait son lieutenant ?

Sitôt que le besoin excite son désir,
Qu'est-ce qu'en ta largesse il ne treuve à choisir ?
Et par ton règlement l'air, la mer, et la terre,
  N'entretiennent-ils pas
Une secrète loi de se faire la guerre,
³⁶ À qui de plus de mets fournira ses repas ?

Certes je ne puis faire en ce ravissement,
Que rappeler mon âme et dire bassement[3] :
Ô sagesse éternelle, en merveilles féconde,
  Mon Dieu, mon Créateur,
Que ta magnificence étonne tout le monde,
⁴² Et que le Ciel est bas au prix de ta hauteur.

PSAUME CXXVIII
« SAEPE EXPUGNAVERUNT ME »

Stances

Les funestes complots des âmes forcenées,
Qui pensaient triompher de mes jeunes années,
Ont d'un commun assaut mon repos offensé :

Leur rage a mis au jour ce qu'elle avait de pire,
          Certes je le puis dire :
6 Mais je puis dire aussi qu'ils n'ont rien avancé.

J'étais dans leurs filets : c'était fait de ma vie :
Leur funeste rigueur qui l'avait poursuivie,
Méprisait le conseil de revenir à soi :
Et le coutre[1] aiguisé s'imprime sur la terre,
          Moins avant que leur guerre
12 N'espérait imprimer ses outrages sur moi.

Dieu qui de ceux qu'il aime est la garde éternelle,
Me témoignant contre eux sa bonté paternelle,
A selon mes souhaits terminé mes douleurs :
Il a rompu leur piège, et de quelque artifice
          Qu'ait usé leur malice,
18 Ses mains qui peuvent tout m'ont dégagé des leurs.

La gloire des méchants est pareille à cette herbe,
Qui sans porter jamais ni javelle, ni gerbe,
Croît sur le toit pourri d'une vieille maison :
On la voit sèche, et morte, aussitôt qu'elle est née,
          Et vivre une journée,
24 Est réputé pour elle une longue saison.

Bien est-il malaisé que l'injuste licence
Qu'ils prennent chaque jour d'affliger l'innocence,
En quelqu'un de leurs vœux ne puisse prospérer :
Mais tout incontinent leur bonheur se retire,
          Et leur honte fait rire
30 Ceux que leur insolence avait fait soupirer.

Stances

Enfin l'ire du ciel et sa fatale envie,
Dont j'avais repoussé tant d'injustes efforts,
Ont détruit ma fortune et, sans m'ôter la vie,
4   M'ont mis entre les morts.

Henri, ce grand Henri, que les soins de nature
Avaient fait un miracle aux yeux de l'univers,
Comme un homme vulgaire est dans la sépulture
8   À la merci des vers.

Belle âme, beau patron des célestes ouvrages,
Qui fus de mon espoir l'infaillible recours,
Quelle nuit fut pareille aux funestes ombrages
12   Où tu laisses mes jours ?

C'est bien à tout le monde une commune plaie,
Et le malheur que j'ai chacun l'estime sien ;
Mais en quel autre cœur est la douleur si vraie,
16   Comme elle est dans le mien ?

Ta fidèle compagne, aspirant à la gloire
Que son affliction ne se puisse imiter,
Seule de cet ennui me débat la victoire,
20   Et me la fait quitter.

L'image de ses pleurs, dont la source féconde
Jamais depuis ta mort ses vaisseaux n'a taris,
C'est la Seine en fureur qui déborde son onde
24   Sur les quais de Paris.

Nulle heure de beau temps ses orages n'essuie,
Et sa grâce divine endure en ce tourment
Ce qu'endure une fleur que la bise ou la pluie
28   Bat excessivement.

Quiconque approche d'elle a part à son martyre,
Et par contagion prend sa triste couleur ;
Car, pour la consoler, que lui saurait-on dire
En si juste douleur ?

Reviens-la voir, grande âme, ôte-lui cette nue,
Dont la sombre épaisseur aveugle sa raison,
Et fais du même lieu d'où sa peine est venue,
Venir sa guérison.

Bien que tout réconfort lui soit une amertume,
Avec quelque douceur qu'il lui soit présenté,
Elle prendra le tien, et selon sa coutume
Suivra ta volonté.

Quelque soir en sa chambre apparais devant elle,
Non le sang en la bouche et le visage blanc,
Comme tu demeuras sous l'atteinte mortelle
Qui te perça le flanc ;

Viens-y tel que tu fus, quand aux monts de Savoie[1]
Hymen en robe d'or te la vint amener ;
Ou tel qu'à Saint-Denis entre nos cris de joie
Tu la fis couronner.

Après cet essai fait, s'il demeure inutile,
Je ne connais plus rien qui la puisse toucher,
Et sans doute la France aura, comme Sypile[2],
Quelque fameux rocher.

Pour moi, dont la faiblesse à l'orage succombe,
Quand mon heur abattu pourrait se redresser,
J'ai mis avecque toi mes desseins en la tombe
Je les y veux laisser.

Quoi que pour m'obliger fasse la destinée,
Et quelque heureux succès qui me puisse arriver,
Je n'attends mon repos qu'en l'heureuse journée
Où je t'irai trouver.

Ainsi, de cette cour l'honneur et la merveille,
Alcipe³ soupirait, prêt à s'évanouir.
On l'aurait consolé ; mais il ferme l'oreille
De peur de rien ouïr.

⁶⁴

À LA REINE
SUR LES HEUREUX SUCCÈS
DE SA RÉGENCE

Ode

Nymphe qui jamais ne sommeilles,
Et dont les messages divers
En un moment sont aux oreilles
Des peuples de tout l'univers :
5 Vole vite, et de la contrée
Par où le jour fait son entrée
Jusqu'au rivage de Calis¹,
Conte sur la terre et sur l'onde,
Que l'honneur unique du monde,
10 C'est la reine des fleurs de lis.

Quand son HENRI, de qui la gloire
Fut une merveille à nos yeux,
Loin des hommes s'en alla boire
Le nectar avecque les dieux² :
15 En cette aventure effroyable,
À qui ne semblait-il croyable,
Qu'on allait voir une saison,
Où nos brutales perfidies
Feraient naître des maladies
20 Qui n'auraient jamais guérison³ ?

Qui ne pensait que les Furies
Viendraient des abîmes d'enfer,
En de nouvelles barbaries
Employer la flamme et le fer ?

25 Qu'un débordement de licence,
　　Ferait souffrir à l'innocence
　　Toute sorte de cruautés ?
　　Et que nos malheurs seraient pires,
　　Que naguère sous les Busires[4]
30 Que cet Hercule avait domptés ?

　　Toutefois depuis l'infortune
　　De cet abominable jour,
　　À peine la quatrième lune
　　Achève de faire son tour :
35 Et la France a les destinées
　　Pour elle tellement tournées
　　Contre les vents séditieux,
　　Qu'au lieu de craindre la tempête,
　　Il semble que jamais sa tête
40 Ne fut plus voisine des cieux.

　　Au-delà des bords de la Meuse,
　　L'Allemagne a vu nos guerriers,
　　Par une conquête fameuse
　　Se couvrir le front de lauriers[5].
45 Tout a fléchi sous leur menace :
　　L'aigle même leur a fait place[6] :
　　Et les regardant approcher,
　　Comme lions à qui tout cède,
　　N'a point eu de meilleur remède,
50 Que de fuir, et se cacher.

　　Ô reine qui pleine de charmes
　　Pour toute sorte d'accidents,
　　As borné le flux de nos larmes
　　En ces miracles évidents :
55 Que peut la fortune publique
　　Te vouer d'assez magnifique,
　　Si mise au rang des immortels,
　　Dont ta vertu suit les exemples,
　　Tu n'as avecque eux dans nos temples,
60 Des images, et des autels ?

Que saurait enseigner aux princes
Le grand démon qui les instruit,
Dont ta sagesse en nos provinces
Chaque jour n'épande le fruit ?
65 Et qui justement ne peut dire,
À te voir régir cet empire,
Que si ton heur était pareil
À tes adorables mérites,
Tu ferais dedans ses limites
70 Lever et coucher le soleil ?

Le soin qui reste à nos pensées,
Ô bel astre, c'est que toujours
Nos félicités commencées
Puissent continuer leur cours :
75 Tout nous rit, et notre navire
A la bonace qu'il désire :
Mais si quelque injure du sort
Provoquait l'ire de Neptune,
Quel excès d'heureuse fortune,
80 Nous garantirait de la mort ?

Assez de funestes batailles,
Et de carnages inhumains
Ont fait en nos propres entrailles
Rougir nos déloyales mains :
85 Donne ordre que sous ton génie,
Se termine cette manie :
Et que las de perpétuer
Une si longue malveillance,
Nous employons notre vaillance
90 Ailleurs qu'à nous entretuer.

La discorde aux crins de couleuvres,
Peste fatale aux potentats,
Ne finit ses tragiques œuvres
Qu'en la fin même des États :
95 D'elle naquit la frénésie
De la Grèce contre l'Asie :

Et d'elle prirent le flambeau
Dont ils désolèrent leur terre,
Les deux frères de qui la guerre
100 Ne cessa point dans le tombeau[7].

C'est en la paix que toutes choses
Succèdent selon nos désirs :
Comme au printemps naissent les roses,
En la paix naissent les plaisirs :
105 Elle met les pompes aux villes,
Donne aux champs les moissons fertiles :
Et de la majesté des lois
Appuyant les pouvoirs suprêmes,
Fait demeurer les diadèmes
110 Fermes sur la tête des rois.

Ce sera dessous cette égide,
Qu'invincible de tous côtés,
Tu verras ces peuples sans bride
Obéir à tes volontés :
115 Et surmontant leur espérance,
Remettras en telle assurance
Leur salut qui fut déploré[8],
Que vivre au siècle de Marie,
Sans mensonge et sans flatterie,
120 Sera vivre au siècle doré.

Les Muses, les neuf belles fées[9],
Dont les bois suivent les chansons,
Rempliront de nouveaux Orphées
La troupe de leurs nourrissons :
125 Tous leurs vœux seront de te plaire :
Et si ta faveur tutélaire
Fait signe de les avouer,
Jamais ne partit de leurs veilles
Rien qui se compare aux merveilles
130 Qu'elles feront pour te louer.

En cette hautaine entreprise,
Commune à tous les beaux esprits,
Plus ardent qu'un athlète à Pise[10],
Je me ferai quitter le prix[11] :
135 Et quand j'aurai peint ton image,
Quiconque verra mon ouvrage,
Avouera que Fontainebleau,
Le Louvre, ni les Tuileries,
En leurs superbes galeries
140 N'ont point un si riche tableau.

Apollon à portes ouvertes
Laisse indifféremment cueillir
Les belles feuilles toujours vertes
Qui gardent les noms de vieillir :
145 Mais l'art d'en faire les couronnes,
N'est pas su de toutes personnes.
Et trois ou quatre seulement,
Au nombre desquels on me range,
Peuvent donner une louange
150 Qui demeure éternellement.

ÉPITAPHE
DE FEU MONSEIGNEUR D'ORLÉANS

Sonnet

Plus Mars que Mars de la Thrace
Mon père victorieux,
Aux rois les plus glorieux
4 Ôta la première place.

Ma mère vient d'une race
Si fertile en demi-dieux,
Que son éclat radieux
8 Toutes lumières efface.

Je suis poudre toutefois :
Tant la Parque a fait ses lois
11 Égales et nécessaires :

Rien ne m'en a su parer :
Apprenez, âmes vulgaires,
14 À mourir sans murmurer.

À LA REINE MÈRE DU ROI,
SUR LA MORT
DE MONSEIGNEUR LE DUC D'ORLÉANS

Sonnet

Consolez-vous Madame, apaisez votre plainte ;
La France, à qui vos yeux tiennent lieu de soleil,
Ne dormira jamais d'un paisible sommeil
4 Tant que sur votre front la douleur sera peinte.

Rendez-vous à vous-même, assurez votre crainte,
Et de votre vertu recevez ce conseil,
Que souffrir sans murmure est le seul appareil
8 Qui peut guérir l'ennui dont vous êtes atteinte.

Le ciel, en qui votre âme a borné ses amours,
Était bien obligé de vous donner des jours
11 Qui fussent sans orage, et qui n'eussent point d'ombre.

Mais ayant de vos fils les grands cœurs découverts,
N'a-t-il pas moins failli d'en ôter un du nombre,
14 Que d'en partager trois en un seul univers ?

Objet divin des âmes et des yeux,
    Reine, le chef-d'œuvre des cieux :
Quels doctes vers me feront avouer
4   Digne de te louer ?

Les monts fameux des vierges[1] que je sers
    Ont-ils des fleurs en leurs déserts,
Qui s'efforçant d'embellir ta couleur,
8   Ne ternissent la leur ?

Le Thermodon[2] a su seoir autrefois,
    Des reines au trône des rois :
Mais que vit-il par qui soit débattu
12   Le prix à ta vertu ?

Certes nos lis, quoique bien cultivés,
    Ne s'étaient jamais élevés
Au point heureux où les destins amis
16   Sous ta main les ont mis.

À leur odeur l'Anglais se relâchant,
    Notre amitié va recherchant :
Et l'Espagnol[3], prodige merveilleux,
20   Cesse d'être orgueilleux[4].

De tous côtés nous regorgeons de biens :
    Et qui voit l'aise où tu nous tiens,
De ce vieux siècle aux fables récité
24   Voit la félicité.

Quelque discord murmurant bassement
    Nous fit peur au commencement[5] :
Mais sans effet presque il s'évanouit,
28   Plutôt qu'on ne l'ouït.

Tu menaças l'orage paraissant :
    Et tout soudain obéissant,
Il disparut comme flots courroucés,
        Que Neptune a tancés.

Que puisses-tu, grand Soleil de nos jours,
    Faire sans fin le même cours :
Le soin du Ciel te gardant aussi bien,
        Que nous garde le tien.

Puisses-tu voir sous le bras de ton fils
    Trébucher les murs de Memphis[6] :
Et de Marseille au rivage de Tyr
        Son empire aboutir.

Les vœux sont grands : mais avecque raison
    Que ne peut l'ardente oraison :
Et sans flatter ne sers-tu pas les dieux,
        Assez pour avoir mieux ?

POUR LA REINE MÈRE DU ROI
PENDANT SA RÉGENCE

Si quelque avorton de l'envie
Ose encore lever les yeux,
Je veux bander contre sa vie
L'ire de la terre et des cieux ;
Et dans les savantes oreilles
Verser de si douces merveilles,
Que ce misérable corbeau,
Comme oiseau d'augure sinistre,
Banni des rives de Caïstre[1],
S'aille cacher dans le tombeau.

Venez donc, non pas habillées
Comme on vous trouve quelquefois,

En jupe dessous les feuillées
Dansant au silence des bois[2].
15 Venez en robes, où l'on voie
Dessus les ouvrages de soie
Les rayons d'or étinceler[3] ;
Et chargez de perles vos têtes,
Comme quand vous allez aux fêtes
20 Où les dieux vous font appeler.

Quand le sang bouillant en mes veines
Me donnait de jeunes désirs,
Tantôt vous soupiriez mes peines,
Tantôt vous chantiez mes plaisirs ;
25 Mais aujourd'hui que mes années
Vers leur fin s'en vont terminées,
Siérait-il bien à mes écrits
D'ennuyer les races futures
Des ridicules aventures
30 D'un amoureux en cheveux gris[4] ?

Non, vierges, non ; je me retire
De tous ces frivoles discours ;
Ma reine est un but à ma lyre
Plus juste que nulles amours ;
35 Et quand j'aurai, comme j'espère,
Fait ouïr du Gange à l'Ibère[5]
Sa louange à tout l'univers,
Permesse me soit un Cocyte[6],
Si jamais je vous sollicite
40 De m'aider à faire des vers.

Aussi bien chanter d'autre chose,
Ayant chanté de sa grandeur,
Serait-ce pas après la rose
Aux pavots chercher de l'odeur ?
45 Et des louanges de la lune
Descendre à la clarté commune
D'un de ces feux du firmament,
Qui sans profiter et sans nuire,

N'ont reçu l'usage de luire
50 Que par le nombre seulement.

Entre les rois à qui cet âge
Doit son principal ornement,
Ceux de la Tamise et du Tage
Font louer leur gouvernement ;
55 Mais en de si calmes provinces,
Où le peuple adore les princes,
Et met au degré le plus haut
L'honneur du sceptre légitime,
Saurait-on excuser le crime
60 De ne régner pas comme il faut ?

Ce n'est point aux rives d'un fleuve,
Où dorment les vents et les eaux,
Que fait sa véritable preuve
L'art de conduire les vaisseaux ;
65 Il faut en la plaine salée
Avoir lutté contre Malée,
Et près du naufrage dernier
S'être vu dessous les Pléiades
Éloigné de ports et de rades,
70 Pour être cru bon marinier.

Ainsi quand la Grèce partie
D'où le mol Anaure coulait,
Traversa les mers de Scythie
En la navire qui parlait,
75 Pour avoir su des Cyanées
Tromper les vagues forcenées,
Les pilotes du fils d'Éson,
Dont le nom jamais ne s'efface,
Ont gagné la première place
80 En la fable de la Toison.

Ainsi conservant cet empire
Où l'infidélité du sort
Jointe à la nôtre encore pire,

Allait faire un dernier effort,
85 Ma reine acquiert à ses mérites
Un nom qui n'a point de limites ;
Et ternissant le souvenir
Des reines qui l'ont précédée,
Devient une éternelle idée
90 De celles qui sont à venir.

Aussitôt que le coup tragique
Dont nous fûmes presque abattus,
Eut fait la fortune publique
L'exercice de ses vertus,
95 En quelle nouveauté d'orage
Ne fut éprouvé son courage ?
Et quelles malices de flots,
Par des murmures effroyables,
À des vœux à peine payables
100 N'obligèrent les matelots ?

Qui n'ouït la voix de Bellone,
Lasse d'un repos de douze ans,
Telle que d'un foudre qui tonne
Appeler tous ses partisans ;
105 Et déjà les rages extrêmes,
Par qui tombent les diadèmes,
Faire appréhender le retour
De ces combats, dont la manie
Est l'éternelle ignominie
110 De Jarnac et de Moncontour ?

Qui ne voit encor à cette heure
Tous les infidèles cerveaux
Dont la fortune est la meilleure,
Ne chercher que troubles nouveaux ;
115 Et ressembler à ces fontaines
Dont les conduites souterraines
Passent par un plomb si gâté,
Que toujours ayant quelque tare,

Au même temps qu'on les répare
120 L'eau s'enfuit d'un autre côté ?

La paix ne voit rien que menace
De faire renaître nos pleurs ;
Tout s'accorde à notre bonace ;
Les hivers nous donnent des fleurs ;
125 Et si les pâles Euménides,
Pour réveiller nos parricides,
Toutes trois ne sortent d'enfer,
Le repos du siècle où nous sommes
Va faire à la moitié des hommes
130 Ignorer que c'est que le fer.

Thémis, capitale ennemie
Des ennemis de leur devoir,
Comme un rocher est affermie
En son redoutable pouvoir ;
135 Elle va d'un pas et d'un ordre,
Où la censure n'a que mordre ;
Et les lois qui n'exceptent rien
De leur glaive et de leur balance,
Font tout perdre à la violence
140 Qui veut avoir plus que le sien.

Nos champs même ont leur abondance
Hors de l'outrage des voleurs ;
Les festins, les jeux, et la danse,
En bannissent toutes douleurs.
145 Rien n'y gémit, rien n'y soupire ;
Chaque Amaryle a son Tityre,
Et sous l'épaisseur des rameaux,
Il n'est place où l'ombre soit bonne,
Qui soir et matin ne résonne
150 Ou de voix, ou de chalumeaux.

Puis, quand ces deux grands hyménées,
Dont le fatal embrassement
Doit aplanir les Pyrénées,

Auront leur accomplissement,
155 Devons-nous douter qu'on ne voie,
Pour accompagner cette joie,
L'encens germer en nos buissons,
La myrrhe couler en nos rues,
Et sans l'usage des charrues
160 Nos plaintes jaunir de moissons ?

Quelle moins hautaine espérance
Pouvons-nous concevoir alors,
Que de conquêter à la France
La Propontide en ses deux bords ?
165 Et vengeant de succès prospères
Les infortunes de nos pères
Que tient l'Égypte ensevelis,
Aller si près du bout du monde,
Que le soleil sorte de l'onde
170 Sur la terre des fleurs de lis ?

Certes ces miracles visibles
Excédant le penser humain,
Ne sont point ouvrages possibles
À moins qu'une immortelle main.
175 Et la raison ne se peut dire,
De nous voir en notre navire
À si bon port acheminés,
Ou sans fard et sans flatterie,
C'est Pallas que cette Marie,
180 Par qui nous sommes gouvernés.

Quoi qu'elle soit, nymphe ou déesse,
De sang immortel ou mortel,
Il faut que le monde confesse
Qu'il ne vit jamais rien de tel ;
185 Et quiconque fera l'histoire
De ce grand chef-d'œuvre de gloire,
L'incrédule postérité
Rejettera son témoignage,

S'il ne la dépeint belle, et sage,
190 Au-deçà de la vérité.

Grand Henri, grand foudre de guerre,
Que cependant que parmi nous
Ta valeur étonnait la terre,
Les destins firent son époux ;
195 Roi dont la mémoire est sans blâme,
Que dis-tu de cette belle âme,
Quand tu la vois si dignement
Adoucir toutes nos absinthes,
Et se tirer des labyrinthes
200 Où la met ton éloignement ?

Que dis-tu lorsque tu remarques
Après ses pas ton héritier,
De la sagesse des monarques
Monter le pénible sentier ?
205 Et pour étendre sa couronne,
Croître comme un faon de lionne ?
Que s'il peut un jour égaler
Sa force avecque sa furie,
Les nomades n'ont bergerie,
210 Qu'il ne suffise à désoler.

Qui doute que si de ses armes
Ilion avait eu l'appui,
Le jeune Atride avecque larmes
Ne s'en fût retourné chez lui ;
215 Et qu'aux beaux champs de la Phrygie,
De tant de batailles rougie,
Ne fussent encor honorés,
Ces ouvrages des mains célestes,
Que jusques à leurs derniers restes
220 La flamme grecque a dévorés ?

FRAGMENT

. . . .
Ô toi, qui d'un clin d'œil sur la terre et sur l'onde
      Fais trembler tout le monde,
Dieu, qui toujours es bon, et toujours l'as été,
Verras-tu concerter à ces âmes tragiques
      Leurs funestes pratiques,
6 Et ne tonneras point sur leur impiété ?

Voyez en quel état est aujourd'hui la France,
      Hors d'humaine espérance.
Les peuples les plus fiers du couchant et du nord
Ou sont alliés d'elle, ou recherchent de l'être ;
      Et ceux qu'elle a fait naître
12 Tournent tout leur conseil pour lui donner la mort.

AUTRE FRAGMENT

. . . .
Allez à la malheure, allez, âmes tragiques,
Qui fondez votre gloire aux misères publiques,
      Et dont l'orgueil ne connaît point de lois.
Allez, fléaux de la France, et les pestes du monde ;
Jamais pas un de vous ne reverra mon onde ;
      Regardez-la pour la dernière fois.

AUTRE FRAGMENT

. . . .
Âmes pleines de vent, que la rage a blessées,
Connaissez votre faute, et bornez vos pensées
      En un juste compas ;

Attachez votre espoir à de moindres conquêtes ;
Briare avait cent mains, Tiphon avait cent têtes,
6 Et ce que vous tentez leur coûta le trépas.

Soucis, retirez-vous, faites place à la joie,
Misérable douleur, dont nous fûmes la proie ;
Nos vœux sont exaucés ;
Les vertus de la reine, et les bontés célestes,
Ont fait évanouir ces orages funestes,
12 Et dissipé les vents qui nous ont menacés.

SUR LE MARIAGE DU ROI
ET DE LA REINE

Mopse[1] entre les devins l'Apollon de cet âge
Avait toujours fait espérer
Qu'un soleil qui naîtrait sur les rives du Tage,
4 En la terre du lis nous viendrait éclairer.

Cette prédiction semblait une aventure
Contre le sens et le discours,
N'étant pas convenable aux règles de nature
8 Qu'un soleil se levât où se couchent les jours.

Anne qui de Madrid fut l'unique miracle,
Maintenant l'aise de nos yeux,
Au sein de notre Mars satisfait à l'oracle[2],
12 Et dégage envers nous la promesse des cieux.

Bien est-elle un soleil : et ses yeux adorables,
Déjà vus de tout l'horizon,
Font croire que nos maux seront maux incurables,
16 Si d'un si beau remède ils n'ont leur guérison.

Quoi que l'esprit y cherche il n'y voit que des chaînes
Qui le captivent à ses lois :

Certes c'est à l'Espagne à produire des reines,
20 Comme c'est à la France à produire des rois.

Heureux couple d'amants, notre grande Marie
A pour vous combattu le sort :
Elle a forcé les vents, et dompté leur furie ;
24 C'est à vous de goûter les délices du port[3].

Goûtez-le, beaux esprits, et donnez connaissance,
En l'excès de votre plaisir,
Qu'à des cœurs bien touchés tarder la jouissance,
28 C'est infailliblement leur croître le désir.

Les fleurs de votre amour dignes de leur racine,
Montrent un grand commencement,
Mais il faut passer outre, et des fruits de Lucine,
32 Faire avoir à nos vœux leur accomplissement[4].

Réservez le repos à ces vieilles années
Par qui le sang est refroidi :
Tout le plaisir des jours est en leurs matinées :
36 La nuit est déjà proche à qui passe midi.

À MADAME LA PRINCESSE DE CONTY

Sonnet

Race de mille rois, adorable princesse,
Dont le puissant appui de faveurs m'a comblé,
Si faut-il qu'à la fin j'acquitte ma promesse,
4 Et m'allège du faix dont je suis accablé.

Telle que notre siècle aujourd'hui vous regarde,
Merveille incomparable en toute qualité,
Telle je me résous de vous bailler en garde
8 Aux fastes éternels de la postérité.

Je sais bien quel effort cet ouvrage demande :
Mais si la pesanteur d'une charge si grande
11 Résiste à mon audace, et me la refroidit,

Vois-je pas vos bontés à mon aide paraître,
Et parler dans vos yeux un signe qui me dit
14 Que c'est assez payer que de bien reconnaître ?

LES SIBYLLES
Sur la fête des alliances de France et d'Espagne

LA SIBYLLE PERSIQUE

Que Bellone et Mars se détachent,
Et de leurs cavernes arrachent
Tous les vents des séditions :
La France est hors de leur furie,
Tant qu'elle aura pour alcyons,
6 L'heur et la vertu de Marie.

LA LIBYQUE

Cesse Pô d'abuser le monde :
Il est temps d'ôter à ton onde
Sa fabuleuse royauté.
L'Arne sans en faire autres preuves,
Ayant produit cette beauté,
12 S'est acquis l'empire des fleuves[1].

LA DELPHIQUE

La France à l'Espagne s'allie :
Leur discorde est ensevelie,
Et tous leurs orages finis :
Armes du reste de la terre
Contre ces deux peuples unis
18 Qu'êtes-vous que paille et que verre ?

LA CUMÉE

Arrière ces plaintes communes,
Que les plus durables fortunes
Passent du jour au lendemain :
Les nœuds de ces grands hyménées
Sont-ils pas de la propre main
24 De ceux qui font les destinées ?

L'ÉRYTHRÉE

Taisez-vous funestes langages,
Qui jamais ne faites présages,
Où quelque malheur ne soit joint :
La discorde ici n'est mêlée :
Et Thétis n'y soupire point
30 Pour avoir épousé Pélée².

LA SAMIENNE

Roi que tout bonheur accompagne,
Vois partir du côté d'Espagne
Un soleil qui te vient chercher :
Ô vraiment divine aventure
Que ton respect fasse marcher
36 Les astres contre leur nature.

LA CUMANE

Ô que l'heur de tes destinées
Poussera tes jeunes années
À de magnanimes soucis,
Et combien te verront épandre
De sang des peuples circoncis
42 Les flots qui noyèrent Léandre.

L'HÉLLESPONTIQUE

Soit que le Danube t'arrête,
Soit que l'Euphrate à sa conquête
Te fasse tourner ton désir :
Treuveras-tu quelque puissance,
À qui tu ne fasses choisir
48 Ou la mort, ou l'obéissance³ ?

LA PHRYGIENNE

Courage reine sans pareille,
L'esprit sacré qui te conseille
Est ferme en ce qu'il a promis :
Achève et que rien ne t'arrête,
Le Ciel tient pour ses ennemis
54 Les ennemis de cette fête.

LA TIBURTINE

Sous ta bonté s'en va renaître
Le siècle où Saturne fut maître ;
Thémis les vices détruira :
L'honneur ouvrira son école :
Et dans Seine et Marne luira
60 Même sablon que dans Pactole[4].

SUR LE MÊME SUJET

Stances

Donc après un si long séjour,
FLEURS DE LIS voici le retour
De vos aventures prospères :
Et vous allez être à nos yeux
Fraîches comme aux yeux de nos pères
6 Lorsque vous tombâtes des cieux.

À ce coup s'en vont les destins
Entre les jeux et les festins
Nous faire couler nos années :
Et commencer une saison,
Où nulles funestes journées
12 Ne verront jamais l'horizon.

Ce n'est plus comme auparavant :
Que si l'aurore en se levant

D'aventure nous voyait rire,
On se pouvait bien assurer,
Tant la fortune avait d'empire,
18 Que le soir nous verrait pleurer.

De toutes parts sont éclaircis,
Les nuages de nos soucis,
La sûreté chasse les craintes,
Et la discorde sans flambeau
Laisse mettre avecque nos plaintes
24 Tous nos soupçons dans le tombeau.

Ô qu'il nous eût coûté de morts,
Ô que la France eût fait d'efforts
Avant que d'avoir par les armes
Tant de provinces qu'en un jour,
Belle reine avecque vos charmes
30 Vous nous acquérez par amour.

Qui pouvait sinon vos bontés
Faire à des peuples indomptés
Laisser leurs haines obstinées,
Pour jurer solennellement
En la main de deux hyménées
36 D'être amis éternellement ?

Fleur des beautés et des vertus,
Après nos malheurs abattus
D'une si parfaite victoire,
Quel marbre à la postérité
Fera paraître votre gloire
42 Au lustre qu'elle a mérité ?

Non, non, malgré les envieux
La raison veut qu'entre les dieux
Votre image soit adorée :
Et qu'aidant comme eux aux mortels,
Lorsque vous serez implorée,
48 Comme eux vous ayez des autels.

Nos fastes sont pleins de lauriers
De toute sorte de guerriers :
Mais hors de toute flatterie,
Furent-ils jamais embellis
Des miracles que fait Marie
54 Pour le salut des fleurs de lis.

RÉCIT D'UN BERGER
AU BALLET DE MADAME,
PRINCESSE D'ESPAGNE

Houlette de Louis, houlette de Marie,
Dont le fatal appui met notre bergerie
    Hors du pouvoir des loups,
Vous placer dans les cieux en la même contrée
    Des balances d'Astrée,
6 Est-ce un prix de vertu qui soit digne de vous ?

Vos pénibles travaux sans qui nos pâturages
Battus depuis cinq ans de grêles, et d'orages[1],
    S'en allaient désolés,
Sont-ce pas des effets que même en Arcadie,
    Quoi que la Grèce die,
12 Les plus fameux pasteurs n'ont jamais égalés ?

Voyez des bords de Loire, et des bords de Garonne
Jusques à ce rivage[2] où Thétis se couronne
    De bouquets d'orangers,
À qui ne donnez-vous une heureuse bonace
    Loin de toute menace,
18 Et de maux intestins, et de maux étrangers ?

Où ne voit-on la paix comme un roc affermie,
Faire à nos Géryons[3] détester l'infamie
    De leurs actes sanglants ?
Et la belle Cérès en javelles féconde

Ôter à tout le monde
²⁴ La peur de retourner à l'usage des glands ?

Aussi dans nos maisons, en nos places publiques,
Ce ne sont que festins, ce ne sont que musiques
            De peuples réjouis :
Et que l'astre du jour ou se lève, ou se couche,
            Nous n'avons en la bouche
³⁰ Que le nom de MARIE, et le nom de LOUIS.

Certes une douleur quelques âmes afflige,
Qu'un fleuron de nos lis séparé de sa tige,
            Soit prêt à nous quitter :
Mais quoi qu'on nous augure, et qu'on nous fasse
            Élise est-elle à plaindre   [craindre,
³⁶ D'un bien que tous nos vœux lui doivent souhaiter ?

Le jeune demi-dieu qui pour elle soupire
De la fin du couchant termine son empire⁴
            En la source du jour :
Elle va dans ses bras prendre part à sa gloire :
            Quelle malice noire
⁴² Peut sans aveuglement condamner leur amour ?

Il est vrai qu'elle est sage, il est vrai qu'elle est belle :
Et notre affection pour autre que pour elle
            Ne peut mieux s'employer.
Aussi la nommons-nous la Pallas de cet âge :
            Mais que ne dit le Tage
⁴⁸ De celle qu'en sa place il nous doit envoyer⁵ ?

Esprits mal avisés qui blâmez un échange,
Où se prend et se baille un ange pour un ange,
            Jugez plus sainement :
Notre grande bergère a Pan qui la conseille :
            Serait-ce pas merveille
⁵⁴ Qu'un dessein qu'elle eût fait n'eût bon événement ?

C'est en l'assemblement de ces couples célestes,
Que si nos maux passés ont laissé quelques restes,
      Ils vont du tout finir :
Mopse qui nous l'assure a le don de prédire :
      Et les chênes d'Épire
60 Savent moins qu'il ne sait des choses avenir.

Un siècle renaîtra comblé d'heur et de joie,
Où le nombre des ans sera la seule voie
      D'arriver au trépas :
Tous venins y mourront comme au temps de nos
      Et même les vipères   [pères[6] :
66 Y piqueront sans nuire, ou n'y piqueront pas.

La terre en tous endroits produira toutes choses[7] :
Tous métaux seront or, toutes fleurs seront roses,
      Tous arbres oliviers :
L'an n'aura plus d'hiver, le jour n'aura plus d'ombre,
      Et les perles sans nombre
72 Germeront dans la Seine au milieu des graviers.

Dieux qui de vos arrêts formez nos destinées,
Donnez un dernier terme à ces grands hyménées,
      C'est trop les différer.
L'Europe les demande, accordez sa requête :
      Qui verra cette fête
78 Pour mourir satisfait n'aura que désirer.

Chanson

      Cette Anne si belle,
      Qu'on vante si fort,
      Pourquoi ne vient-elle,
4 Vraiment elle a tort ?

Son LOUIS soupire
Après ses appas,
Que veut-elle dire
⁸ De ne venir pas ?

S'il ne la possède
Il s'en va mourir,
Donnons-y remède,
¹² Allons la querir.

Assemblons, MARIE,
Ses yeux à vos yeux,
Notre bergerie
¹⁶ N'en vaudra que mieux.

Hâtons le voyage,
Le siècle doré
En ce mariage
²⁰ Nous est assuré.

Chanson

Chère beauté que mon âme ravie
    Comme son pôle va regardant,
    Quel astre d'ire et d'envie
Quand vous naissiez marquait votre ascendant,
    Que votre courage endurci,
⁶ Plus je le supplie moins ait de merci ?

En tous climats, voire au fond de la Thrace,
    Après les neiges et les glaçons
    Le beau temps reprend sa place :
Et les étés mûrissent les moissons :
    Chaque saison y fait son cours :
¹² En vous seule on treuve qu'il gèle toujours.

J'ai beau me plaindre, et vous conter mes peines
    Avec prières d'y compatir :
    J'ai beau m'épuiser les veines,
Et tout mon sang en larmes convertir :
    Un mal au-deçà du trépas,
18 Tant soit-il extrême ne vous émeut pas.

Je sais que c'est : vous êtes offensée,
    Comme d'un crime hors de raison,
    Que mon ardeur insensée
En trop haut lieu borne sa guérison,
    Et voudriez bien pour la finir
24 M'ôter l'espérance de rien obtenir.

Vous vous trompez, c'est aux faibles courages
    Qui toujours portent la peur au sein
    De succomber aux orages,
Et se lasser d'un pénible dessein :
    De moi, plus je suis combattu
30 Plus ma résistance montre sa vertu.

Loin de mon front soient ces palmes communes
    Où tout le monde peut aspirer :
    Loin les vulgaires fortunes
Où ce n'est qu'un jouir et désirer :
    Mon goût cherche l'empêchement
36 Quand j'aime sans peine j'aime lâchement.

Je connais bien que dans ce labyrinthe
    Le Ciel injuste m'a réservé
    Tout le fiel et tout l'absinthe
Dont un amant fut jamais abreuvé :
    Mais je ne m'étonne de rien :
42 Je suis à Rodante je veux mourir sien.

Ils s'en vont ces rois de ma vie,
    Ces yeux, ces beaux yeux,
Dont l'éclat fait pâlir d'envie[1]
4   Ceux mêmes des cieux :
Dieux ! amis de l'innocence,
Qu'ai-je fait pour mériter
Les ennuis où cette absence
8   Me va précipiter ?

Elle s'en va cette merveille
    Pour qui nuit et jour,
Quoi que la raison me conseille,
    Je brûle d'amour.
13 Dieux ! [etc.]

Dans quel effroi de solitudes
    Assez écarté,
Mettrai-je mes inquiétudes
    En leur liberté.
18 Dieux ! [etc.]

Les affligés ont en leurs peines
    Recours à pleurer :
Mais, quand mes yeux seraient fontaines
    Que puis-je espérer ?
23 Dieux ! [etc.]

[EXTRAIT D'UNE LETTRE À RACAN]

Et maintenant encor en cet âge penchant,
Où mon peu de lumière est si près du couchant,
Quand je verrais Hélène au monde revenue,
4 En l'état glorieux où Pâris l'a connue,

Faire à toute la terre adorer ses appas,
N'en étant point aimé, je ne l'aimerais pas.
Cette belle bergère, à qui les destinées,
8 Semblaient avoir gardé mes dernières années,
Eut en perfection tous les rares trésors,
Qui parent un esprit, et font aimer un corps.
Ce ne furent qu'attraits, ce ne furent que charmes,
12 Sitôt que je la vis, je lui rendis les armes,
Un objet si puissant ébranla ma raison,
Je voulus être sien, j'entrai dans sa prison,
Et de tout mon pouvoir essayai de lui plaire,
16 Tant que ma servitude espéra du salaire :
Mais comme j'aperçus l'infaillible danger,
Où si je poursuivais, je m'allais engager,
Le soin de mon salut m'ôta cette pensée,
20 J'eus honte de brûler pour une âme glacée ;
Et sans me travailler à lui faire pitié,
Restreignis mon amour aux termes d'amitié.

POUR UNE FONTAINE

Vois-tu, passant, couler cette onde,
Et s'écouler incontinent ?
Ainsi fuit la gloire du monde :
Et rien que Dieu n'est permanent.

POUR UN GENTILHOMME DE SES AMIS,
QUI MOURUT ÂGÉ DE CENT ANS

N'attends passant, que de ma gloire
Je te fasse une longue histoire,
3 Pleine de langage indiscret.

Qui se loue irrite l'envie :
Juge de moi par le regret
6 Qu'eut la mort de m'ôter la vie.

Sonnet

Celle qu'avait hymen à mon cœur attachée,
Et qui fut ici-bas ce que j'aimai le mieux,
Allant changer la terre à de plus dignes lieux,
4 Au marbre que tu vois sa dépouille a cachée.

Comme tombe une fleur que la bise a séchée,
Ainsi fut abattu ce chef-d'œuvre des cieux,
Et depuis le trépas qui lui ferma les yeux,
8 L'eau que versent les miens n'est jamais étanchée.

Ni prières, ni vœux, ne m'y purent servir.
La rigueur de la mort se voulut assouvir :
11 Et mon affection n'en put avoir dispense :

Toi dont la piété vient sa tombe honorer,
Pleure mon infortune, et pour ta récompense
14 Jamais autre douleur ne te fasse pleurer.

*

Belle âme qui fus mon flambeau,
Reçois l'honneur qu'en ce tombeau
Le devoir m'oblige à te rendre :
Ce que je fais te sert de peu :
Mais au moins tu vois en la cendre,
Que j'en aime encore le feu.

À MONSIEUR DU MAINE

Sonnet

Tu me ravis, (DU MAINE) il faut que je l'avoue,
Et tes sacrés discours me touchent tellement,
Que le monde aujourd'hui ne m'étant plus que boue
4 Je me tiens profané d'en parler seulement.

Je renonce à l'amour, je quitte son empire,
Et ne veux point d'excuse à mon impiété,
Si la beauté des cieux n'est l'unique beauté,
8 Dont on m'orra¹ jamais les merveilles écrire.

Charicle se plaindra de voir si peu durer,
La forte passion qui me faisait jurer,
11 Qu'elle aurait en mes vers une gloire éternelle :

Mais si mon jugement n'est point hors de son lieu,
Dois-je estimer l'ennui de me séparer d'elle,
14 Autant que le plaisir de me donner à Dieu ?

SUR LES THÉORÈMES
DE MESSIRE JEAN DE LA CEPPÈDE,
À LA REINE

Sonnet

J'estime LA CEPPÈDE, et l'honore, et l'admire
Comme un des ornements les premiers de nos jours :
Mais qu'à sa plume seule on doive ces discours,
4 Certes, sans te flatter je ne l'oserais dire.

L'Esprit de ce grand Dieu, qui ses grâces inspire
À celui qui sans feinte en attend le secours,
Pour élever notre âme aux célestes amours
8 Sur un si beau sujet l'a fait si bien écrire.

Reine, l'heur de la France, et de tout l'univers,
Qui voyez chaque jour tant d'hommages divers,
11 Que présente la Muse aux pieds de votre image ;

Bien que votre bonté leur soit propice à tous,
Ou je n'y connais rien, ou devant cet ouvrage
14 Vous n'en vîtes jamais qui fut digne de vous.

SUR LA PUCELLE D'ORLÉANS
BRÛLÉE PAR LES ANGLAIS

L'ennemi tous droits violant,
Belle Amazone en vous brûlant,
Témoigna son âme perfide :
Mais le destin n'eut point de tort ;
Celle qui vivait comme Alcide,
Devait mourir comme il est mort.

[SUR LA PUCELLE D'ORLÉANS]
QU'IL NE FAUT POINT D'INSCRIPTION

Passant, vous trouvez à redire
Qu'on ne voit ici rien gravé
De l'acte le plus relevé
4 Que jamais l'histoire ait fait lire :

La raison qui vous doit suffire,
C'est qu'en un miracle si haut,
Il est meilleur de ne rien dire,
8 Que ne dire pas ce qu'il faut.

STANCES SPIRITUELLES
DE M. DE MALHERBE

Louez Dieu par toute la terre,
Non pour la crainte du tonnerre
Dont il menace les humains :
Mais pource que sa gloire en merveille abonde,
Et que tant de beautés, qui reluisent au monde,
6   Sont des ouvrages de ses mains.

Sa providence libérale
Est une source générale,
Toujours prête à nous arrouser,
L'Aurore et l'Occident s'abreuvent en sa course,
On y puise en Afrique, on y puise sous l'Ourse,
12   Et rien ne la peut épuiser.

N'est-ce pas lui qui fait aux ondes
Germer les semences fécondes
D'un nombre infini de poissons :
Qui peuple de troupeaux les bois, et les montagnes,
Donne aux prés la verdure, et couvre les campagnes
18   De vendanges, et de moissons.

Il est bien dur à sa justice
De voir l'impudente malice
Dont nous l'offensons chaque jour :
Mais comme notre Père, il excuse nos crimes,
Et même ses courroux tant soient-ils légitimes,
24   Sont des marques de son amour.

Nos affections passagères
Tenant de nos humeurs légères,
Se font vieilles en un moment :
Quelque nouveau désir comme un vent les emporte :
La sienne toujours ferme, et toujours d'une sorte
30   Se conserve éternellement.

Sonnet

Qu'avec une valeur à nulle autre seconde,
Et qui seule est fatale à notre guérison,
Votre courage mûr en sa verte saison
4 Nous ait acquis la paix sur la terre et sur l'onde :

Que l'hydre de la France en révoltes féconde,
Par vous soit du tout morte, ou n'ait plus de poison,
Certes c'est un bonheur dont la juste raison
8 Promet à votre front la couronne du monde.

Mais qu'en de si beaux faits vous m'ayez pour témoin,
Connaissez-le mon roi, c'est le comble du soin
11 Que de vous obliger ont eu les destinées.

Tous vous savent louer, mais non également :
Les ouvrages communs vivent quelques années :
14 Ce que Malherbe écrit dure éternellement.

AUTRE

Muses je suis confus : mon devoir me convie
À louer de mon roi les rares qualités :
Mais le mauvais destin qu'ont les témérités
4 Fait peur à ma faiblesse, et m'en ôte l'envie.

À quel front orgueilleux n'a l'audace ravie
Le nombre des lauriers qu'il a déjà plantés ?
Et ce que sa valeur a fait en deux étés,
8 Alcide l'eût-il fait en deux siècles de vie ?

Il arrivait à peine à l'âge de vingt ans,
Quand sa juste colère assaillant nos titans
11 Nous donna de nos maux l'heureuse délivrance.

Certes, ou ce miracle a mes sens éblouis,
Ou Mars s'est mis lui-même au trône de la France
14 Et s'est fait notre roi sous le nom de LOUIS.

PROPHÉTIE DU DIEU DE SEINE

Stances

Va-t'en à la malheure, excrément de la terre,
Monstre qui dans la paix fais les maux de la guerre,
    Et dont l'orgueil ne connaît point de lois ;
En quelque haut dessein que ton esprit s'égare,
Tes jours sont à leur fin, ta chute se prépare,
6   Regarde-moi pour la dernière fois.

C'est assez que cinq ans ton audace effrontée,
Sur des ailes de cire aux étoiles montée,
    Princes et rois ait osé défier ;
La fortune t'appelle au rang de ses victimes
Et le ciel accusé de supporter tes crimes[1],
12   Est résolu de se justifier.

[PREMIER ARC]

Quels seront les derniers combats
Que mon roi prépare aux histoires,
Lui, dont les premières victoires
Font pencher les palmes si bas ?

[DEUXIÈME ARC]

Grands fils du grand Henri, grand chef-d'œuvre des
[cieux,
Grand aise, et grand amour des âmes et des yeux,
LOUIS dont ce beau jour la présence m'octroie,
Délices des sujets à ta garde commis,
Le portrait de Pallas fut la force de Troie,
⁶ Le tien sera la peur de tous mes ennemis.

[QUATRIÈME ARC]
AMPHION AU ROI

Or sus, la porte est close aux tempêtes civiles :
La Justice et la Paix ont les clefs de tes villes :
Espère tout LOUIS, et ne doute de rien :
Si le Dieu que je sers entend l'art de prédire,
Jamais siècle passé n'a vu monter empire
¹² Où le siècle présent verra monter le tien.

Les faits de plus de marque et de plus de mérite,
Que la vanité grecque en ses fables récite,
Dans la gloire des tiens seront ensevelis,
Ton camp boira le Gange avant qu'il se repose :

Et dessous divers noms ce sera même chose
18 Être maître du monde et roi des fleurs de lis.

Stances

Enfin ma patience, et les soins que j'ai pris
Ont selon mes souhaits adouci les esprits
Dont l'injuste rigueur si longtemps m'a fait plaindre :
    Cessons de soupirer :
Grâces à mon Destin, je n'ai plus rien à craindre :
6   Et puis tout espérer.

Soit qu'étant le soleil, dont je suis enflammé,
Le plus aimable objet qui jamais fut aimé,
On ne m'ait pu nier qu'il ne fût adorable :
    Soit que d'un oppressé
Le droit bien reconnu soit toujours favorable
12   Les dieux m'ont exaucé.

Naguère que j'oyais la tempête souffler,
Que je voyais la vague en montagne s'enfler,
Et Neptune à mes cris faire la sourde oreille :
    À peu près englouti,
Eussé-je osé prétendre à l'heureuse merveille
18   D'en être garanti ?

Contre mon jugement les orages cessés
Ont des calmes si doux en leur place laissés,
Qu'aujourd'hui ma fortune a l'empire de l'onde :
    Et je vois sur le bord
Un ange dont la grâce est la gloire du monde,
24   Qui m'assure du port.

Certes c'est lâchement qu'un tas de médisants
Imputant à l'amour qu'il abuse nos ans,
De frivoles soupçons nos courages étonnent :

Tous ceux à qui déplaît
L'agréable tourment que ses flammes nous donnent,
30   Ne savent ce qu'il est.

S'il a de l'amertume à son commencement,
Pourvu qu'à mon exemple on souffre doucement,
Et qu'aux appas du change une âme ne s'envole :
On ne peut assurer
Qu'il est maître équitable, et qu'enfin il console
36   Ceux qu'il a fait pleurer.

Chanson

Mes yeux, vous m'êtes superflus ;
Cette beauté qui m'est ravie,
Fut seule ma vue et ma vie,
Je ne vois plus, ni ne vis plus.
Qui me croit absent, il a tort,
6   Je ne le suis point, je suis mort.

Ô qu'en ce triste éloignement,
Où la nécessité me traîne,
Les dieux me témoignent de haine,
Et m'affligent indignement.
Qui me croit absent, il a tort,
12   Je ne le suis point, je suis mort.

Quelles flèches a la douleur
Dont mon âme ne soit percée ?
Et quelle tragique pensée
N'est point en ma pâle couleur ?
Qui me croit absent, il a tort,
18   Je ne le suis point, je suis mort.

Certes, où l'on peut m'écouter,
J'ai des respects qui me font taire ;

Mais en un réduit solitaire,
Quels regrets ne fais-je éclater ?
        Qui me croit absent, il a tort,
²⁴   Je ne le suis point, je suis mort.

Quelle funeste liberté
Ne prennent mes pleurs et mes plaintes,
Quand je puis trouver à mes craintes
Un séjour assez écarté ?
        Qui me croit absent, il a tort,
³⁰   Je ne le suis point, je suis mort.

Si mes amis ont quelque soin
De ma pitoyable aventure,
Qu'ils pensent à ma sépulture ;
C'est tout ce de quoi j'ai besoin.
        Qui me croit absent, il a tort,
³⁶   Je ne le suis point, je suis mort.

Chanson

C'est assez, mes désirs, qu'un aveugle penser,
Trop peu discrètement vous ait fait adresser
        Au plus haut objet de la terre ;
Quittez cette poursuite, et vous ressouvenez
        Qu'on ne voit jamais le tonnerre
⁶ Pardonner au dessein que vous entreprenez.

Quelque flatteur espoir qui vous tienne enchantés,
Ne connaissez-vous pas qu'en ce que vous tentez
        Toute raison vous désavoue ?
Et que vous m'allez faire un second Ixion,
        Cloué là-bas sur une roue,
¹² Pour avoir trop permis à son affection ?

Bornez-vous, croyez-moi, dans un juste compas,
Et fuyez une mer, qui ne s'irrite pas
      Que le succès n'en soit funeste ;
Le calme jusqu'ici vous a trop assurés ;
      Si quelque sagesse vous reste,
18 Connaissez le péril, et vous en retirez.

Mais, ô conseil infâme, ô profanes discours,
Tenus indignement des plus dignes amours
      Dont jamais âme fut blessée ;
Quel excès de frayeur m'a su faire goûter
      Cette abominable pensée,
24 Que ce que je poursuis me peut assez coûter ?

D'où s'est coulée en moi cette lâche poison,
D'oser impudemment faire comparaison
      De mes épines à mes roses ?
Moi, de qui la fortune est si proche des cieux,
      Que je vois sous moi toutes choses,
30 Et tout ce que je vois n'est qu'un point à mes yeux.

Non, non, servons Chrysante, et sans penser à moi,
Pensons à l'adorer d'une aussi ferme foi
      Que son empire est légitime ;
Exposons-nous pour elle aux injures du sort ;
      Et s'il faut être sa victime,
36 En un si beau danger moquons-nous de la mort.

Ceux que l'opinion fait plaire aux vanités,
Font dessus leurs tombeaux graver des qualités,
      Dont à peine un Dieu serait digne ;
Moi, pour un monument et plus grand et plus beau,
      Je ne veux rien que cette ligne :
42 L'exemple des amants est clos dans ce tombeau.

Stances

Les destins sont vaincus, et le flux de mes larmes
De leur main insolente a fait tomber les armes ;
Amour en ce combat a reconnu ma foi ;
4   Lauriers, couronnez-moi.

Quel penser agréable a soulagé mes plaintes,
Quelle heure de repos a diverti mes craintes,
Tant que du cher objet en mon âme adoré
8   Le péril a duré ?

J'ai toujours vu Madame avoir toutes les marques
De n'être point sujette à l'outrage des Parques ;
Mais quel espoir de bien en l'excès de ma peur
12   N'estimais-je trompeur ?

Aujourd'hui c'en est fait, elle est toute guérie,
Et les soleils d'avril peignant une prairie,
En leurs tapis de fleurs n'ont jamais égalé
16   Son teint renouvelé.

Je ne la vis jamais si fraîche, ni si belle ;
Jamais de si bon cœur je ne brûlai pour elle,
Et ne pense jamais avoir tant de raison
20   De bénir ma prison.

Dieux, dont la providence et les mains souveraines,
Terminant sa langueur, ont mis fin à mes peines,
Vous saurais-je payer avec assez d'encens
24   L'aise que je ressens ?

Après une faveur si visible et si grande,
Je n'ai plus à vous faire aucune autre demande ;
Vous m'avez tout donné redonnant à mes yeux
28   Ce chef-d'œuvre des cieux.

Certes vous êtes bons, et combien de nos crimes
Vous donnent quelquefois des courroux légitimes,
Quand des cœurs bien touchés vous demandent
³²   Ils l'obtiennent toujours.   [secours,

Continuez, grands dieux, et ne faites pas dire,
Ou que rien ici-bas ne connaît votre empire,
Ou qu'aux occasions les plus dignes de soins,
³⁶   Vous en avez le moins.

Donnez-nous tous les ans des moissons redoublées,
Soient toujours de nectar nos rivières comblées ;
Si Chrysante ne vit, et ne se porte bien,
⁴⁰   Nous ne vous devons rien.

EN FAVEUR DU SIEUR DE LORTIGUE

Quatrain

Vous, dont les censures s'étendent
Dessus les ouvrages de tous,
Ce livre se moque de vous :
Mars et les Muses le défendent.

À MONSIEUR DU PRÉ, SUR SON PORTRAIT
DE L'ÉLOQUENCE FRANÇAISE

Quatrain

Tu faux du Pré, de nous portraire
Ce que l'Éloquence a d'appas ;
Quel besoin as-tu de le faire,
Qui te voit, ne la voit-il pas ?

À MESSIRE JEAN DE LA CEPPÈDE

Muses, vous promettez en vain
Au front de ce grand écrivain
Et du laurier et du lierre.
Ses ouvrages trop précieux
Pour les couronnes de la terre
L'assurent de celle des cieux.

[POUR LA « SOMME THÉOLOGIQUE » DU PÈRE GARASSE]
ÉPIGRAMME POUR LE DESSIN DE CE LIVRE

Esprits qui cherchez à médire,
Adressez-vous en autre lieu :
Cette œuvre est une œuvre de Dieu :
Garasse n'a fait que l'écrire.

AUTRE
À L'AUTEUR DE CE LIVRE

En vain, mon Garasse, la rage
De quelques profanes esprits,
Pense diminuer le prix
De ton incomparable ouvrage.
⁵ Mes vers mourront avecque moi,
Ou ton nom, au nom de mon roi
Donnera de la jalousie :
Et dira la postérité,
Que son bras défit l'hérésie
¹⁰ Et ton savoir l'impiété.

À RABEL, PEINTRE,
SUR UN LIVRE DE FLEURS

Sonnet

Quelques louanges nonpareilles
Qu'ait Apelle encor aujourd'hui,
Cet ouvrage plein de merveilles
4 Met Rabel au-dessus de lui.

L'art y surmonte la nature,
Et si mon jugement n'est vain,
Flore lui conduisait la main
8 Quand il faisait cette peinture.

Certes il a privé mes yeux
De l'objet qu'ils aiment le mieux,
11 N'y mettant point de marguerite ;

Mais pouvait-il être ignorant
Qu'une fleur de tant de mérite
14 Aurait terni le demeurant.

Épigramme

Cet absinthe au nez de barbet,
En ce tombeau fait sa demeure ;
Chacun en rit, et moi j'en pleure,
Je le voulais voir au gibet.

AU SIEUR COLLETET, SUR LE TRÉPAS
DE MADEMOISELLE SA SŒUR

En vain, mon COLLETET, tu conjures la Parque,
De repasser ta sœur dans la fatale barque,
³ Elle ne rend jamais un trésor qu'elle a pris.

Ce que l'on dit d'Orphée est bien peu véritable,
Son chant n'a point forcé l'empire des esprits,
6 Puisqu'on sait que l'arrêt en est irrévocable.

Certes si les beaux vers faisaient ce bel effet,
Tu ferais mieux que lui ce qu'on dit qu'il a fait.

[POUR L'ALBUM
DE MADAME DES LOGES]

Ce livre est comme un sacré temple
Où chacun doit à mon exemple
Offrir quelque chose de prix.
Cette offrande est due à la gloire
D'une dame que l'on doit croire
L'ornement des plus beaux esprits.

IMITATION DU PSAUME
« LAUDA ANIMA MEA DOMINUM »

N'espérons plus, mon âme, aux promesses du monde,
Sa lumière est un verre, et sa faveur une onde¹,
Que toujours quelque vent empêche de calmer²,
Quittons ses vanités, lassons-nous de les suivre :
        C'est Dieu qui nous fait vivre³
6   C'est Dieu qu'il faut aimer.

En vain pour satisfaire à nos lâches envies,
Nous passons près des rois tout le temps de nos vies,
À souffrir des mépris et ployer les genoux[4],
Ce qu'ils peuvent n'est rien : ils sont comme nous

Véritablement hommes,   [sommes

Et meurent comme nous[5].

Ont-ils rendu l'esprit, ce n'est plus que poussière
Que cette Majesté si pompeuse et si fière
Dont l'éclat orgueilleux étonne l'univers,
Et dans ces grands tombeaux où leurs âmes hautaines

Font encore les vaines,

Ils sont mangés des vers.

Là se perdent ces noms de maîtres de la terre,
D'arbitres de la paix, de foudres de la guerre :
Comme ils n'ont plus de sceptre ils n'ont plus de

[flatteurs :
Et tombent avecque eux d'une chute commune

Tous ceux que leur fortune

Faisait leurs serviteurs.

POUR LE MARQUIS DE LA VIEUVILLE, SUPERINTENDANT DES FINANCES

Il est vrai, La Vieuville, et quiconque le nie
Condamne impudemment le bon goût de mon roi :
Nous devons des autels à la sincère foi
Dont ta dextérité nos affaires manie.

Tes soins laborieux, et ton libre génie,
Qui hors de la raison ne connaît point de loi,
Ont mis fin aux malheurs qu'attirait après soi,
De nos profusions l'effroyable manie.

Tout ce qu'à tes vertus il reste à désirer,
C'est que les beaux esprits les veuillent honorer,
11 Et qu'en l'éternité la Muse les imprime.

J'en ai bien le dessein dans mon âme formé :
Mais je suis généreux, et tiens cette maxime,
14 Qu'il ne faut point aimer quand on n'est point aimé.

À MONSEIGNEUR, FRÈRE DU ROI

Sonnet

Muses, quand finira cette longue remise
De contenter Gaston et d'écrire de lui ?
Le soin que vous avez de la gloire d'autrui
4 Peut-il mieux s'employer qu'à si belle entreprise ?

En ce malheureux siècle où chacun vous méprise,
Et quiconque vous sert n'en a que de l'ennui,
Misérable Neuvaine, où sera votre appui,
8 S'il ne vous tend les mains et ne vous favorise ?

Je crois bien que la peur d'oser plus qu'il ne faut,
Et les difficultés d'un ouvrage si haut
11 Vous ôtent le désir que sa vertu vous donne :

Mais tant de beaux objets tous les jours s'augmentant,
Puisqu'en âge si bas leur nombre vous étonne
14 Comme y fournirez-vous quand il aura vingt ans ?

POUR MONSEIGNEUR
LE COMTE DE SOISSONS

Ne délibérons plus : allons droit à la mort :
La tristesse m'appelle à ce dernier effort,

Et l'honneur m'y convie :
Je n'ai que trop gémi :
Si parmi tant d'ennuis j'aime encore ma vie,
6   Je suis mon ennemi.

Ô beaux yeux, beaux objets de gloire et de grandeur,
Vives sources de flamme, où j'ai pris une ardeur
   Qui toute autre surmonte :
   Puis-je souffrir assez,
Pour expier le crime, et réparer la honte
12   De vous avoir laissés ?

Quelqu'un dira pour moi que je fais mon devoir :
Et que les volontés d'un absolu pouvoir
   Sont de justes contraintes :
   Mais à quelle autre loi
Doit un parfait amant des respects et des craintes,
18   Qu'à celle de sa foi ?

Quand le Ciel offrirait à mes jeunes désirs
Les plus rares trésors, et les plus grands plaisirs
   Dont sa richesse abonde :
   Que saurais-je espérer
À quoi votre présence, ô merveille du monde,
24   Ne soit à préférer ?

On parle de l'Enfer, et des maux éternels
Baillés pour châtiment à ces grands criminels
   Dont les fables sont pleines :
   Mais ce qu'ils souffrent tous
Le souffré-je pas seul en la moindre des peines
30   D'être éloigné de vous ?

J'ai beau par la raison exhorter mon amour
De vouloir réserver à l'aise du retour
   Quelque reste de larmes :
   Misérable qu'il est,
Contenter sa douleur, et lui donner des armes
36   C'est tout ce qui lui plaît.

Non, non, laissons-nous vaincre après tant de
Allons épouvanter les ombres de là-bas   [combats :
              De mon visage blême :
              Et sans nous consoler,
Mettons fin à des jours que la Parque elle-même
42   A pitié de filer.

Je connais Charigène, et n'ose désirer
Qu'elle ait un sentiment qui la fasse pleurer
              Dessus ma sépulture :
              Mais cela m'arrivant
Quelle serait ma gloire ? et pour quelle aventure
48   Voudrais-je être vivant ?

À MONSEIGNEUR
LE CARDINAL DE RICHELIEU

À ce coup nos frayeurs n'auront plus de raison,
Grande âme aux grands travaux sans repos adonnée :
Puisque par vos conseils la France est gouvernée[1]
4 Tout ce qui la travaille aura sa guérison.

Tel que fut rajeuni le vieil âge d'Éson,
Telle cette princesse en vos mains résinée[2]
Vaincra de ses destins la rigueur obstinée,
8 Et reprendra le teint de sa verte saison.

Le bon sens de mon roi m'a toujours fait prédire
Que les fruits de la paix combleraient son empire
11 Et comme un demi-dieu le feraient adorer :

Mais voyant que le vôtre aujourd'hui le seconde,
Je ne lui promets pas ce qu'il doit espérer,
14 Si je ne lui promets la conquête du monde.

Ode

Grand et grand prince de l'Église,
Richelieu, jusques à la mort,
Quelque chemin que l'homme élise,
Il est à la merci du sort :
5 Nos jours filés de toutes soies
Ont des ennuis comme des joies :
Et de ce mélange divers
Se composent nos destinées,
Comme on voit le cours des années
10 Composé d'étés et d'hivers.

Tantôt une molle bonace
Nous laisse jouer sur les flots :
Tantôt un péril nous menace,
Plus grand que l'art des matelots :
15 Et cette sagesse profonde,
Qui donne aux fortunes du monde
Leur fatale nécessité
N'a fait loi qui moins se révoque
Que celle du flux réciproque
20 De l'heur et de l'adversité.

POUR MONSEIGNEUR
LE CARDINAL DE RICHELIEU

Sonnet

PEUPLES, ça de l'encens ; peuples, ça des victimes,
À ce grand CARDINAL, grand chef-d'œuvre des cieux,
Qui n'a but que la gloire, et n'est ambitieux
4 Que de faire mourir l'insolence des crimes.

À quoi sont employés tant de soins magnanimes
Où son esprit travaille, et fait veiller ses yeux,
Qu'à tromper les complots de nos séditieux[1],
8 Et soumettre leur rage aux pouvoirs légitimes ?

Le mérite d'un homme, ou savant, ou guerrier,
Trouve sa récompense aux chapeaux[2] de laurier,
11 Dont la vanité grecque a donné les exemples ;

Le sien, je l'ose dire, est si grand et si haut,
Que si comme nos dieux il n'a place en nos temples,
14 Tout ce qu'on lui peut faire est moins qu'il ne lui faut.

POUR LE ROI

allant châtier la rébellion des Rochelois,
et chasser les Anglais,
qui en leur faveur étaient descendus en l'île de Ré

Ode

Donc un nouveau labeur à tes armes s'apprête :
Prends ta foudre, LOUIS, et va comme un lion
Donner le dernier coup à la dernière tête
4   De la rébellion.

Fais choir en sacrifice au démon de la France
Les fronts trop élevés de ces âmes d'enfer :
Et n'épargne contre eux pour notre délivrance
8   Ni le feu ni le fer.

Assez de leurs complots l'infidèle malice
A nourri le désordre et la sédition.
Quitte le nom de JUSTE, ou fais voir ta Justice
12   En leur punition.

197

Le centième décembre a les plaines ternies[1],
Et le centième avril les a peintes de fleurs :
Depuis que parmi nous leurs brutales manies
16   Ne causent que des pleurs.

Dans toutes les fureurs des siècles de tes pères
Les monstres les plus noirs firent-ils jamais rien,
Que l'inhumanité de ces cœurs de vipères
20   Ne renouvelle au tien ?

Par qui sont aujourd'hui tant de villes désertes ?
Tant de grands bâtiments en masures changés ?
Et de tant de chardons les campagnes couvertes
24   Que par ces enragés ?

Les sceptres devant eux n'ont point de privilèges :
Les immortels eux-mêmes en sont persécutés :
Et c'est aux plus saints lieux que leurs mains sacrilèges
28   Font plus d'impiétés.

Marche, va les détruire : éteinds-en la semence :
Et suis jusqu'à leur fin ton courroux généreux,
Sans jamais écouter ni pitié ni clémence
32   Qui te parle pour eux.

Ils ont beau vers le Ciel leurs murailles accroître :
Beau d'un soin assidu travailler à leurs forts :
Et creuser leurs fossés jusqu'à faire paroître
36   Le jour entre les morts.

Laisse-les espérer, laisse-les entreprendre :
Il suffit que ta cause est la cause de DIEU :
Et qu'avecque ton bras elle a pour la défendre
40   Les soins de Richelieu.

Richelieu ce prélat, de qui toute l'envie
Est de voir ta grandeur aux Indes se borner :
Et qui visiblement ne fait cas de sa vie
44   Que pour te la donner.

Rien que ton intérêt n'occupe sa pensée :
Nuls divertissements ne l'appellent ailleurs :
Et de quelques bons yeux qu'on ait vanté Lyncée[2],
48   Il en a de meilleurs.

Son âme toute grande est une âme hardie,
Qui pratique si bien l'art de nous secourir,
Que pourvu qu'il soit cru, nous n'avons maladie,
52   Qu'il ne sache guérir.

Le Ciel qui doit le bien selon qu'on le mérite,
Si de ce grand oracle il ne t'eût assisté,
Par un autre présent n'eût jamais été quitte
56   Envers ta piété.

Va, ne diffère plus tes bonnes destinées :
Mon Apollon t'assure, et t'engage sa foi,
Qu'employant ce Tiphys, Syrtes et Cyanées
60   Seront havres pour toi[3].

Certes, ou je me trompe, où déjà la victoire,
Qui son plus grand honneur de tes palmes attend,
Est aux bords de Charente en son habit de gloire
64   Pour te rendre content.

Je la vois qui t'appelle, et qui semble te dire :
Roi, le plus grand des rois, et qui m'es le plus cher,
Si tu veux que je t'aide à sauver ton empire,
68   Il est temps de marcher.

Que sa façon est brave, et sa mine assurée !
Qu'elle a fait richement son armure étoffer !
Et qu'il se connaît bien à la voir si parée
72   Que tu vas triompher !

Telle en ce grand assaut, où des fils de la Terre
La rage ambitieuse à leur honte parut,
Elle sauva le Ciel, et rua[4] le tonnerre
76   Dont Briare[5] mourut.

Déjà de tous côtés s'avançaient les approches[6] :
Ici courait Mimas ; là Typhon se battait ;
Et là suait Euryte à détacher les roches
₈₀   Qu'Encelade jetait[7].

À peine cette Vierge[8] eut l'affaire embrassée,
Qu'aussitôt Jupiter en son trône remis,
Vit selon son désir la tempête cessée,
₈₄   Et n'eût plus d'ennemis.

Ces colosses d'orgueil furent tous mis en poudre,
Et tous couverts des monts qu'ils avaient arrachés :
Phlègre[9] qui les reçut, put encore la foudre
₈₈   Dont ils furent touchés.

L'exemple de leur race à jamais abolie
Devait sous ta merci tes rebelles ployer :
Mais serait-ce raison qu'une même folie
₉₂   N'eût pas même loyer ?

Déjà l'étonnement leur fait la couleur blême :
Et ce lâche voisin[10] qu'ils sont allé querir,
Misérable qu'il est, se condamne lui-même
₉₆   À fuir ou mourir.

Sa faute le remord[11] : Mégère le regarde :
Et lui porte l'esprit à ce vrai sentiment,
Que d'une injuste offense il aura, quoi qu'il tarde,
₁₀₀   Le juste châtiment.

Bien semble être la mer une barre assez forte
Pour nous ôter l'espoir qu'il puisse être battu[12] :
Mais est-il rien de clos dont ne t'ouvre la porte
₁₀₄   Ton heur et ta vertu ?

Neptune importuné de ses voiles infâmes,
Comme tu paraîtras au passage des flots,
Voudra que ses tritons mettent la main aux rames,
₁₀₈   Et soient tes matelots.

Là rendront tes guerriers tant de sortes de preuves,
Et d'une telle ardeur pousseront leurs efforts,
Que le sang étranger fera monter nos fleuves
₁₁₂   Au-dessus de leurs bords.

Par cet exploit fatal[13] en tous lieux va renaître
La bonne opinion des courages françois :
Et le monde croira, s'il doit avoir un maître,
₁₁₆   Qu'il faut que tu le sois.

Ô que pour avoir part en si belle aventure
Je me souhaiterais la fortune d'Éson[14],
Qui, vieil comme je suis, revint contre Nature
₁₂₀   En sa jeune saison !

De quel péril extrême est la guerre suivie,
Où je ne fisse voir que tout l'or du Levant
N'a rien que je compare aux honneurs d'une vie
₁₂₄   Perdue en te servant ?

Toutes les autres morts n'ont mérite ni marque :
Celle-ci porte seule un éclat radieux
Qui fait revivre l'homme, et le met de la barque
₁₂₈   À la table des dieux[15].

Mais quoi ? tous les pensers dont les âmes bien nées
Excitent leur valeur, et flattent leur devoir,
Que sont-ce que regrets, quand le nombre d'années
₁₃₂   Leur ôte le pouvoir ?

Ceux à qui la chaleur ne bout plus dans les veines
En vain dans les combats ont des soins diligents :
Mars est comme l'amour : ses travaux et ses peines
₁₃₆   Veulent de jeunes gens[16].

Je suis vaincu du temps : je cède à ses outrages :
Mon esprit seulement exempt de sa rigueur,
A de quoi témoigner en ses derniers ouvrages
₁₄₀   Sa première vigueur.

Les puissantes faveurs dont Parnasse m'honore,
Non loin de mon berceau commencèrent leur cours :
Je les possédai jeune ; et les possède encore
144   À la fin de mes jours.

Ce que j'en ai reçu, je veux te le produire :
Tu verras mon adresse ; et ton front cette fois
Sera ceint de rayons qu'on ne vit jamais luire
148   Sur la tête des rois.

Soit que de tes lauriers ma lyre s'entretienne,
Soit que de tes bontés je la fasse parler :
Quel rival assez vain prétendra que la sienne
152   Ait de quoi m'égaler ?

Le fameux Amphion[17], dont la voix nonpareille,
Bâtissant une ville étonna l'univers,
Quelque bruit qu'il ait eu, n'a point fait de merveille
156   Que ne fassent mes vers.

Par eux de tes beaux faits la terre sera pleine :
Et les peuples du Nil, qui les auront ouïs,
Donneront de l'encens, comme ceux de la Seine,
160   Aux autels de LOUIS.

Enfin mon ROI les a mis bas
Ces murs qui de tant de combats
Furent les tragiques matières.

La Rochelle est en poudre : et ses champs désertés
N'ont face que de cimetières,
Où gisent les titans qui les ont habités.

CONSOLATION
À MONSIEUR LE PREMIER PRÉSIDENT,
SUR LA MORT DE MADAME SA FEMME

Ode

Sacré ministre de Thémis,
VERDUN, en qui le Ciel a mis
Une sagesse non commune ;
Sera-ce pour jamais que ton cœur abattu
Laissera sous une infortune
6 Au mépris de ta gloire accabler ta vertu ?

Toi de qui les avis prudents
En toute sorte d'accidents
Sont loués même de l'envie,
Perdras-tu la raison, jusqu'à te figurer
Que les morts reviennent en vie,
12 Et qu'on leur rende l'âme à force de pleurer ?

Tel qu'au soir on voit le Soleil
Se jeter aux bras du sommeil,
Tel au matin il sort de l'onde :
Les affaires de l'homme ont un autre destin ;
Après qu'il est parti du monde,
18 La nuit qui lui survient n'a jamais de matin.

Jupiter ami des mortels
Ne rejette de ses autels
Ni requêtes ni sacrifices :
Il reçoit en ses bras ceux qu'il a menacés ;
Et qui s'est nettoyé de vices
24 Ne lui fait point de vœux qui ne soient exaucés.

Neptune en la fureur des flots
Invoqué par les matelots
Remet l'espoir en leurs courages :
Et ce pouvoir si grand dont il est renommé

N'est connu que par les naufrages
30 Dont il a garanti ceux qui l'ont réclamé.

Pluton est seul entre les dieux
Dénué d'oreilles et d'yeux
À quiconque le sollicite :
Il dévore sa proie aussitôt qu'il la prend :
Et quoi qu'on lise d'Hippolyte[1],
36 Ce qu'une fois il tient jamais il ne le rend.

S'il était vrai que la pitié
De voir un excès d'amitié
Lui fit faire ce qu'on désire :
Qui devait le fléchir avec plus de couleur,
Que ce fameux joueur de lyre,
42 Qui fut jusqu'aux Enfers lui montrer sa douleur ?

Cependant il eut beau chanter,
Beau prier, presser, et flatter,
Il s'en revint sans Eurydice :
Et la vaine faveur dont il fut obligé
Fut une si noire malice
48 Qu'un absolu refus l'aurait moins affligé.

Mais quand tu pourrais obtenir
Que la Mort laissât revenir
Celle dont tu pleures l'absence ;
La voudrais-tu remettre en un siècle effronté,
Qui plein d'une extrême licence
54 Ne ferait que troubler son extrême bonté ?

Que voyons-nous que des titans,
De bras et de jambes luttant
Contre les pouvoirs légitimes ?
Infâmes rejetons de ces audacieux,
Qui dédaignant les petits crimes,
60 Pour en faire un illustre attaquèrent les cieux ?

Quelle horreur de flamme et de fer
N'est éparse comme en Enfer
Aux plus beaux lieux de cet empire ?
Et les moins travaillés des injures du sort
Peuvent-ils pas justement dire
66 Qu'un homme dans la tombe est un navire au port[2] ?

Crois-moi, ton deuil a trop duré :
Tes plaintes ont trop murmuré :
Chasse l'ennui qui te possède :
Sans t'irriter en vain contre une adversité,
Que tu sais bien qui n'a remède
72 Autre que d'obéir à la nécessité.

Rends à ton âme le repos
Qu'elle s'ôte mal à propos,
Jusqu'à te dégoûter de vivre :
Et si tu n'as l'amour que chacun a pour soi,
Aime ton prince, et le délivre
78 Du regret qu'il aura s'il est privé de toi.

Quelque jour ce jeune lion
Choquera la rébellion,
En sorte qu'il en sera maître :
Mais quiconque voit clair ne connaît-il pas bien
Que pour l'empêcher de renaître
84 Il faut que ton labeur accompagne le sien ?

La Justice le glaive en main
Est un pouvoir autre qu'humain
Contre les révoltes civiles :
Elle seule fait l'ordre : et les sceptres des rois
N'ont que des pompes inutiles,
90 S'ils ne sont appuyés de la force des lois.

Sonnet

Que mon fils ait perdu sa dépouille mortelle,
Ce fils qui fut si brave, et que j'aimai si fort[1] :
Je ne l'impute point à l'injure du sort,
4 Puisque finir à l'homme est chose naturelle.

Mais que de deux marauds[2] la surprise infidèle
Ait terminé ses jours d'une tragique mort,
En cela ma douleur n'a point de réconfort :
8 Et tous mes sentiments sont d'accord avec elle.

Ô mon Dieu, mon Sauveur, puisque par la raison
Le trouble de mon âme étant sans guérison,
11 Le vœu de la vengeance est un vœu légitime :

Fais que de ton appui je sois fortifié :
Ta justice t'en prie ; et les auteurs du crime
14 Sont fils de ces bourreaux qui t'ont crucifié[3].

POÉSIES LIBRES

Sonnet

Çà, çà pour le dessert troussez-moi votre cotte,
Vite, chemise et tout, qu'il n'y demeure rien
Qui me puisse empêcher de reconnaître bien
4 Du plus haut du nombril jusqu'au bas de la motte.

Voyons ce traquenard qui se pique sans botte,
Et me laissez à part tout ce grave maintien,
Suis-je pas votre cœur, êtes-vous pas le mien,
8 C'est bien avec[que] moi qu'il faut faire la sotte.

— Mon cœur, il est bien vrai, mais vous en prenez
Remettez-vous au pas et quittez ce galop,   [trop,
11 — Ma belle, laissez-moi, c'est à vous de vous taire.

— Ma foi vous vous gâtez en sortant du repas,
— Belle vous dites vrai, mais se pourrait-il faire
14 De voir un si beau c.. et ne le f..tre pas ?

Sonnet

J'avais passé quinze ans les premiers de ma vie,
Sans avoir jamais su quel était cet effort,
Où le branle du c.. fait que l'âme s'endort,
4 Quand l'homme a dans un c.. son ardeur assouvie.

Ce n'était pas pourtant qu'une éternelle envie,
Ne me fît désirer une si douce mort.
Mais le v.. que j'avais n'était pas assez fort,
8 Pour rendre comme il faut une dame servie.

J'ai travaillé depuis et de jour et de nuit,
À regagner ma perte, et le temps qui s'enfuit,
11 Mais déjà l'Occident menace mes journées,

Ô Dieu je vous appelle, aidez à ma vertu,
Pour un acte si doux allongez mes années,
14 Ou me rendez le temps que je n'ai pas f..tu.

Sonnet

Sitôt que le sommeil au matin m'a quitté,
Le premier souvenir est du c.. de Nérée,
De qui la motte ferme et la barbe dorée,
4 Égale ma fortune à l'immortalité.

Mon v.., dont le plaisir est la félicité,
S'allonge incontinent à si douce curée,
Et d'une échine roide au combat préparée,
8 Montre que sa colère est à l'extrémité.

La douleur que j'en ai m'ôte la patience,
Car de me le mener c'est cas de conscience,
11 Ne me le mener point ce sont mille trépas.

Je le pense flatter afin qu'il se contienne,
Mais en l'entretenant je ne m'aperçois pas,
14 Qu'il me crache en la main sa fureur et la mienne.

Sonnet

C'est un étrange cas qu'en ce monde qui passe,
Comme on voit les torrents qui s'écoulent en bas,
Si l'homme a du plaisir, il ne lui dure pas,
4 Et tout incontinent la Nature s'en lasse.

Vous me confesserez que le f..tre surpasse
Tout ce qu'on peut sentir d'agréables appas,
Même ce qui se boit au céleste repas,
8 Comme fait un haut mont une campagne basse.

Toutefois, remarquez, f..tons et ref..tons ;
Puis, étant délassés, aussitôt remontons,
11 Tant que la seule mort nous en ôte l'envie :

Si nous voulons ranger tous nos coups bout à bout,
Quand nous aurions f..tu quinze lustres de vie,
14 Nous n'aurions pas f..tu six semaines en tout.

Sonnet

« Multipliez le monde en votre accouplement »,
Dit la voix éternelle à notre premier père,
Et lui, tout aussitôt, désireux de le faire,
4 [Il] met sa femme bas, et la f..t vitement.

Nous, qui faisons les fous, disputons sottement
De ce Dieu tout-puissant la volonté si claire,

Par une opinion ouvertement contraire
8 Nous-mêmes nous privant de ce contentement.

Pauvres ! qu'attendons-nous d'une bonté si grande ?
Ne fait-il pas assez, puisqu'il nous le commande ?
11 Faut-il qu'il nous assigne et le temps et le lieu ?

Il n'a pas dit, F..tez ; mais, grossiers que nous sommes !
Multiplier le monde en langage de Dieu,
14 Qu'est-ce, si ce n'est f..tre en langage des hommes ?

Quatrain

Médisant cesse de parler
Des grimaces de la guenuche :
Tu voudrais bien pour l'enfiler
Avoir trois mois la coqueluche.

PIÈCES ATTRIBUÉES

INSCRIPTION D'UNE FONTAINE,
PAR MALHERBE

Je pense, ô luisante et belle eau
Que jadis les Grâces dansèrent
Dessus ton bord, et y laissèrent
Tout ce qu'on y voit de plus beau

ODE À MONSIEUR DE LA GARDE
ET DE LA MOTTE, GENTILHOMME PROVENÇAL,
SUR SON « HISTOIRE SAINTE »

La Garde tes doctes écrits,
Montrent le soin que tu as pris,
À savoir toutes belles choses :
Et ta prestance et tes discours,
Étalent un heureux concours,
De toutes les grâces écloses.

Davantage, tes actions
Captivent les affections
Des cœurs, des yeux et des oreilles :

Forçant les personnes d'honneur,
De te souhaiter tout bonheur,
12 Pour tes qualités nonpareilles.

Tu sais bien que je suis de ceux,
Qui ne sont jamais paresseux,
À louer les vertus des hommes :
Et dans Paris en mes vieux ans,
Je passe en ce devoir mon temps,
18 Au malheureux siècle où nous sommes.

Mais, las ! la perte de mon fils,
Ses assassins d'orgueil bouffis,
Ont toute ma vigueur ravie.
L'ingratitude, et peu de soin,
Que montrent les grands au besoin,
24 De douleur accablent ma vie.

Je ne désiste pas pourtant,
D'être dans moi-même content,
D'avoir bien vécu dans le monde :
Prisé (quoique vieil abattu)
Des gens de bien et de vertu,
30 Et voilà le bien qui m'abonde.

Nos jours passent comme le vent ;
Les plaisirs nous vont décevant ;
Et toutes les faveurs humaines,
Sont hémérocalles[1] d'un jour.
Grandeurs, richesses, et l'amour
36 Sont fleurs périssables, et vaines.

Nous avons tant perdu d'amis
Et de biens par le sort transmis,
Au pouvoir de nos adversaires :
Néanmoins nous voyons du port
D'autrui le débris et la mort,
42 En nous éloignant des corsaires.

Ainsi puissions-nous voir longtemps
Nos esprits libres et contents,
Sous l'influence d'un bon astre ;
Que vive ou meure qui voudra,
La constance nous résoudra,
48 Contre l'effort de tout désastre.

Le soldat remis par son chef,
Pour se garantir de mechef,
En état de faire sa garde,
N'oserait pas en déloger,
Sans congé, pour se soulager,
54 Nonobstant que trop il lui tarde.

Car s'il procédait autrement,
Il serait puni promptement
Aux dépens de sa propre vie.
Le parfait chrétien tout ainsi,
Créé pour obéir ici,
60 Y tient sa fortune asservie.

Il ne doit pas quitter le lieu
Ordonné par la loi de Dieu,
Car l'âme qui lui est commise,
Félonne, ne doit pas fuir,
Pour sa damnation n'encourir,
66 Et n'être en l'Érèbe remise.

Désolé je tiens ce propos,
Voyant approcher Atropos,
Pour couper le nœud de ma trame ;
Et ne puis, ni veux l'éviter,
Moins aussi la précipiter,
72 Car Dieu seul commande en mon âme.

Non Malherbe n'est pas de ceux
Que l'esprit d'enfer a déçus[2],
Pour acquérir la renommée,
De s'être affranchis de prison,

Par une lame, ou par poison,
78 Ou par une rage animée.

Au seul point que Dieu prescrira,
Mon âme du corps partira,
Sans contrainte ni violence.
De l'Enfer les tentations,
Ni toutes mes afflictions,
84 Ne forceront point ma constance.

Mais La Garde ! voyez comment
On se divague doucement !
Et comme notre esprit agrée
De s'entretenir près et loin,
Encor qu'il n'en soit pas besoin,
90 Avec l'objet qui le recrée !

J'avais mis ma plume en la main,
Avec l'honorable dessein,
De louer votre sainte histoire ;
Mais l'amitié que je vous dois,
Par-delà ce que je voulais,
96 A fait débaucher ma mémoire.

Vous m'étiez présent en l'esprit,
En voulant tracer cet écrit,
Et me semblait vous voir paraître
Brave et galant en cette cour,
Où les plus huppés à leur tour,
102 Tâchaient de vous voir, et connaître.

Mais ores à moi revenu,
Comme d'un doux songe advenu
Qui tous nos sentiments cajole,
Je veux vous dire franchement,
Et de ma façon, librement,
108 Que votre histoire est une école.

Pour moi ! en ce que j'en ai vu
J'assure qu'elle aura l'aveu
De tout excellent personnage.
Et puisque Malherbe le dit !
Cela sera sans contredit,
114 Car c'est un très juste présage.

Toute la France sait fort bien
Que je n'estime ou reprends rien
Que par raison et par bon titre.
Et que les doctes de mon temps,
Ont toujours été très contents
120 De m'élire pour leur arbitre.

La Garde vous m'en croirez donc ;
Que si gentilhomme fut onc
Digne d'éternelle mémoire ;
Par vos vertus vous le serez :
Et votre los rehausserez
126 Par votre docte, et sainte histoire.

VERS DE MALHERBE À MADAME LA COMTESSE
SUR LA MORT DE SA FILLE

Stances

Déchargez votre cœur, pleurez grande princesse,
Et purgez par vos pleurs l'excès de la tristesse
       Qui vous vient de saisir,
De peur que votre mal ne vous force de suivre
Cet ange qui s'envole et que votre désir
6   Ne peut faire revivre.

Qu'au gré de votre cœur votre bouche soupire,
Votre douleur est juste, il faut bien qu'elle tire
       Des larmes de vos yeux,

Comment n'auriez-vous pas de mortelles atteintes !
Pour de moindres sujets on a bien vu les dieux
12   S'abandonner aux plaintes.

L'aurore qu'en attraits vous voyez si féconde,
Toute reine qu'elle est de la clarté du monde,
      Est sujette aux ennuis.
Cette divinité trop sensible à la perte
De son unique enfant, pleure toutes les nuits,
18   D'un grand voile couverte.

Mais on voit au matin sa douleur apaisée
Sitôt qu'elle a baigné de sa douce rosée
      Son visage vermeil,
Avec un œil riant elle reprend ses charmes,
Et relâchant son deuil permet que le soleil
24   Vienne essuyer ses larmes.

Souffrez en l'imitant qu'une reine adorable,
Comme un autre soleil aux mortels favorable,
      Mette fin à vos pleurs :
En votre guérison gît le salut des autres,
Voyez que nos ennuis viennent de ses douleurs
30   Qui procèdent des vôtres.

Voyez le fils répondre aux larmes de la mère,
Leurs cœurs dedans l'excès d'une douleur amère
      Sont presque ensevelis,
Ce généreux monarque au deuil qui l'environne
Ne se peut consoler de voir un si beau lis
36   Tombé de sa couronne.

C'est assez soupiré, cessez, belle princesse,
Puisque dans votre deuil tout l'État s'intéresse,
      Modérez votre ennui,
Montrez aux yeux de tous un excès de constance,
N'ayez plus d'autres soins que de rendre aujourd'hui
42   Le repos à la France.

Épigramme

Au-dedans ce n'est qu'artifice
Ce n'est qu'artifice au-dehors
Ôtez-lui le fard et le vice
Vous lui ôtez l'âme et le corps.

DOSSIER

CHRONOLOGIE

1555 Date probable de la naissance de François de Malherbe, à Caen ou sur la paroisse d'Arry, voisine de Caen. Il est fils de François de Malherbe, seigneur d'Igny, et de Louise Le Valloys.
Pour ses études, il est en pension à Caen, chez les Philippes, libraires de l'Université ; puis un an à Paris avec son cousin Mondreville ; puis de nouveau à Caen chez Varin ; puis un an sous un précepteur nommé Lamy ; puis sous un autre précepteur, Richard Dinoth, environ six ou sept mois, à Caen.

1571 Il part pour l'Allemagne avec Dinoth et il y reste deux ans. Il s'inscrit à l'université de Bâle (1571), puis à celle d'Heidelberg (1573). Il revient ensuite à Caen.

1575 *27 mai* : Mort de Geneviève Rouxel.

1576 *Août* : Il quitte Caen et vient chercher fortune à Paris.

1577 Il est engagé comme secrétaire par Henri d'Angoulême, bâtard d'Henri II et Grand Prieur de France. Le prince ayant été envoyé en Provence, Malherbe quitte Paris à sa suite.

1578 *Mars* : Henri d'Angoulême est nommé général des galères. Il s'installe à Marseille. Malherbe reste à son service.

1579 Le Grand Prieur est nommé gouverneur et lieutenant général du roi en Provence, et s'installe à Aix.

1581 *Ier octobre* : Malherbe signe son contrat de mariage avec Madeleine de Carriolis, fille du président de Carriolis.

1585 *21 juillet* : Naissance à Aix d'Henri, fils aîné de Malherbe. Au cours de cette année, Malherbe donne une pièce liminaire à un poème de Jacques Perrache, de la maison du Grand Prieur.

1586 Malherbe quitte la Provence. Il est de retour à Caen en avril, après dix ans d'absence. Sa femme le rejoint avant la fin de juin, car, le 22 juin, tous deux passent un acte devant un notaire de Caen, pour charger Me Vincent Boyer, conseiller du roi à Aix, et Sébastien Duloup, d'être leurs procureurs généraux à cette fin

de recouvrer des sommes qui leur sont dues en Provence. Ils vont loger, à leurs frais, chez la cousine de Mondreville.
2 juin : Le Grand Prieur est assassiné à Aix.

1587   Malherbe est à Paris au mois de mars. Il présente à Henri III ses *Larmes de saint Pierre*. Il en est remercié par une gratification de 500 écus, mais non pas par un emploi ou un bénéfice.
28 octobre : Mort d'Henri, fils aîné de Malherbe.

1588   *Août* : Malherbe rentre à Caen, à la suite d'une absence, le jour même où meurt son beau-frère, M. de Coulombiers-Guerville, mari de sa sœur Louise.

1589   Un fils de Malherbe, François, meurt à la fin de l'année.

1591   *22 septembre* : Naissance de Jourdaine, fille de Malherbe.

1593   *2 février* : Baptême de Marguerite Du Périer, fille de François Du Périer, ami de Malherbe.
La femme de Malherbe retourne en Provence.

1594   *23 février* : Malherbe est élu gouverneur-échevin de Caen.

1595   *Mars* : Malherbe part pour la Provence et y retrouve sa femme.

1596   *Nuit du 16 au 17 février* : Pierre de Libertat ouvre aux troupes royales une porte de Marseille.
Le conseiller Guillaume Du Vair, du parlement de Paris, est nommé président d'une chambre de justice en Provence.

1598   Dans les premiers mois de l'année, mort de Marguerite Du Périer.
Août : Malherbe retourne en Normandie. Sa petite Jourdaine continue de vivre chez ses grands-parents de Caen, en même temps que Madeleine, fille de la sœur de Malherbe, Mme de Réveillon.

1599   *23 juin* : Jourdaine meurt à Caen, dans la même semaine que sa cousine Madeleine qui vivait avec elle chez leurs grands-parents.
2 juillet : Le conseiller Guillaume Du Vair est nommé premier président du parlement de Provence.
Décembre : Malherbe quitte la Normandie et retourne en Provence.

1600   *17 novembre* : Marie de Médicis fait son entrée à Aix. Le président Du Vair lui lit une harangue, et Malherbe récite les vers qu'il a composés en son honneur.
Décembre : Le cardinal Du Perron, à Lyon, signale à Henri IV les talents supérieurs de Malherbe. Le roi, pour le moment, n'en tire aucune conclusion. Malherbe continue d'habiter Aix.
24 décembre : Naissance de Marc-Antoine de Malherbe.

1601   *27 septembre* : Naissance de Louis, fils aîné d'Henri IV.

1602   *22 novembre* : Naissance d'Élisabeth, fille d'Henri IV.

1601-1605   Malherbe, qui voulait, à la fin de 1601, s'en retourner en

Normandie, est retenu en Provence par plusieurs procès. Il travaille à des traductions de Sénèque.

1605   *25 février :* Combat de barrière à Paris. Malherbe, qui est toujours en Provence, envoie des vers pour cette fête.

Août : Malherbe prend la route de Paris. Il est dans la suite du premier président Du Vair, et son ami Peiresc est avec lui.

22 août : Le président Du Vair est reçu par le roi.

Malherbe est présenté au roi. Henri IV lui commande une ode sur la campagne qu'il est sur le point d'entreprendre.

Août-septembre : Campagne du roi en Limousin, contre les rassemblements armés provoqués par le duc de Bouillon.

20 novembre : Henri IV rentre à Paris après avoir rétabli l'ordre en Limousin. Malherbe présente son ode au roi. Celui-ci lui accorde un poste dans le service de M. de Bellegarde, Grand Écuyer. Cette situation vaut à Malherbe, outre ses gages, l'entretien d'un homme et d'un cheval. Malherbe devient, vers le même temps ou un peu plus tard, gentilhomme ordinaire de la chambre, situation qui s'ajoute à celle d'écuyer du roi.

19 décembre : Attentat de Jacques Des Isles contre Henri IV. Malherbe compose sur cet événement l'ode *Que direz-vous, races futures.*

Entre le 1er décembre 1605 et le 15 janvier 1606 : Scène qui marque la rupture entre Malherbe et Desportes.

1606   *10 février :* Naissance de Chrétienne, deuxième fille d'Henri IV.

25 février : Carrousel. Malherbe compose des vers *Aux Dames.*

Mars : Le roi marche sur Sedan, où le duc de Bouillon se soustrait visiblement à son autorité.

2 avril : Henri IV fait son entrée dans la ville.

Mai : Malherbe, qui vient de perdre son père, se met en route pour Caen, pour y régler les affaires de la succession. Le 17 juillet, il signe l'acte de partage. Pendant son séjour à Caen, il entretient une correspondance avec une dame qui est, assez probablement, la vicomtesse d'Auchy.

1er août : Malherbe est de retour à Paris.

Septembre : Il est obligé par son emploi de suivre la Cour à Fontainebleau.

5 octobre : Mort de Desportes.

Vers le 2 novembre : Malherbe est de retour à Paris.

Entre le 18 et le 22 décembre : Il présente à Henri IV l'ode qu'il vient d'écrire sur la campagne de Sedan.

1607   *16 avril :* Naissance du deuxième fils d'Henri IV.

Derniers jours de mai : Malherbe part pour Fontainebleau, où la Cour est déjà arrivée.

Début juin : Il présente deux sonnets au roi.

Début juillet : Il rentre à Paris en même temps que la Cour. Henri IV passe le mois d'août à Monceaux. À la fin du mois, il rentre à Paris.

Mi-octobre : La Cour va à Fontainebleau, mais Malherbe reste à Paris.

1608   *21 février* : Ballet dansé par le Dauphin.

25 avril : Naissance de Gaston, troisième fils d'Henri IV. La présence de Malherbe est attestée à Paris en avril, mai et juin.

30 juillet : Malherbe est à Fontainebleau. Il se prépare à suivre M. de **Bellegarde** en Bourgogne où vont se tenir les États de la province.

20 août : Malherbe est à Auxerre ; le Ier septembre à Dijon. Il y est encore le 3 octobre. Il rentre ensuite à Paris.

1609   *31 janvier* : Ballet de la reine, dansé seulement à l'Arsenal et chez la reine Marguerite. Malherbe y a contribué par les stances *Pleine de langues et de voix*. À la suite du ballet, Henri IV entretient Malherbe et lui parle de sa brusque passion pour la jeune Charlotte de Montmorency.

2 mars : Signature du contrat de fiançailles entre Henri de Bourbon, prince de Condé, et Charlotte de Montmorency, dans la galerie du Louvre.

2 avril : Ballet de Madame Élisabeth, dansé à Saint-Germain-en-Laye. Malherbe y a contribué par les vers *À la fin tant d'amants*.

17 mai : Mariage à Chantilly du prince de Condé et de Charlotte de Montmorency.

17 juin : Le prince de Condé, inquiet de l'attitude du roi, se retire à Vallery avec sa femme.

Début juillet : Le prince, avec sa femme, revient à la Cour pour le mariage du duc de Vendôme, qui a lieu le 7 juillet. Il repart aussitôt après la cérémonie et retourne à Vallery. La présence de Malherbe à Paris est attestée du 12 janvier au 23 juin.

Au début de juillet, il fait un court séjour à Fontainebleau. Il y est en particulier le 6 juillet.

19 juillet : Il est de retour à Paris. Il y reste toute l'année.

23 septembre : Condé quitte Vallery et va à Muret, près de Soissons. Il revient sans sa femme à Paris pour les couches de la reine.

25 novembre : Naissance d'Henriette, fille d'Henri IV.

Le jour même, Condé quitte Paris comme s'il allait chercher sa femme à Muret. En réalité, il a décidé de l'emmener aux Pays-Bas espagnols. Le 30 novembre, il arrive avec elle à Landrecies, en territoire espagnol.

Décembre : Le connétable de Montmorency écrit à Bruxelles pour qu'on lui rende sa fille.

1610   *28 février* : Ballet de M. le Dauphin.

18 mars : Une dépêche de l'ambassadeur d'Espagne signale qu'Henri IV, perdu d'amour pour la princesse de Condé, *llama a oras muy extraordinarias poetas*. Moins d'une semaine plus tard, les 23-25 mars, nous apprenons que Malherbe travaille à des vers que le roi lui a commandés.

13 mai : Couronnement de la reine à Saint-Denis.

14 mai : Assassinat d'Henri IV.

30 juin : Le corps d'Henri IV est transporté à Saint-Denis.

Juin : La princesse de Conty obtient de la régente, pour Malherbe, un « méchant don », comme il dit, qui serait pourtant de 10 000 écus.

16 juillet : Le prince de Condé fait à Paris une rentrée qui a toutes les allures d'une provocation en face de l'autorité royale.

Début septembre : Malherbe travaille à des vers. Il s'agit de l'ode à la reine sur les succès de sa régence.

2 septembre : Capitulation de Juliers.

10 octobre : La Cour quitte Paris pour aller couronner le roi à Reims. Les fêtes du couronnement ont lieu du 14 au 19 octobre. Malherbe reste à Paris.

Décembre : Malherbe est inscrit sur la liste des nouvelles pensions.

1611 *3 janvier :* Terrible querelle de Concini et de Bellegarde. À la fin d'avril, Malherbe est inscrit pour une pension de 400 écus.

Malherbe passe cinq ou six semaines à Fontainebleau, entre le début d'avril et le milieu de mai. Il repart pour Fontainebleau au début de juin.

Il est à Paris le 20 juillet et y reste jusqu'à la fin de l'année.

17 novembre : Mort du second fils d'Henri IV. Son troisième fils, Gaston, reçoit alors le titre de duc d'Orléans.

1612 *5-8 avril :* De grandes fêtes se déroulent sur la place Royale. Malherbe y contribue par les vers *Que Bellone et Mars.*

Peiresc arrive à Paris.

Vers le 12 juin : La pension de Malherbe est portée de 400 à 500 écus.

14 juin : Malherbe est à Fontainebleau.

Novembre : Peiresc repart pour la Provence.

3 novembre : Nicolas Le Fèvre, précepteur du petit roi, meurt. Son successeur est M. de Fleurance, ami de Malherbe.

6 novembre : La mort du prince de Galles compromet les chances d'une alliance entre les Maisons royales de France et d'Angleterre.

1613 Malherbe passe l'année à Paris.

5 janvier : Le chevalier de Guise tue, dans un prétendu duel, le baron de Luz. Les protecteurs de Malherbe sont compromis dans ce scandale.

De février à mai : Malherbe est absorbé par l'affaire de sa pension, pour se faire mettre sur l'état des pensionnés, puis pour réparer la négligence des bureaux qui l'avaient « oublié ». D'autre part, il est occupé, en mars, d'une affaire d'*avis.*

1614 *13 janvier :* Le prince de Condé quitte Paris pour marquer publiquement son désaccord avec le gouvernement de la régente. La plupart des princes l'imitent dans les semaines qui suivent.

23 janvier : Ballet des Argonautes dansé au Louvre dans un grand désordre. Malherbe n'y a pas collaboré, mais il fait le récit de la soirée dans une lettre à Peiresc.

21 février : Le manifeste du prince de Condé est remis à la régente. Le gouvernement est partagé sur la politique à suivre. Les Guises, M. de Bellegarde sont pour une action énergique contre les révoltés. En fin de compte, la régente préfère la négociation.

6 avril : Les envoyés de la régente à la conférence qui va s'ouvrir à Soissons se mettent en route.

Malherbe compose la paraphrase du psaume CXXVIII. Il la présente à Marie de Médicis les 17 ou 18 avril.

15 mai : Signature de la paix à Sainte-Menehould.

1er juin : Le chevalier de Guise est tué accidentellement au cours d'une inspection à Baux, en Provence.

15 juin : Baptême solennel de Gaston et d'Henriette de France.

5 juillet : La régente entreprend un voyage par Orléans et Tours jusqu'à la Bretagne. Malherbe reste à Paris.

16 septembre : Marie de Médicis rentre à Paris.

2 octobre : Cérémonie de la majorité du roi. Fin du gouvernement de la Régence.

27 octobre : Ouverture des États généraux à Paris. Ils se prolongent jusqu'en février 1615. La séance de clôture a lieu le 23 février.

1615 *19 mars :* Le ballet de Madame Élisabeth est dansé au Louvre avec un éclat exceptionnel, pour célébrer le mariage de la princesse avec le roi d'Espagne. Malherbe a reçu l'ordre de Leurs Majestés de collaborer avec l'organisateur de la fête. Il compose le *Récit d'un berger*.

7 juin : Malherbe présente un placet demandant l'autorisation de construire sur deux terrains du port de Toulon.

17 août : La Cour se met en route vers la frontière espagnole. Malherbe reste à Paris, alors que la princesse de Conty suit Leurs Majestés.

29 novembre : Louis XIII et Anne d'Autriche font leur entrée solennelle à Bordeaux.

Octobre-novembre : Malherbe essaie d'obtenir, grâce aux démarches de M. de Valavez, frère de Peiresc, une pension sur un évêché. Ses démarches n'aboutissent pas. Mais il est inscrit pour 1 500 livres sur la liste des pensions. Il en a touché la première moitié le 7 juillet 1615.

1616 *Janvier :* Malherbe se met en route pour la Provence, apparemment pour presser l'affaire des terrains de Toulon.

Le président Du Vair est rappelé à Paris où Villeroy se propose de le faire nommer garde des Sceaux. Malherbe, à peine arrivé en Provence, reprend donc la route de Paris à la suite du président Du Vair, et en compagnie de Peiresc (avril)

1er mai : Le chancelier de Sillery est obligé de rendre les Sceaux, et le 16 mai ils sont donnés à Du Vair.

21 juillet : Un arrêt du Conseil d'État renvoie le placet de Malherbe aux trésoriers de France pour suite à donner. Un trésorier est délégué pour examiner les terrains de Toulon et les faire expertiser. Le 22 novembre, les trésoriers de Provence donnent un avis favorable.

25 novembre : Du Vair, qui a mécontenté violemment de puissants personnages, est brutalement révoqué.

Quand il rentre du Louvre, Malherbe et Peiresc sont là avec ses intimes amis. Et le soir, ce sont eux qui restent avec le président et partagent son repas.

Cette année-là, Malherbe publie la traduction des seize premiers chapitres et d'une partie du dix-septième chapitre du livre XXXIII de Tite-Live dans la traduction des *Décades* de Tite-Live par Vigenère.

1617   *24 avril :* Concini est abattu sur l'ordre du roi. Émeute à Paris. Luynes, favori du roi, prend la direction des affaires. Du Vair est aussitôt rappelé.

30 juin : Le brevet accordant à Malherbe les terrains de Toulon est enfin signé, sur nouvelle requête de Malherbe et avis favorable du Conseil d'État en date du 20 juin.

1618   La présence de Malherbe à Paris est attestée en février et en juin.

En avril, malgré les réticences de la Cour des comptes de Provence et sur trois requêtes successives de Malherbe, les lettres patentes accordant à Malherbe les terrains de Toulon sont enfin enregistrées (6 avril).

1619   Guillaume Du Vair se retire des affaires publiques. Il est nommé évêque de Lisieux.

N'ayant pas encore obtenu satisfaction dans l'affaire de la concession de terrains à Toulon, Malherbe intente un procès aux consuls de cette ville. Ils sont déboutés de leur opposition le 15 juin 1619.

Avril : Louis XIII a quitté Paris pour soumettre les protestants de Gascogne. En juillet, l'armée royale se présente devant la petite ville de Clairac.

18 décembre : Malherbe est encore à Caen, mais annonce qu'il va rentrer à Paris avant la fin de l'année.

1620   *7 juillet :* Louis XIII quitte Paris et marche sur les rassemblements armés que Marie de Médicis a provoqués dans l'Ouest.

7 août : Ces rassemblements se dispersent après l'escarmouche des Ponts-de-Cé.

19 septembre : Louis XIII est à Bordeaux. Il descend sur Pau.

Novembre : Malherbe est toujours à Paris.

1621   *Février :* Malherbe est à Paris et publie sa traduction, complète cette fois, du livre XXXIII des *Décades* de Tite-Live. Il part pour Caen vendre sa maison de la place de la Belle-Croix. La vente est faite le 13 septembre à Jean Le Coustellier, parent et ami de Malherbe. Mais le 27 septembre, Marie Lambert, belle-sœur du poète, usant de son droit, prend l'opération à ses charge et profit. Elle verse à Malherbe les 6 000 livres du prix convenu.

22 juillet : Au cours d'une attaque contre les remparts de Clairac, M. de Termes, frère de M. de Bellegarde, est blessé. Il meurt deux jours après, le 24 juillet.

3 août : Guillaume Du Vair, qui a voulu accompagner l'armée, meurt à Tonneins.

18 août : L'armée royale investit Montauban et commence un siège difficile.

Début novembre : L'armée royale, repoussée dans ses assauts et décimée par la maladie, lève le siège de Montauban.

15 décembre : Mort du connétable de Luynes.

1622 *24 mars :* Louis XIII quitte Paris avec son armée et se dirige une nouvelle fois vers les provinces du Sud-Ouest.

1er août : L'armée royale met le siège devant Montpellier.

12 octobre : Six jours avant la conclusion de la paix, Bassompierre est promu maréchal de France.

18 octobre : La paix est conclue.

Malherbe est à Aix depuis le mois de mai. Deux jours après son arrivée, il a de graves ennuis au sujet de Marc-Antoine. Il semble que l'affaire ait été montée par Paul de Fortia, baron de Piles. Le jour de la Fête-Dieu, l'avocat général Thomassin met Marc-Antoine aux arrêts dans sa chambre, et le premier président, M. d'Oppède, prend ou laisse prendre un arrêt de prise de corps. Malherbe entreprend des démarches à Paris et obtient des inhibitions du Conseil pour ôter au parlement d'Aix la connaissance de cette affaire.

Louis XIII venant de Montpellier fait en octobre une entrée solennelle à Aix. Malherbe est chargé de composer des inscriptions pour trois arcs triomphaux élevés sur le parcours du cortège royal.

Malherbe est encore à Aix le 23 novembre.

1623 *Janvier :* Schomberg, surintendant des Finances, est chassé. Il est remplacé par La Vieuville.

Mars : Malherbe est à Paris. Il veut faire venir Marc-Antoine de Provence, mais sans succès.

Novembre : Malherbe est à Paris.

1624 *1er janvier :* Brulart est obligé de rendre les Sceaux.

Malherbe est à Paris.

Février : Pour le récompenser du sonnet *Muses, je suis confus,* le roi lui accorde une gratification de 500 écus.

Juin : Marc-Antoine tue en duel un bourgeois d'Aix nommé Raymond Audebert (ou Audibert). Le 10 octobre, une sentence du sénéchal d'Aix condamne Marc-Antoine à avoir la tête tranchée. Mais à cette date le jeune homme est hors d'atteinte. Il est réfugié en Normandie.

13 août : La Vieuville est arrêté. Richelieu devient chef du Conseil. Champigny et Marillac deviennent directeurs des Finances.

1625　*24 mars :* Buckingham arrive à Paris.

Malherbe est mal payé de sa pension et se plaint à l'Épargne.

Septembre : Malherbe est à Fontainebleau. La présence de Louis XIII, à Fontainebleau également, est attestée le 27 septembre. Le roi est à Saint-Germain-en-Laye cinq jours plus tard.

Octobre : Malherbe est à Paris.

Décembre : Il est à Chaillot.

1626　Malherbe continue à faire des démarches pour obtenir un paiement régulier de sa pension.

Juin : Il obtient des lettres de grâce pour Marc-Antoine.

13 juin : Arrestation du duc de Vendôme.

Juillet : Malherbe est à Paris. Il a affaire à Bardin, premier commis du financier Beaumarchais.

Août : Malherbe est à Paris.

19 août : Exécution de Chalais, à Nantes.

Octobre : Malherbe obtient un office de trésorier de France de nouvelle création. La grâce est accordée, et l'on n'attend que la publication de l'édit.

1627　*13 février :* Les lettres de grâce pour Marc-Antoine sont entérinées.

10 juillet : Un corps anglais commandé par Buckingham débarque dans l'île de Ré et assiège Saint-Martin-de-Ré.

13 juillet : Marc-Antoine est tué, à quatre lieues d'Aix-en-Provence, au cours d'une rencontre avec Gaspard Cauvet, baron de Bormes, et son beau-frère, Paul de Fortia, baron de Piles.

14 août : Le sénéchal d'Aix condamne à la peine de mort les meurtriers de Marc-Antoine.

24 septembre : Louis XIII quitte Paris pour rejoindre son armée devant La Rochelle. Avant son départ, Malherbe a réussi à le voir, et le roi lui a dit que les meurtriers de son fils n'auraient jamais de grâce ni d'abolition.

10 octobre : Louis XIII arrive au camp devant La Rochelle.

Novembre : Un corps français, fort de vingt mille hommes, débarque dans l'île de Ré pour couvrir Saint-Martin-de-Ré. Au cours de cette année paraissent deux volumes qui rassemblent les œuvres de Malherbe et de ses disciples, le *Recueil des plus beaux vers,* et le *Recueil de lettres nouvelles* établi par les soins de Faret.

15 décembre : Malherbe perçoit 2 000 livres pour sa pension et gratification de l'année 1627.

1628　*Janvier ou février :* Malherbe envoie au roi, et en même temps à

Richelieu, les vers qu'il vient de composer sur les opérations de La Rochelle et de l'île de Ré.

2 février : Malherbe écrit à l'archevêque d'Aix pour obtenir de lui qu'il cesse de soutenir les meurtriers de son fils.

4 février : Louis XIII quitte l'armée et prend la route de Paris. Richelieu reste au camp de La Rochelle.

14 février : Louis XIII arrive à Paris.

15 mars : Richelieu écrit à Malherbe pour le remercier de son ode.

2 avril : Malherbe voit Louis XIII et lui promet de faire des vers sur la prise prochaine de La Rochelle.

3 avril : Louis XIII reprend la route de La Rochelle.

Juillet : Malherbe quitte Paris pour gagner le camp de La Rochelle.

Une lettre du 24 septembre nous apprend que les adversaires de Malherbe ont obtenu leurs lettres de rémission et que, conformément à leurs vœux, l'affaire est portée devant le parlement de Toulouse.

Déçu, Malherbe reprend le chemin du retour. Il arrive malade à Paris. Il meurt le vendredi 6 octobre (et non pas le 16, comme le croyait encore L. Lalanne). Il est enterré le lendemain, 7 octobre, à Saint-Germain-l'Auxerrois.

NOTICES ET NOTES

PRÉSENTATION

Pour la disposition des poésies, on a choisi, parmi les différents classements possibles, celui qui permet le mieux de saisir l'intérêt de chaque pièce. On n'a pas cru possible — ni d'ailleurs utile — de s'en tenir à un ordre chronologique exact. Mais on a groupé les poésies de Malherbe par périodes, et, à l'intérieur de chaque période, on les a disposées par genre, poésies religieuses, politiques, pièces écrites pour les fêtes royales, poésies amoureuses, etc.[1].

La règle généralement observée dans cette collection est de moderniser l'orthographe. Cette règle a été suivie dans ce présent volume. L'avantage est évident, et les inconvénients ne sont qu'apparents. Car il n'est pas malaisé de faire la différence entre ce qui est du domaine de la langue, et ce qui est de pure graphie. La langue de Malherbe a été rigoureusement respectée, et c'est la graphie seule qui a été rendue moderne. Les seuls cas où une critique scrupuleuse pouvait s'inquiéter se trouvaient à la rime. Ils se sont révélés fort rares, et l'on a eu soin, comme il se doit, de respecter l'exactitude des rimes de Malherbe.

ÉTABLISSEMENT DU TEXTE DES POÉSIES

Trois sortes de traditions interviennent dans l'établissement du texte des poésies de Malherbe : les manuscrits, les recueils collectifs, les plus anciennes éditions.

1. Dans un petit nombre de cas, où toute précision de date se révélait impossible, on a placé les vers de Malherbe dans le cadre de la période où leur composition était le plus probable. On a eu soin de dire, dans la notice correspondante, le caractère hypothétique de cette disposition.

Bibliothèque nationale.

Manuscrit français 884[1] : Ce manuscrit contient quatorze pièces de Malherbe. Or, dans tous les cas où le texte permet de déterminer la date de composition, il s'agit de pièces écrites en 1606-1607 : vers pour Caliste, vers pour le carrousel de 1606. On en tirera sans imprudence des conclusions sur la date des vers *Philis qui me voit le teint blême...*, écrits pour M. de Bellegarde, et sur les quatre pièces gaillardes qui figurent dans ce manuscrit.

Manuscrit f. fr. 9535 : Ce manuscrit provient des papiers de Peiresc. Il contient un certain nombre de pièces ou de parties de pièces, toutes autographes, et toutes composées en 1607-1609.

Le *manuscrit f. fr. 9543* provient de la même origine. Il contient trois poésies de Malherbe. L'une est écrite pour le ballet de 1609, deux autres appartiennent au cycle de la princesse de Condé, dans les premiers mois de 1610.

Manuscrits f. fr. 12491, 12501 et 12502 : Ces trois recueils contiennent un nombre assez important de pièces de Malherbe, mais on y trouve à la fois des pièces anciennes et d'autres que le poète écrivit dans la dernière partie de sa vie. On notera pourtant que, sur les six pièces que reproduit le manuscrit f. fr. 12491, trois sont de 1607, une quatrième appartient au cycle de la princesse de Condé. Deux seulement sont tardives.

Manuscrit f. fr. 25560 : Ce manuscrit est un des recueils constitués par l'Estoile. Les trois pièces qu'il contient datent de 1605-1606.

Manuscrit n. acq. fr. 5168 : Ce manuscrit contient des pièces de composition nettement tardive. La plus ancienne est l'exécration contre Concini en 1617. Les autres sont de 1621, 1624 et 1624-1626.

Fonds Baluze 133 : Ce manuscrit est formé de minutes, mises au net, autographes et copies de Malherbe. Il est certain qu'il a servi à préparer l'édition de 1630. Certains signes, dans le texte des lettres, correspondent très exactement à des suppressions que cette édition a pratiquées. C'est dire l'intérêt de ce manuscrit, mais c'est avouer aussi qu'on n'en saurait rien attendre pour dater les poésies.

Bibliothèque de l'Arsenal.

Manuscrit Arsenal 4123 : Ce recueil contient cinq des poésies gaillardes de Malherbe. Il appartient à la collection des recueils de Conrart.

---

1. Ce manuscrit avait appartenu à M. de Mesmes. Il a été établi entre 1618 et 1630. En raison de son importance exceptionnelle, il a été l'objet d'un dépouillement complet par les soins de Frédéric Lachèvre dans sa *Bibliographie des recueils satiriques*, p. 472-485.

Chantilly. Musée Condé.

Manuscrit 534 : Ce manuscrit contient une quinzaine de pièces de Malherbe. Chaque fois qu'elles peuvent être datées, il apparaît qu'elles ont été écrites entre 1607 et 1609. Il se révèle même qu'elles sont placées dans l'ordre chronologique, si bien que la place d'une pièce autorise des conclusions fermes sur l'année et même sur le mois où elle a été composée.

II. LES RECUEILS COLLECTIFS

Une part importante des poésies de Malherbe — plus de la moitié — a paru dans les recueils collectifs de l'époque. Ces publications s'étendent de 1597 jusqu'à 1627 et recouvrent par conséquent l'ensemble de la vie littéraire du poète. Les principales d'entre elles doivent être considérées comme exécutées avec l'approbation de Malherbe et, en un certain sens, sous son contrôle. Il avait vraisemblablement des rapports personnels avec le sieur Despinelle et certainement avec le Provençal François de Rosset, qui travaillaient à la constitution de ce genre de recueils. Le *Nouveau recueil* de Toussaint Du Bray, en 1609, est dédié à la vicomtesse d'Auchy, et *Les Délices de la poésie française* en 1615 le sont à la protectrice de Malherbe, la princesse de Conty.

Le nombre croissant des pièces de Malherbe rassemblées dans les recueils collectifs atteste — on l'a vu dans la *Préface* — la réputation grandissante du poète. Cette évolution aboutit au *Recueil des plus beaux vers* publié par le libraire Toussaint Du Bray en 1627 (avec privilège du 2 juin 1626), qui contenait soixante-deux pièces de Malherbe, mais surtout l'*Avis du libraire au lecteur* avait soin d'avertir le public que ce volume était l'œuvre « de M. de Malherbe et de ceux qu'il avoue pour ses écoliers ».

Trois ans plus tard, alors que Malherbe était mort depuis deux ans, une autre édition du *Recueil* parut, revue et augmentée. Elle se bornait, pour Malherbe, à reproduire les pièces de l'édition de 1627.

En 1635, Boisrobert, ayant entrepris de publier, à la gloire de son maître, un volume intitulé *Le Sacrifice des Muses, au grand cardinal de Richelieu,* y plaça le sonnet de Malherbe : *Peuples, ça, de l'encens...,* qui n'avait pas encore été imprimé.

En 1645 parut un recueil d'épitaphes, l'*Hortus epitaphiorum*. Il contient plusieurs pièces de Malherbe, déjà publiées pour la plupart, mais les vers sur la sœur de Guillaume Colletet étaient alors encore inédits.

À ces volumes, on joindra quelques recueils de poésies gaillardes, *Le Cabinet satirique* de 1618 et de 1623, *Les Délices satiriques* de 1620, les *Satires et autres œuvres folâtres du sieur Régnier,* 1616-1621.

Diverses poésies nouvelles données à R[aphaël] D[u] P[etitval] par ses amis. Revues, corrigées et augmentées de nouveau. À Rouen, 1597, in-12.

Une pièce (*Victoire de la constance*).

Recueil de plusieurs diverses poésies, tant de M. Du Perron que des sieurs de Bertaud, de Porchères et autres. À Paris, chez Nicolas et Pierre Bonfons, 1598, in-12.

Une pièce (*Les Larmes de saint Pierre*).

Les Fleurs des plus excellents poètes de ce temps, chez les mêmes libraires, 1599, in-12.

Une pièce (*Les Larmes de saint Pierre*).

Les Muses françaises ralliées de diverses parts, chez Mathieu Guillemot, Paris, 1599, in-12. Dédicace au comte de Soissons, par Despinelle.

Deux pièces (*Les Larmes de saint Pierre* et *Victoire de la constance*).

Seconde partie des Muses françaises ralliées, 1600.

Deux pièces nouvelles (*Consolation à Caritée* et *Beauté, mon beau souci*).

Les Muses françaises ralliées, 1603.

Six pièces, dont quatre nouvelles.

Autres éditions du même volume en 1606 et 1609.

Le Parnasse des plus excellents poètes de ce temps, chez Mathieu Guillemot, 1607, Paris, in-12. Dédicace de Despinelle au comte de Soissons.

Huit pièces, dont deux nouvelles.

Un deuxième volume paraît la même année avec cinq pièces nouvelles de Malherbe.

Les deux volumes du *Parnasse* ont été réimprimés en 1618. Ce sont de simples réimpressions. La dédicace de Despinelle, lequel est mort en 1607, est toujours là.

Nouveau recueil des plus beaux vers de ce temps, chez Toussaint Du Bray, 1609, Paris, in-8°, avec une épître dédicatoire à la vicomtesse d'Auchy.

Quinze pièces, dont douze nouvelles.

Le Temple d'Apollon ou Nouveau recueil des plus excellents vers de ce temps, chez Raphaël Du Petitval, 1611, Rouen, 2 vol.

Quatorze pièces de Malherbe, dont quatre nouvelles. Il est raisonnable de penser que Malherbe n'a pas eu de part directe à ce recueil.

Les Délices de la poésie française ou Recueil des plus beaux vers de ce temps, chez Toussaint Du Bray, Paris, 1615, in-8°, avec épître dédicatoire à Louise de Lorraine, princesse de Conty.

Trente-six pièces, dont douze nouvelles.

Les Délices de la poésie française, publiés en 1618 par Toussaint Du Bray, ne sont qu'une reprise des pièces parues dans les *Délices* de 1615, mais présentent des variantes qui semblent correspondre à des corrections d'auteur.

On a d'autant plus lieu de le croire que le recueil a été procuré par François de Rosset, ami de Malherbe, et que le titre a soin de préciser que le texte a été « corrigé de nouveau par ses auteurs ».

Le Cabinet des Muses ou Nouveau recueil des plus beaux vers de ce temps, chez David Du Petitval, Rouen, 1619, se donne ouvertement pour la suite des recueils antérieurs de Raphaël Du Petitval.

Les seize pièces de Malherbe avaient paru, quatorze dans *Le Temple d'Apollon* (1611), deux dans les *Délices* (1615).

Le Second livre des Délices de la poésie française, chez Toussaint Du Bray, Paris, 1620. Publié par les soins de J. Baudoin, dédié au marquis de Rouillac, ce recueil est presque entièrement formé de poèmes nouveaux.

Pour Malherbe, il donne douze pièces nouvelles.

Les Délices de la poésie française ou Dernier recueil des plus beaux vers de ce temps, corrigé de nouveau par ses auteurs et augmenté d'une élite de plusieurs rares pièces non encore imprimées, chez Toussaint Du Bray, Paris, 1620 ou 1621.

Pour éviter toute confusion avec le *Second livre des Délices* de 1620, on désignera constamment le *Dernier recueil* avec la date de 1621.

Quarante-neuf pièces de Malherbe, dont trois nouvelles seulement. Trente-cinq avaient paru dans les *Délices* de 1618, et dix dans le *Second livre des Délices* de 1620.

Le Séjour des Muses ou la Crème des bons vers, chez Martin de La Motte, Rouen, 1627. Mais Frédéric Lachèvre le signale en 1626 chez Daré à Rouen, et croit même que le même recueil, avec le même titre, avait paru en 1622 à Lyon.

Six pièces de Malherbe, toutes déjà publiées.

Recueil des plus beaux vers de MM. de Malherbe, Racan, Monfuron, Maynard, Boisrobert, L'Estoille, Lingendes, Touvant, Motin, Mareschal. Et autres des plus fameux esprits de la cour, chez Toussaint Du Bray, Paris, 1627, in-8°. Avec privilège du 2 juin 1626.

L'*Avis au lecteur* annonce que ces pièces sont « sorties de M. de Malherbe et de ceux qu'il avoue pour ses écoliers ». Il ajoute que « les grands esprits comme ceux-ci ne vieillissent jamais, non plus que les dieux ».

Soixante-deux pièces de Malherbe, dont treize nouvelles.

Une nouvelle édition de ce *Recueil* fut donnée par Toussaint Du Bray en 1630.

Après la mort de Malherbe :

Le Sacrifice des Muses au grand cardinal de Richelieu, chez Sébastien Cramoisy, Paris, 1635, in-4°. Recueil préparé par G. Baudoin. Privilège pris par l'abbé de Boisrobert le 23 avril 1633.

Trois pièces de Malherbe, dont une nouvelle.

Le jardin des Muses où se voient les Fleurs de plusieurs agréables poésies. Recueillies

de divers auteurs tant anciens que modernes, chez Antoine de Sommaville et Augustin Courbé, 1643, in-12.
    Cinq pièces, dont une inédite.

Hortus epitaphiorum selectorum ou Jardin d'épitaphes choisies, chez Gaspar Meturas, Paris, 1648, in-12. Volume publié par les soins de Gabriel Naudé.
    Six pièces, dont deux nouvelles.

PLAQUETTES ET FEUILLES VOLANTES

Les Larmes de saint Pierre, imitées du Tansille, chez P. Ramier, Paris, 1587, in-8°.
Les Larmes de saint Pierre, imitées du Tansille, chez Lucas Breyel, Paris, 1596, in-12.
Les Larmes de saint Pierre, chez Raphaël Du Petitval, Rouen, 1598, in-12.
Ode du sieur de Malherbe à la Reine. Pour sa bienvenue en France, chez J. Tholosan, Aix, 1601, in-8°.
Ode sur l'attentat commis en la personne de Sa Majesté, le 19 décembre 1605, s.l.n.d., in-8°.
Vers du sieur de Malherbe. À la reine, chez Adrien Beys, Paris, 1611, in-8°.
Récit d'un berger au ballet de Madame [1615], in-8°.
Récit d'un berger sur les alliances de France et d'Espagne. Fait devant Leurs Majestés au ballet de Madame [1615], in-4°.
Pour le marquis de La Vieuville, superintendant des Finances, s.l.n.d., feuille volante, in-8°.
Au roy. Sonnet, s.l.n.d., feuille volante, in-4°.
Amphion au Roi, s.l.n.d., feuille volante, in-4°.
À Monseigneur le cardinal de Richelieu. Sonnet, s.l.n.d., feuille volante, in-4°.
Pour Monseigneur. Sonnet, s.l.n.d., feuille volante, in-40.
À Monsieur de Verdun, s.l.n.d., feuille volante, in-4°.
Pour le Roi allant châtier la rébellion des Rochelois... Ode, s.l.n.d., plaquette in-8°.

LIVRETS DE BALLETS ET FÊTES ROYALES

Recueil des vers du ballet de la Reine, chez Toussaint Du Bray, 1609, in-8° (*Pleine de langues et de voix*).
Le Camp de la place Royale, 1612, in-4° (*Que Bellone... et Donc après un si long séjour...*).
Le Romant des Chevaliers de la gloire, 1612, in-4°?. Mêmes pièces.
    Réédité sous le titre de *L'Histoire du Palais de la Félicité,* 1616, in-4°.
Description du ballet de Madame, sœur aînée du roi, Lyon, 1615, in-8°.
    Contient *Houlette de Louis...*
Discours sur les arcs triomphaux, chez Jean Tholosan, Aix, 1623, in-fol.

Plusieurs poésies de Malherbe ont été mises en musique. On les trouve dans les recueils suivants :

La Fleur des chansons amoureuses, où sont compris tous les airs de cour recueillis aux cabinets des plus rares poètes de ce temps, chez Adrien de Launay, Rouen, 1600.

Le Trésor des chansons amoureuses, recueillies des plus excellents airs de cour. Premier livre, chez Rinsar, Rouen, 1606.

Airs de différents auteurs mis en tablature de luth par Gabriel Bataille. Second livre, chez Pierre Ballard, Paris, 1609.

Même titre. *Troisième livre,* même imprimeur, 1611 et 1614.

Même titre. *Quatrième livre,* même imprimeur, 1613.

Airs à quatre voix de différents auteurs, chez Pierre Ballard, 1613, 2 vol. in-4°.

Second livre d'Airs de cour, à quatre et cinq parties, par Pierre Guédron, chez Pierre Ballard, 1613, 2 vol.

Airs de différents auteurs mis en tablature de luth par Gabriel Bataille. Sixième livre, chez Pierre Ballard, 1615, in-4°.

Recueil des plus beaux airs accompagnés de chansons à danser, chez J. Mangeant, Caen, 1615.

Airs de cour et de différents auteurs, chez Pierre Ballard, Paris, 1615, in-8°.

Deuxième livre d'Airs de cour, suite du précédent, 1617.

Airs de différents auteurs. Septième livre, 1617 (suite des volumes du même titre ayant paru en 1609, 1611 et 1613).

Airs de cour à quatre et cinq parties, par Antoine Boesset, 1617.

Troisième livre d'Airs de cour à quatre et cinq parties, par Pierre Guédron, 1618 (suite du volume de 1613).

Sixième livre d'Airs de cour et de différents auteurs, 1624 (suite des volumes de 1615 et 1617).

Airs de cour avec la tablature de luth, par Antoine Boesset. Douzième livre, Paris, 1624, in-4°.

RECUEILS DES POÉSIES LIBRES

Si l'on dresse la liste des pièces parues dans les recueils satiriques et qui sont de Malherbe ou lui ont été attribuées, et si l'on exclut ensuite de cette liste celles qui ne sont pas de lui, il n'en reste qu'un petit nombre à citer. Et cette liste serait encore plus brève si l'on enlevait les pièces qui méritent à peine le nom de folâtres, mais nullement ceux de libres, ou de gaillardes, ou de satiriques.

Les Muses inconnues ou la Seille aux bourriers parues à Rouen en 1604 donnent un quatrain qui appartient de toute évidence à un ami de Guy de Tours et de Béroalde de Verville. C'est également pour ce quatrain — et à nul autre titre — que la *Quintessence satirique* de 1622 et le *Parnasse des poètes satiriques* de 1625 sont donnés pour contenir des vers de Malherbe.

D'autres recueils contiennent des vers de Malherbe, mais qui ne sont pas « satyriques ». Ce sont :

Les Muses gaillardes recueillies des plus beaux esprits de ce temps, chez Antoine Du Breuil, Paris, 1609. On y trouve seulement *Philis, qui me voit le teint blême...*

Les Satires et autres œuvres folâtres du sieur Régnier, chez Samuel Thiboust, Paris, 1616. On y trouve seulement la chanson *C'est faussement qu'on estime...*

Le Recueil des plus excellents vers satiriques de ce temps, chez Estoc, Paris, 1617, contient deux pièces. La première est un sonnet à Caliste *(Il n'est rien de si beau...)* et l'autre n'est pas de Malherbe, mais de Motin *(Jeanne, tandis que tu fus belle...).*

Il reste seulement :

Le Cabinet satirique ou Recueil parfait des vers piquants et gaillards de ce temps, tiré des secrets cabinets des sieurs de Sigognes, Régnier, Motin, Berthelot, Maynard et autres des plus signalés poètes de ce siècle, chez Estoc, Paris, 1618. Sur les trois pièces qui intéressent une édition de Malherbe, l'une n'est pas « satyrique » *(Qu'autres que vous soient désirées...),* la seconde n'est pas de lui, mais de Motin *(Jeanne, tandis que...).* La troisième seule mérite d'ête relevée. C'est un des sonnets obscènes dont l'authenticité n'est pas discutable *(Çà, çà pour le dessert...).*

Les Délices satiriques ou Suite du cabinet des vers satiriques de ce temps, chez Antoine de Sommaville, 1620.
Ce volume contient une pièce inauthentique et qui est de Motin *(Si des maux renaissants...),* une seconde également inauthentique et qui a été écrite dans le groupe de Guy de Tours et de Béroalde de Verville. Mais il donne aussi deux sonnets obscènes et authentiques, *J'avais passé quinze ans* et *Sitôt que le sommeil.*

ÉDITIONS DES POÉSIES PUBLIÉES SEULES
OU JOINTES AUX AUTRES ŒUVRES DE MALHERBE

Il serait hors de propos de donner ici une liste complète des éditions des poésies de Malherbe. On citera seulement celles qui marquent dans l'histoire de son œuvre.

Les Œuvres de François de Malherbe, chez Charles Chappelain, Paris, 1630, in-4°.
Cette édition, achevée d'imprimer le 22 décembre 1629, a été procurée par François d'Arbaud, sieur de Porchères, cousin de Malherbe. Elle n'était pas encore dans le commerce en juin 1630.
Le volume s'ouvre par un *Discours* de Godeau sur les œuvres de Malherbe. Les poésies sont divisées en six livres.

Cette édition apporte vingt-quatre poésies qui n'avaient pas figuré dans le *Recueil* de 1627.

Une seconde édition parut dès 1631 chez Chappelain. Un nombre important d'éditions suivit, chez différents éditeurs, entre 1635 et 1660. Parmi celles-ci, l'édition qui parut chez Antoine de Sommaville en 1642 contient une pièce encore inédite à cette date (*Elle était jusqu'au nombril...*).

Les Poésies de Malherbe, avec les observations de M. Ménage, chez Thomas Jolli, Paris, 1666, in-12.

Les Œuvres de François de Malherbe, avec les observations de M. Ménage et les remarques de M. Chevreau, Paris, 1722, 3 vol. in-12.

Poésies de Malherbe rangées par ordre chronologique, 1757, in-8°.

Cette édition est l'œuvre de Lefèvre de Saint-Marc. Elle repose sur un vaste collationnement des recueils.

Poésies de François Malherbe, avec un commentaire inédit par André Chénier, Paris, 1842, in-18.

Œuvres de Malherbe, recueillies et annotées par L. Lalanne, 5 vol. et un album in-8°, 1862.

Cette édition fait partie de la Collection des Grands Écrivains de la France. Les *Poésies* figurent dans le tome I. Le tome V est occupé par un Lexique de la langue de Malherbe. L'ensemble constitue un modèle d'érudition qui a inspiré les éditeurs plus récents, même s'ils ont poussé plus loin leurs recherches et abouti à des résultats nouveaux. C'est le cas des éditions suivantes, toutes extrêmement remarquables :

Les Poésies de Malherbe, par Maurice Allem et Ph. Martinon, Garnier, 1926.

Les Poésies de M. de Malherbe, par J. Lavaud, 1936, édition critique publiée dans la collection des Textes Français modernes, 2 vol. in-8°.

Malherbe. Œuvres poétiques. Texte établi par R. Fromilhague et R. Lebègue, 1968, édition critique publiée dans la Collection des Universités de France, 2 vol. in-8°.

On constatera que, pour chaque pièce de Malherbe, la notice donne la liste des recueils, plaquettes et éditions anciennes qui en fournissent le texte.

Afin d'alléger au maximum ces informations, on les a présentées sous la forme la plus brève possible. Mais cette forme, qui pourrait paraître insuffisante parfois, doit être et peut être aisément complétée si l'on se reporte aux pages sur l'*Établissement du texte*. Une rubrique *Délices* 1621 désigne les *Délices de la poésie française ou Dernier recueil des plus beaux vers de ce temps,* chez Toussaint Du Bray, en 1621. Elle ne peut désigner que ce volume.

Éditions : Ces vers, conservés dans un manuscrit de la bibliothèque de Caen, ont été publiés pour la première fois en 1872 par G.-S. Trébutien, *Les Premiers vers de François de Malherbe.* Ils l'ont été à nouveau, avec plus d'exactitude, par A. Gasté, dans *La Jeunesse de Malherbe,* 1890.

Texte adopté : 1890.

Composition : Au groupe d'humanistes qui, vers 1570, donnèrent tant d'éclat à la ville et à l'université de Caen, se mêlait une jeune fille, Geneviève Rouxel. Elle était la nièce de Jean Rouxel, illustre juriste et rénovateur de l'université. Elle était belle, élégante, lisait beaucoup, connaissait la musique. Elle affichait une répugnance invincible pour le mariage. Et voici qu'elle fut emportée, âgée de vingt-quatre ans, par une maladie foudroyante et mystérieuse. Elle mourut le 27 mai 1575. Cette mort inspira aux poètes et aux humanistes de Caen un certain nombre de pièces de vers et de textes en prose.

Parmi ces compositions figurait une pièce latine de Jacques de Cahaignes. Elle était intitulée *In repentinum obitum Ingenuae Virginis Genovefae Ruxellise.* C'était une épitaphe en douze vers. On peut la lire dans l'ouvrage déjà cité d'A. Gasté, p. 34-35. C'est cette pièce que Malherbe a traduite en dix-huit vers français.

Le thème développé par Malherbe est exactement celui de Jacques de Cahaignes. Celui-ci avait insisté sur le caractère mystérieux de cette mort :

> *Mortis causa latet, speciesque incognita morbi.*

Chacun, autour de Geneviève, en donnait une explication. Jacques de Cahaignes nous apprend la véritable : c'est que l'âme de Geneviève était trop pure, tout entière tournée vers le Ciel et vers le Christ :

> *Dum toto spirat virgo de pectore Christum,*
> *Mens rapitur coelo.*

C'est la même pensée que Malherbe développe dans ses dix-huit vers.

On attachera un prix particulier au témoignage que cette pièce nous apporte sur la langue de Malherbe à ses débuts, radicalement différente de celle qu'il allait bientôt employer.

1. *Isnel,* agile, léger, vif.
2. *Affriandé,* alléché, mis en goût.

LARMES DU SIEUR MALHERBE

Éditions : Ce texte, retrouvé par E. Roy, a été publié par lui dans les *Annales de la Faculté des lettres de Bordeaux,* 1888. Il figure dans les éditions de Malherbe publiées après cette date.

Composition : Cette pièce, qui est une élégie, a été écrite dans les mêmes circonstances que la précédente, et pour la mort de Geneviève Rouxel. L'oncle de celle-ci, l'illustre Jean Rouxel, avait écrit plusieurs pièces sur la jeune fille, un texte en prose composé un mois après la mort de sa nièce, une pièce de vers, *Ejusdæ Genovefæ Manes,* et une élégie latine, *In ejusdem Genovefæ Ruxeliæ obitum.* On en lira de longs extraits dans l'ouvrage de A. Gasté déjà cité, p. 49-51.

Ces vers vont pour l'historien de la langue un très vif intérêt. Ils révèlent à quel point les milieux humanistes de province pouvaient, en 1575, rester fidèles à des formes que la société mondaine abandonnait dès lors résolument.

Page 28.

1. Le naulage peut signifier une flotte, mais il signifie couramment le prix du transport sur un bateau ou une barque.

2. *Ce désastré malheur* ne forme pas pléonasme. Il veut dire que ce malheur est le résultat de l'action d'un *astre* défavorable.

3. Le mot *heur* veut dire *chance favorable.* Le ciel avait mis dans la vie de Geneviève toutes les chances de succès.

4. Qui se succède. Malherbe dira dans l'ode sur la prise de Marseille :

> *L'aise et l'ennui de la vie*
> *Ont leur course entresuivie*

5. Malherbe a blâmé plus tard cette expression dans Desportes.

6. Élevé et fier. Plusieurs fois employé en ce sens par Malherbe.

7. *Affaiblir,* rendre moins vif. On le trouve avec ce sens chez Amyot comme chez saint François de Sales. M. Ciureanu rappelle ces vers de l'Arioste (*Orlando furioso,* I, oct. 40, v. 5-6) :

> *Ch'avrebbe di pietra spezzato un sasso*
> *Una tigre crudel fatta clemente*

Page 29.

8. La merveille, le prodige. Un auteur avait dit que Jodelle était l'outrepasse de la tragédie.

9. Jean Rouxel disait de même :

> *Id mirum nullo tenerum tibi pectus amore*
> *Te thalami nulla conditione capi.*

10. *Se deut,* troisième personne de l'indicatif présent de *se douloir :* s'affliger, se plaindre. Il s'écrit à volonté *se deult* et *se deut.*

11. Le manuscrit est formel et il faut lire *venteuse.* J. Lavaud l'a constaté. Mais le sens de cet adjectif apparaît mal ici, et les récents éditeurs, à la suite de Ph. Martinon, préfèrent imaginer un *lapsus.* Il faudrait lire *ventreuse.* L'hypothèse est d'autant plus séduisante qu'on lit dans *Les Épithètes* de Maurice de La Porte : « Araigne... ventrue... ventreuse. »

12. Malherbe se tient très près du latin de Jean Rouxel :

> *Sordet ebur domina quod pertactante nitebat.*
> *Et squalent turpi fila canora situ.*

13. Le manuscrit donne *odireux,* qui est impossible. M. Lavaud a proposé : *odoreux,* parfaitement normal dans la poésie de la Pléiade.

14. Le manuscrit donne *est morte,* lapsus évident.

Page 30.

15. Ces deux vers correspondent à ceux-ci, de Jean Rouxel :

> *Vixerunt tecum cantus, o virgo, lyraeque,*
> *Et tecum cantus, virgo, lyraeque jacent.*

16. *Nocière* ou *nopcière,* c'est-à-dire *nuptial,* ou relatif au mariage. On dit couramment *une fête nocière, une nuit nocière,* etc.

17. Il est beau de voir Malherbe, à ses débuts, se conformant si docilement aux audaces les plus contestables de Ronsard et de Du Bartas.

18. *Meurte* signifie *myrte.* Ce n'est pas un lapsus du copiste. La forme *meurte* était alors couramment employée par de très bons auteurs.

19. Ici encore, Malherbe se tient tout près des vers de Jean Rouxel :

> *Stamina, spesque simul praecidit ferrea nostras*
> *Atropos, heu nostris insidiosa bonis.*

20. Formé de couleuvres, de serpents. Maurice de La Porte, dans son livre *Les Épithètes,* en 1580, donne pour *Crin ou crinière* les adjectifs *délié, couleuvreux, épars.*

21. *Noçage,* synonyme de *noce.* On dit *un noçage assuré, un noçage forcé.*

Page 31.

22. Il semble évident que Malherbe se souvient précisément d'un vers de l'*Orlando furioso,* chant XLIII, oct. 168, v. 5 :

> *Chiamando il ciel crudel, le stelle prave.*

23. Il s'agit de Jean Rouxel, l'illustre professeur de Caen et l'animateur de l'humanisme dans cette ville.

24. On relèvera ces *doux-plaignants vers,* si caractéristiques de la langue poétique que la Pléiade avait essayé de faire accepter.

25. C'est Vauquelin de La Fresnaye, très intimement lié au groupe humaniste de Caen. Il est alors considéré comme une gloire du Parnasse, et en 1574, Henri III vient de l'inviter à écrire un *Art poétique.* Après avoir été lieutenant général au présidial de Caen, Vauquelin avait été désigné pour la charge de président au présidial. C'est la cour du présidial que Malherbe appelle pompeusement le Sénat.

26. Le manuscrit porte *cabulin,* qui n'a aucun sens. Il faut lire naturellement *cabalin.* Malherbe pense à la fontaine d'Hippocrène, qui jaillit sous le sabot du cheval Pégase. En fait l'adjectif *cabalin* était d'un emploi courant quand il s'agissait de la fontaine d'Hippocrène. Bourgeville parle de la fontaine cabaline. Marot, Du Bellay parlent de la

fontaine cabaline, de la source cabaline, et chaque fois pour désigner la fontaine jaillie d'un coup de pied du cheval Pégase.

27. Il s'agit de Guy Le Fèvre de La Boderie, poète du petit groupe humaniste de Caen, et qui acquit, à Paris même, une véritable notoriété. Malherbe connaissait Michel Le Fanu, notable avocat de Caen, qui appartenait comme Malherbe au cercle de Jean Rouxel. Il avait un fils, Étienne Le Fanu, que Malherbe naturellement connaissait aussi. Il y a lieu de penser qu'ici c'est du père que le poète veut parler.

28. *Or* veut dire ici, fort précisément, *Et maintenant.*

29. La fleur qui prend le suc et la couleur du sang d'Adonis, c'est la rose.

Page 32.

30.*Thulle*, c'est Thulé, l'île lointaine des mers du Nord. *Bactre*, c'est la Bactriane, c'est la limite du monde vers l'Orient.

31. Muni de plumes et d'ailes. Malherbe se souvient sans doute de Ronsard, dans l'*Hymne des étoiles :*

De tant de siècles empennés...

LES LARMES DE SAINT PIERRE

Imprimés : Plaquettes, 1587, 1596, 1598 ; recueil Bonfons, 1598 ; *Académie des modernes poètes français*, 1599 ; *Fleurs des plus excellents poètes*, 1599 ; *Muses ralliées*, 1599 et 1603 ; *Cantiques du sieur de Valagre*, 1602 et 1613 ; *Larmes de saint Pierre*, 1607 ; *Parnasse*, 1607 ; *Temple d'Apollon*, 1611 ; *Cabinet des Muses*, 1619.

Texte adopté : Parnasse, 1607.

Composition : Malherbe quitta la Provence dans la première moitié de 1587, et prit la route de Paris. Il emportait dans ses papiers le poème des *Larmes de saint Pierre*. Il le présenta au roi Henri III. Il en fut remercié par une gratification de 500 écus. Ce thème des *Larmes* était alors à la mode. On avait eu des *Larmes de la Vierge*, des *Larmes de la Madeleine*, mais plus précisément le poète Luigi Tansillo avait publié *Le Lagrime di san Pietro* à Venise en 1560, et les avait rééditées, considérablement grossies, en 1585. Il voulait faire oublier, du Ciel peut-être, mais, en tout cas, de la hiérarchie catholique, un poème obscène qu'il avait écrit, *Il Vendemiatore*. Ceux qui ont étudié de près *Les Larmes de saint Pierre* et *Le Lagrime di san Pietro* ont démontré de façon décisive que Malherbe s'était inspiré exclusivement de l'édition de 1560 et de ses quarante-deux stances, et c'est ce qui explique que les stances imitées par Malherbe sont disséminées dans les chants I, II et V de l'édition définitive.

Il s'agissait d'ailleurs d'une imitation fort libre, poussée parfois jusqu'au détail, mais parfois aussi se dégageant délibérément du modèle italien. On a compté que sur soixante-dix stances du poème français, vingt et une appartiennent en propre à Malherbe.

Tel qu'il se présente, le poème des *Larmes de saint Pierre* représente excellemment un moment de l'histoire de la poésie française, une époque où la Renaissance est décidément dépassée, mais où le classicisme est encore à naître. C'est l'époque de la Contre-Réforme, avec son goût de l'emphase et de la pompe, ses affectations pathétiques, qui ne sont pas sans valeur et peuvent aboutir à d'intéressantes réussites, mais qui ne sauraient émouvoir que des hommes éblouis par la richesse des églises, la rhétorique de la peinture contemporaine, la splendeur opulente des fêtes et des cérémonies religieuses. Et s'il fallait donner un nom à ce moment de l'histoire, ce serait naturellement celui de Baroque. Le retentissement des *Larmes de saint Pierre* fut donc grand. Il n'est pas seulement attesté par sa présence dans les recueils collectifs. Il inspira des vers élogieux de Charles de Saint-Sixt, de I. Chrestien et de La Roque.

1. Malherbe s'adresse directement à Henri III, auquel il destine son poème.

2. Souvenir précis de Virgile (*Bucoliques*, IV, v. 8-9) :

> *quo ferrea primum*
> *Desinet ac toto surget gens aurea mundo.*

3. À l'époque où il était encore duc d'Anjou, Henri III avait remporté contre les Protestants les victoires de Moncontour et de Jarnac.

Page 33.

4. Souvenir du verset de l'Évangile : *Tu es Petrus et super hanc petram...*

5. Ces vers obscurs veulent dire : Pierre, miracle d'amour, croyait que la mort seule pourrait mettre un terme à son zèle pour le Christ. La même idée inspire la stance XXXVIII de Tansillo, mais l'expression est entièrement différente.

6. Ces vers se tiennent très près de la stance XXXIX de Tansillo :

> *Ma gli archi, che nel cor gli aventaro*
> *La saette più acute e più mortali*
> *Fur gli occhi del Signore...*

Page 34.

7. De même, dans Tansillo, le Christ dit (stance XLIII) :

> *Più fieri (parea dir) son gli occhi tuoi*
> *De l'empie man...*

et toute cette stance développe la même idée.

8. Cette fois, Malherbe traduit exactement l'italien (stance XLIV) :

> *Ma tu, dove'l mio amor via più t'accese...*

9. De même :

> *Par che ti paschi del mio danno gli occhi*
> *Et che la parte del piacer ti tocchi.*

10. Malherbe s'efforce à rendre l'idée un peu subtile de Tansillo, stance XLV.

11. Chez Tansillo aussi (stance LI), Pierre s'éloigne, plein d'horreur pour la vie.

12. Malherbe s'efforce à rendre un trait de Tansillo (stance LI) :

> *poiche paura*
> *Di maggior mal l'ardita man raffrena.*

13. Cette détestation de la vie est dans Tansillo, stance LII :

> *Vattene, vita, va...*

14. Malherbe se tient très près de Tansillo, stance LV :

> *A, quanti, gia felici in giovinezza...*

Le vers 160 correspond littéralement à ceux-ci :

> *assai contenti*
>
> *Morti sarian...*

15. Développement de l'idée que Malherbe trouvait dans la stance LVI. Certaines imitations sont littérales :

> *Pensar dovea ch'io vidi dar' al zoppo*
> *Il piè, la lingua al muto, e gli occhi al cieco...*

16. Ici commence un développement sur les Saints Innocents. Il se trouvait déjà dans Tansillo, stances LIX et suiv. D'autre part, le poète La Roque, ami de Malherbe et qui fréquentait lui aussi la cour du Grand Prieur, a composé un sonnet sur ce même sujet. M. Fromilhague a relevé entre les vers de Malherbe et ceux de La Roque des rapprochements frappants et parfois exactement littéraux. Il est malheureusement impossible de décider lequel des deux poètes s'est inspiré de l'autre (*La Vie de Malherbe*, p. 74-75).

17. La Roque écrit :

> *Si de faire du bien ils n'eurent point l'espace,*
> *Ils n'eurent pas le temps de faire mal aussi.*

18. Ici, Malherbe reprend une formule du Tasse (*Jérusalem délivrée*, II, oct. 99) :

> *Che preceda ai servigi il guiderdone*

19. Cette description de l'arrivée des Innocents dans le ciel s'inspire de la stance LXIV de Tansillo :

> *Con quanto plauso imaginar si pote...*

20. Ces vers correspondentt à la stance LXVI de Tansillo.

21. Pierre arrive au jardin. Ici commence le *Pianto secondo* dans la deuxième édition du poème de Tansillo.

22. De même dans la stance II :

Come padre dolente...

23. Tansillo appelait saint Pierre (stance III) : *il buon vecchio.*

24. Ici commencent les plaintes de Pierre quand il aperçoit les traces de pas que le Christ a laissées dans le jardin. L'idée vient de Tansillo qui la développe largement.

25. Déjà dans Tansillo, Pierre se laissait tomber la face contre terre et se mettait à baigner de larmes ces saintes traces :

Lasciando si cader col volto in giuso
A bagnar cominciò quell' orme sante.

26. Les ressemblances sont ici textuelles. Pierre distinguait les traces de pas du Christ parmi celles qui restaient confuses dans la terre foulée. Et s'il les distinguait, c'est qu'un parfum en sortait. Les autres sentaient mauvais !

27. Ce vers peut étonner. Il vient directement de Tansillo, et plus précisément de la première éditon. Le poète italien avait parlé des « traces odorantes dont souvent les astres sentirent la douce charge ». Moins hardi, il avait corrigé le texte en 1585 et avait remplacé *les astres* par *les eaux.* Mais Malherbe ne le savait pas.

28. Ces deux strophes qui disent la lâcheté de dix apôtres, la trahison d'un autre, le reniement de Pierre, sont tirées de Tansillo, et le poète italien avait dit que la plus grande douleur pour le Christ avait été ce reniement.

29. Ici Malherbe s'inspire des stances qui dans la seconde édition du poème de Tansillo commencent le *Pianto quinto.* Et d'abord, l'Aurore languissante, le visage voilé de nues, ses cheveux blonds cachés sous un voile.

30. Puis le deuil du soleil, qui ne s'élance dans l'espace qu'à regret.
Tansillo avait dit :

... come persona
Che va dove altrui a forza lo sospinge.

Il semble, comme le note M. Ciureanu (p. III), que Malherbe se souvienne plus précisément d'un vers de l'Arioste (*Orlando furioso*, II, oct. II, v. 4) :

Qual il reo ch'al supplicio s'avvicina.

31. L'imitation est ici littérale :

> *Sdegnando haver di raggi il capo avinto*
> *Quando di spine il suo fattor l'ha cinto.*

32. Ici encore, Malherbe se tient très près de Tansillo. Les oiseaux se taisent et se cachent.

Page 44.

33. Le poème de Malherbe se termine sur la même pensée que celui de Tansillo :

> *Ma di se si vergogna talhor ch'erra ;*
> *Se ben no'l vede altro che cielo e terra.*

VICTOIRE DE LA CONSTANCE
Stances

Imprimés : Diverses poésies nouvelles, 1597 ; *Muses ralliées,* 1599, 1603 ; *La Fleur des chansons amoureuses,* 1600 ; *Le Trésor des chansons amoureuses,* 1606 ; *Parnasse,* 1607 ; *Temple d'Apollon,* 1611 ; *Recueil des plus beaux airs,* 1615 ; *Délices,* 1615, 1618 et 1621 ; *Cabinet des Muses,* 1619 ; *Séjour des Muses,* 1627 ; *Recueil,* 1627.

Texte adopté : Recueil, 1627.

Composition : Plusieurs indications convergentes, tirées de la disposition et de la qualité des rimes, invitent à placer la composition de cette pièce à une date ancienne, antérieure à 1587. Il faudrait donc penser qu'elle fut écrite pendant le premier séjour de Malherbe en Provence, entre 1577 et 1586. Les plus récents éditeurs de Malherbe ont proposé, sur la femme à qui Malherbe s'adresse, une hypothèse qu'il, n'est pas possible d'ignorer. Il s'agirait de la belle Renée de Rieux-Châteauneuf, que nous connaissons notamment par Tallemant des Réaux, et qui tenait une grande place à la cour d'Aix-en-Provence, si grande même qu'elle fut la maîtresse du Grand Prieur, que son mari Altoviti ne supporta pas le partage, et que les deux hommes eurent une querelle où ils se blessèrent mortellement tous les deux. Il est exact d'autre part qu'au témoignage de Racan, les vers de Malherbe *Aux ombres de Damon* parlent d'une femme qui s'appelait Renée, et la coïncidence est trop belle pour être fortuite. Mais peut-être resterait-il imprudent d'affirmer que Malherbe a écrit la *Victoire de la constance* pour son propre compte, et nous connaissons trop mal le détail de sa vie pour qu'il nous soit interdit d'admettre que peut-être il écrivait pour le compte d'un autre.

Au surplus, l'intérêt de ces stances n'est pas tellement là. Il est dans le thème qui y est développé. Malherbe s'en prend à « l'honneur » qui interdit aux femmes de céder à l'amour d'un homme en dehors du mariage. Ce serait une grave erreur de voir dans cette thèse une invention personnelle du poète français. Il se borne au contraire à développer là une sorte de lieu commun de la poésie italienne du temps. Les Bernesques notamment composaient des satires *In disonor del onore*, où ils s'en prenaient, eux aussi, aux « vieux contes d'honneur ».

1. A. Counson a signalé dans ces vers l'imitation précise d'un sonnet du Tasse (*Rime diverse*, I, sonnet *Io vidi in tempo*) :

> *Ah, non si fidi alcuno perché sereno*
> *Volto l'inviti, e piano il calle mostri*
> *Amor, nel regno tuo spiegar le vele.*
> *Così l'infido mar placido il seno*
> *Scopre, à nocchieri incauti e poi crudele*
> *Gli affondae perde tra i scogli e i mostri.*

2. *Espionner.*

Quoi donc, ma lâcheté

Édition : Œuvres, 1630.

Composition : Des indices tirés de la disposition des rimes et de quelques rapprochements précis avec des vers de La Roque, nous invitent à placer la composition de ces stances à l'époque du premier séjour de Malherbe en Provence, entre 1577 et 1586.

L'examen du texte s'accorde avec cette hypothèse. Dans sa *Victoire de la constance,* Malherbe avait parlé des dangers que courait son amour, des médisances, de l'espionnage dont il était l'objet. Il l'avait fait avec une insistance qui ne se confondait pas avec les formules banales sur les dangers de l'amour. C'est exactement cette situation que nous retrouvons dans les présentes stances. Malherbe parle des « assauts » de l'envie, il insiste sur le courage qu'il lui faut pour ne pas céder aux puissants efforts qui sont faits contre lui.

Certains traits vont plus loin. Cette femme qu'il aime, « on » la lui ôte. Le rival est un homme envers qui il a des devoirs. C'est même un personnage que Malherbe compare aux astres. La seule issue qu'il envisage, c'est la patience, la retraite. Le rival apparemment est trop fort pour qu'il soit possible de lutter ouvertement.

Dans ces conditions, il devient raisonnable de penser que Malherbe a aimé en Provence une femme dont il a fait la conquête, mais qu'un personnage important avait aussi des vues sur elle, et que le poète courait des risques graves s'il se laissait aller à des imprudences.

Sur l'identité de cette femme, nous ne savons rien. Mais c'est peut-être ici le moment de nous rappeler les stances *Aux Mânes de Damon,* et le curieux témoignage de Racan. Il n'est certes pas prouvé, mais il devient possible d'imaginer qu'il s'agissait de Renée de Rieux-Châteauneuf, que tant de puissants personnages ont aimée.

La conclusion triste de ces stances est tout à fait dans la tradition pétrarquiste, et Pétrarque avait dit qu'il n'est pas de chose plus amère que l'amour : *Or è si amara che nulla più...* (CCCXLIV, 2-3).

　　DESSEIN DE QUITTER UNE DAME
　　　　QUI NE LE CONTENTAIT QUE DE PROMESSE

Éditions : Seconde Partie des Muses ralliées, 1600 ; *Muses ralliées,* 1603 ; *Parnasse,* 1607 ; *Temple d'Apollon,* 1611 ; *Cabinet des Muses,* 1619 ; *Séjour des Muses,* 1627.

Texte adopté : Séjour des Muses, 1627.

Composition : Certains indices permettent de supposer que cette pièce remonte à une date ancienne dans l'œuvre de Malherbe, et qu'elle doit avoir été vraisemblablement écrite durant son premier séjour en Provence, quand il était à la cour du Grand Prieur.

On ne saurait faire de supposition sérieuse sur le nom de la femme qui a inspiré ces vers. Tout ce que l'on peut dire est qu'elle était d'une condition sociale élevée. On se laisserait volontiers aller à penser que c'est pour elle aussi que Malherbe a écrit sa *Victoire de la constance* et les stances *Quoi donc, ma lâcheté...*

Le fait que ces vers, malgré leur beauté, n'ont plus paru, après 1607, que dans des recueils où Malherbe n'avait pas de part, autorise à penser qu'ils ne répondaient plus à ses nouvelles exigences au sujet de la prosodie.

　　　　AUX OMBRES DE DAMON

Édition : Œuvres, 1630.

Composition : Ce poème n'a paru qu'après la mort de Malherbe, et nous n'avons pas, sur la date et les circonstances de sa composition, d'indication vraiment sûre. Le plus certain nous vient du texte. Damon était un ami de Malherbe en Normandie. Il est mort deux ans plus tôt. Il a laissé une veuve, à qui Malherbe donne le nom poétique de Carinice. Elle reste fidèle à la mémoire de son mari, et Malherbe compare cette fidélité à l'inconstance d'une femme qu'il a lui-même aimée et qu'il appelle Nérée. Leur liaison avait duré quatre ans.

À ces données fournies par l'examen du texte, il faut joindre un témoignage, malheureusement unique. Racan avait appris à Ménage que cette pièce datait du séjour de Malherbe en Provence, et que la femme que Malherbe avait aimée s'appelait en réalité Renée.

Les historiens ont naturellement pensé à Renée de Rieux-Châteauneuf. Ils ont rappelé la place qu'elle occupait à la cour du Grand Prieur, et les témoignages d'admiration qu'ont rendus à son sujet les poètes de cette cour. L'hypothèse, séduisante sans doute, reste pourtant fragile, et l'on s'étonne un peu que Malherbe ait éprouvé une passion de quatre ans pour une femme qui avait été la maîtresse du vicomte de Turenne, puis « l'une des mignonnes du roi Henri III », puis avait été enlevée et épousée par le capitaine de galère Philippe Altoviti, et allait inspirer au Grand Prieur une passion qui se termina par la mort du mari et celle de l'amant.

Pour ce qui concerne le lieu et la date de composition de cette pièce, il semble raisonnable d'admettre le témoignage de Racan recueilli par Ménage. Les stances *Aux Ombres de Damon,* même si elles rappellent l'amitié de Malherbe et de Damon, sur les bords de l'Orne, peuvent avoir été écrites en Provence, vers 1586.

Page 51.   LE SEIGNEUR DE MALHERBE
                    [SUR LA MAIN D'ÉTIENNE PASQUIER]

Éditions : Quatrain publié pour la première fois dans le volume d'André Duchesne, *La Jeunesse d'Étienne Pasquier,* 1610. Recueilli par Ménage dans son édition de 1666.

Texte adopté : Le volume de 1610.

Composition : En 1583, un peintre flamand, Jean Dovy, fit un portrait d'Étienne Pasquier où il paraissait n'avoir pas de mains. Pasquier, alors aux Grands Jours de Troyes, composa un distique sur ce thème. Ses amis composèrent de leur côté des pièces destinées à faire briller leur ingéniosité. Parmi eux on relève les noms les plus illustres de l'humanisme, Turnèbe, Nicolas Rapin, Scévole de Sainte-Marthe. Pasquier réunit leurs compositions et publia en 1584 *La Main, ou Œuvres poétiques faites sur la main d'Étienne Pasquier.*

Le volume parvint à Aix-en-Provence. Le Grand Prieur eut l'idée de dire aussi son mot. Il écrivit quatre alexandrins. Son grand vicaire Mazzei composa une pièce en provençal. Malherbe écrivit le présent quatrain. Le 8 juillet 1585 le Grand Prieur envoya ces trois pièces à Pasquier avec une lettre aimable.

À MONSIEUR PERRACHE

Édition : Sonnet liminaire pour *Le Triomphe du Berlan,* 1585. Retrouvé par Édouard Fournier, 1850, et recueilli pour la première fois dans l'édition Lalanne.

Composition : En 1585, Jacques Perrache, gentilhomme provençal, publia un poème allégorique intitulé *Le Triomphe du Berlan.* C'était une œuvre morale et édifiante, destinée à inspirer la crainte du brelan et de ses tricheries. On y voyait le Brelan escorté de joueurs, d'escrocs et de faussaires. Un ermite faisait entendre la voix de la sagesse. Jacques Perrache appartenait à la maison du Grand Prieur. Les beaux esprits qui formaient la cour du prince composèrent des pièces liminaires, en latin, en provençal et en français, pour le livre de leur ami. Ce furent notamment Louis Galaup de Chasteuil, François Du Périer, César de Nostredame, et, tout naturellement, Malherbe.

Les traits qui pourraient nous étonner un peu dans son sonnet étaient en réalité d'usage courant dans le milieu d'Aix. César de Nostredame croit utile de rappeler que Lycaon d'Arcadie inventa les jeux de hasard. Galaup de Chasteuil montre dans ses vers que Perrache, soldat et poète, possède à la fois les lauriers de Mars et ceux d'Apollon. Et si Malherbe compare Perrache à Hercule, François Du Périer l'avait égalé à Achille, à Alexandre et à César.

1. Ce guerrier, c'est Hercule qui, mourant dans les flammes de son bûcher, fut reçu dans l'Olympe et devint immortel.

2. Il s'agit du taureau de l'île de Crète, envoyé par Neptune contre Minos.

3. Hercule étouffa le lion de Némée.

4. Hercule étouffa dans ses bras le géant Antée, fils de la Terre.

5. Hercule tua l'hydre de Lerne.

Page 52.   CONSOLATION FUNÈBRE À UN DE SES AMIS
SUR LA MORT DE SA FILLE

Éditions : Cette pièce a été imprimée dans un recueil publié à Rouen en 1607. Ce volume est aujourd'hui perdu. Un religieux, le P. Martin, en avait du moins copié le texte, et il donna son manuscrit à Daniel Huet en 1704. La Bibliothèque nationale le possède (Rés. Ye 2141[1 et 2]) avec des notes d'Huet qui rectifient certaines erreurs de lecture.

Texte adopté : Le texte du manuscrit avec les corrections d'Huet.

Composition : Il apparaît au premier regard que ces stances à Cléophon s'apparentent aux stances fameuses à Du Périer. Elles le font même de façon si étroite que l'on peut parler de deux états successifs d'une même œuvre. L'état que constituent les stances à Cléophon est visiblement le plus ancien, et chaque fois que les stances à Du Périer s'en éloignent, la correction s'explique par la nécessité d'adopter le texte primitif au cas de Du Périer et de sa fille.

Les stances à Cléophon sont donc antérieures aux stances à Du Périer, c'est-à-dire à juillet 1598. Mais d'autre part Malherbe y parle de la mort de deux de ses enfants. Il s'agit, semble-t-il, d'Henri, mort en octobre 1587, et de François, mort à la fin de 1589. Les stances à Cléophon ont donc été écrites entre 1589 et 1598, et plus probablement à Caen, avant le deuxième départ pour la Provence en 1595.

On ignore quel nom réel se cache sous celui de Cléophon. La jeune fille s'appelait Rosette. Il semble qu'elle soit morte à un âge où elle n'était plus tout à fait une enfant, mais déjà une jeune fille.

M. René Fromilhague a mis en relief le stoïcisme qui apparaît dans ces stances, à une époque précisément où Malherbe s'intéressait de fort près aux œuvres de Sénèque.

1. Plus tard, Malherbe devait condamner ce mot. Il écrit dans ses annotations sur Desportes : « *Enaigrir une plaie* ne se dit pas. » *Enaigrir* n'en figure pas moins dans le *Dictionnaire* de Cotgrave.

2. Quand ainsi serait, *c'est-à-dire* même à supposer que.

Page 53.

3. Tithon avait obtenu des dieux le don d'immortalité, mais non celui de ne pas vieillir. Il tomba dans un état si affreux que par pitié l'Aurore le changea en cigale.

4. À la différence de Tithon, Archémore était mort en bas âge. C'est en son honneur que les jeux Néméens avaient été institués.

5. *Passible*, capable d'éprouver douleur et plaisir.

6. La Castille, c'est l'Espagne. Elle vola à François Ier son Dauphin, ces mots rappellent qu'en 1536 le fils aîné du roi mourut subitement, et les Français ne doutèrent pas que les Espagnols, vaincus sur la frontière de Provence, l'avaient fait assassiner.

Page 54.

7. En 1536, l'armée de Charles-Quint envahit la Provence. Harcelée, elle se retira. Des négociations s'engagèrent, qui aboutirent à une trêve de dix ans.

8. On a vu que ce vers doit faire allusion à la mort prématurée de deux enfants de Malherbe, François et Henri. Il ne peut s'agir de Jourdaine, qui mourut le 23 juin 1599.

Page 55.   SUR LA MORT D'UN GENTILHOMME
                    QUI FUT ASSASSINÉ

Édition : Œuvres, 1630.
Texte adopté : Œuvres, 1630.

Composition : L'érudition de M. René Fromilhague a réussi à découvrir quel était ce gentilhomme dont Malherbe déplore la mort. Il ne peut s'agir que de François de Montmorency, comte du Hallot. Il s'était distingué à la bataille d'Ivry en 1590. On ignore la date exacte de sa mort, mais elle se place à la fin de 1592 ou en 1593. Nous avons, du même coup, la date approximative de ce sonnet.

ÉPITAPHE DE M. D'IS

Édition : Œuvres de Malherbe éditées par Ménage, 1666.

Composition : Ce M. d'Is est Jean Le Vallois, sieur d'Ifs, oncle maternel de Malherbe. Il eut une fille, Judith, le 25 octobre 1590, et mourut peu de temps après. Ces détails fournissent, sinon la date précise, du moins l'époque de composition de cette curieuse épitaphe.

Conrart nous apprend que Malherbe la fit par dépit, et parce qu'il était obsédé par les instances importunes de sa mère.

1. Les trois sœurs de Malherbe alors vivantes sont Marie, mariée au sieur de Réveillon-Putecoste ; Jeanne, mariée au sieur Fauconnier, trésorier de France, et qui mourut en 1587 ; Louise, mariée vers 1596 au sieur de Coulombiers-Guerville.

2. Le « grand Éléazar » était plus jeune que le poète, mais il mourut avant lui, en 1616. L'expression dont se sert Malherbe est pure moquerie. Dans la famille, on préférait de beaucoup Éléazar à François. Il était le « grand Éléazar ».

3. *Mes trois tantes* peuvent être assez probablement identifiées. Du côté paternel, Malherbe avait une tante, Anne. Il en avait deux, Charlotte et Marie, du côté maternel.

Édition : Ces vers (?) ont paru dans un recueil de poèmes latins et français publiés au lendemain de la mort de Marie Stuart, en 1587. Ils ont été joints aux autres œuvres de Malherbe par J. Lavaud.

Si l'on tient à déceler un indice en faveur de l'authenticité de ces anagrammes, on notera l'orthographe de la signature. Il est exact qu'à cette date Malherbe écrivait son nom *Malerbe*.

AU ROI HENRI LE GRAND,
SUR LA PRISE DE MARSEILLE

Édition : Œuvres, 1630. La dernière strophe est suivie d'une ligne de points, comme si cette pièce était restée inachevée.

Le même volume des *Œuvres* de 1630 contient une strophe isolée. Elle appartient visiblement à la présente ode, mais il serait vain de prétendre fixer la place qu'elle aurait occupée dans l'état définitif prévu par Malherbe. La voici :

> Tantôt nos navires, braves
> De la dépouille d'Alger,
> Viendront les Mores esclaves
> À Marseille décharger ;
> Tantôt, riches de la perte
> De Tunis et de Bizerte,
> Sur nos bords étaleront
> Le coton pris en leurs rives,
> Que leurs pucelles captives
> En nos maisons fileront.

Composition : Au mois de mai 1595, Malherbe quitta la Normandie et reprit le chemin d'Aix-en-Provence. Il allait y rester dix ans. Il renoua avec les amis qu'il y avait laissés, et comme eux il fut amené à écrire des pièces sur l'actualité politique. La première en date fut celle qu'il composa pour célébrer la prise de Marseille par les troupes royales.

Depuis 1589, la ville était au pouvoir de la Ligue. Cette situation assurait à l'Espagne une porte ouverte qui lui permettait d'intervenir en France. Le premier consul de la cité, Charles Casaulx, et le viguier Louis d'Aix étaient tout acquis au gouvernement de Madrid. Henri IV se borna à placer autour de la ville une armée qui la bloquait du côté de la terre. Cette armée était sous les ordres de Charles de Lorraine, duc de Guise, le fils du Balafré.

Cette situation prit fin dans la nuit du 16 au 17 février 1596. Cette nuit-là, deux frères, Pierre et Barthélemy de Libertat, tuèrent Charles Casaulx, et ouvrirent aux troupes royales une des portes de la ville. Louis d'Aix réussit à s'enfuir. Les galères espagnoles prirent la haute mer. Les forts de Notre-Dame-de-la-Garde et de Saint-Victor se rendirent.

Plusieurs poètes, et notamment César de Nostredame et Louis Galaup de Chasteuil, célébrèrent ce grand succès de la cause royale. Malherbe entreprit cette ode. Il n'est pas certain qu'il l'ait terminée. Ce qui est sûr, c'est qu'il ne la publia pas.

1. Souvenir évident de Martial (*Épigrammes*, X, 38, v. 4-5) :

> *O nox omnis et hora, quae notata est*
> *Caris litoris Indici lapillis !*

Page 57.

2. On a vu que Charles Casaulx était le chef de la Ligue à Marseille et l'organisateur de la résistance. Chasteuil avait associé les mots de *Cazeaux* et de *colosse* :

> *S'il voit broncher Caseaux, colosse de Fortune.*

3. Cet Alcide, fils d'Alcide, c'est Charles de Lorraine, duc de Guise, et fils du Balafré.

4. Dans ce *glaive de liberté,* nous découvrons sans peine un jeu de mots. Malherbe veut que nous pensions aux deux frères de Libertat. Les autres poètes l'avaient fait. Galaup de Chasteuil :

> *Liberté soit nom d'homme, et non pas nom de femme.*

Nostredame, pensant plus spécialement à Pierre de Libertat :

> *La Pierre vive et rose de Liberté*

Le jeu de mots est également dans le discours que le président Du Vair prononça aux obsèques du viguier Libertat.

5. Malherbe se tient très près des *Lettres à Lucilius.* Sénèque avait dit : « Le monde est sujet à mutation et ne demeure pas en un état. » Du Vair disait de son côté, dans son discours sur la prise de Marseille : « [Les] choses mondaines [sont] sujettes à un flux continuel de change et rechange. »

6. Ici encore, Malherbe a dans l'esprit des formules frappantes des *Lettres à Lucilius,* qu'il a traduites de la sorte : « Ne ferons-nous jamais autre chose... que trembler de froid et brûler de chaud ? C'est toujours à refaire : les choses du monde sont enfilées d'une sorte qu'en s'entre-fuyant elles se suivent... Une entre-suite invariable attire et tire toutes choses. » Le président Du Vair disait de même, dans son discours sur la mort de Libertat : « Ces choses basses et mondaines sujettes à un flux continuel de change et rechange... »

7. Dans la géographie ancienne, on citait deux Bosphores, le Bosphore de Thrace, qui séparait Byzance de l'Asie, et le Bosphore cimmérien, qui correspondait au détroit de Kertch actuel, à l'entrée de la mer d'Azov.

Page 58.

8. Les Guises se glorifiaient de descendre de Godefroy de Bouillon, roi de Jérusalem.

Édition : 1630.

Composition : Ces strophes d'une ode inachevée ont été composées dans les mêmes circonstances que l'ode précédente, et, comme elle, n'ont été recueillies que dans l'édition de 1630.

Page 59.

1. On a vu plus haut que ce Dorie était le collaborateur de Casaulx dans l'organisation de la lutte, et qu'il avait réussi à s'enfuir. Il s'appelait en réalité Doria, il était génois, et commandait aux galères espagnoles.

À LA REINE SUR SA BIENVENUE EN FRANCE

Éditions : Plaquette publiée à Aix en 1601 ; *Muses ralliées*, 1603 ; *Parnasse*, 1607 ; *Temple d'Apollon*, 1611 ; *Délices*, 1615, 1618 et 1621 ; *Cabinet des Muses*, 1619 ; *Recueil*, 1627.

D'autre part, nous avons des corrections manuscrites de la main de Malherbe sur son exemplaire du *Parnasse*.

Texte adopté : *Recueil*, 1627.

Composition : Marie de Médicis quitta Florence le 13 octobre 1600 pour venir en France et y épouser le roi Henri IV. Elle s'embarqua à Livourne le 17. La tempête l'obligea à s'arrêter à Portofino du 19 au 28 octobre. Elle reprit la mer, et débarqua à Marseille le 3 novembre. Les fêtes en son honneur la retardèrent jusqu'au 16 novembre. Elle prit alors la route d'Aix. Elle fit dans cette ville une entrée solennelle le 17 novembre au début de l'après-midi. Après un court repos, elle gagna le lieu préparé pour la cérémonie. Une estrade avait été dressée. Deux cardinaux, la foule des gentilshommes, les membres du parlement, l'université attendaient la princesse. Trois hommes eurent l'honneur de prendre la parole. Le président Du Vair « délia l'or et le miel de sa langue ». Puis M. de La Ceppède « distilla la rosée et le nectar de ses paroles ». Enfin Malherbe récita la présente ode. L'impression fut profonde, et c'est le succès obtenu ce jour-là par Malherbe qui amena le cardinal Du Perron à faire son éloge à Henri IV le mois suivant.

M. René Fromilhague, dans sa thèse sur la *Vie de Malherbe*, s'est demandé si l'ode à la reine avait, lorsqu'elle fut lue dans la cérémonie d'Aix, toute l'étendue qu'elle présente aujourd'hui. Il a donné de très solides raisons de penser le contraire. Il a fait observer que cette longue pièce se partage en deux parties bien distinctes, et que la strophe XII qui termine la première partie a toutes les allures d'une conclusion. Il pense même que les strophes VI et VII ne peuvent avoir été mises au point pour les cérémonies du 17 novembre puisqu'elles parlent de la tempête qui neuf jours durant, jusqu'au 28 octobre, retarda le voyage de la princesse. De toute façon, il est extrêmement remarquable qu'après la strophe XII, l'ode ne s'adresse plus à la reine, mais au roi.

Et comment Malherbe aurait-il pu, le 17 novembre, faire allusion aux opérations dirigées en Piémont par le prince Charles de Bourbon ? Elles n'avaient commencé que le 12 novembre, et elles ne revêtirent de l'importance qu'au milieu de décembre, quand les troupes françaises s'emparèrent du fort de Sainte-Catherine.

1. *Pour nos rebelles courages,* c'est-à-dire à cause de nos esprits rebelles.

2. Les troubles de la Ligue laissaient en Provence des souvenirs qui ne se dissipaient pas.

3. Malherbe emploie normalement *doute* au féminin, au sens d'hésitation et de crainte.

Page 60.

4. Cotgrave donne une excellente définition de l'an climatérique : *The climaterical or dangerous year of 63, at which age divers worthie men have died.*

5. L'Étrurie, c'est la Toscane, d'où vient Marie de Médicis.

6. La Cythérée, c'est Vénus, déesse de Cythère.

7. Céphale, fils d'Hermès et de Créüse. L'Aurore s'éprit de lui et l'enleva.

Page 61.

8. Allusion à la tempête qui obligea Marie de Médicis à s'arrêter neuf jours à Portofino (19-28 octobre 1600).

Page 62.

9. Ces Français qui ne sont pas français, c'est le parti d'Espagne, comme on disait alors. Ce sont les Ligueurs.

10. Si, comme il est très probable, cette strophe terminait l'ode en son premier état, Malherbe avait, selon son habitude, achevé son poème sur des perspectives magnifiques, sur la conquête de l'Orient.

Page 63.

11. Eurysthée, roi de Mycènes, imposa à Hercule des épreuves dont il sortit vainqueur. Le sentiment de l'honneur joue le même rôle chez Henri IV.

Page 65.

12. La France était alors en guerre avec le duché de Savoie au sujet du marquisat de Saluces dont Carmagnole est la capitale.

13. C'est-à-dire confier ces tâches difficiles à sa courageuse noblesse.

14. Ces deux provinces conquises sont la Bresse et la Savoie. Elles tombèrent aux mains des troupes françaises en 1600.

15. C'est dans l'Éridan, c'est-à-dire le Pô, que tomba Phaéton.

16. Ce siège autrefois repoussé, c'est le siège de Nice, du 10 août au 8 septembre 1543. L'armée de François Iᵉʳ attaquait du côté de la terre. Le corsaire Barberousse, allié des Français, attaquait par mer. Les attaques furent repoussées.

Page 66.

17. Charles de Bourbon, comte de Soissons, commandait l'armée qui opérait contre le duc de Savoie. On a vu plus haut que ces vers ne peuvent guère avoir été écrits avant le milieu de décembre 1600.

PROSOPOPÉE D'OSTENDE

Imprimés : Parnasse, 1607 ; *Délices,* 1615, 1618 et 1621 ; *Recueil,* 1627.
Texte adopté : Recueil, 1627.

Composition : Nous sommes particulièrement bien informés sur les circonstances de composition de cette pièce, grâce à une lettre de Peiresc mise au jour par M. Lebègue (*Bibliothèque d'humanisme et Renaissance,* t. V, 1944, p. 185). Le siège d'Ostende, défendue par une garnison flamande et attaquée par les Espagnols, dura de juillet 1601 au 20 septembre 1604. Toute l'Europe avait les yeux fixés sur la ville assiégée. L'illustre Grotius composa sur ce sujet une pièce de vers latins. Elle parvint aux milieux humanistes d'Aix-en-Provence en septembre 1604. Le président Du Vair et Malherbe entreprirent de la traduire en vers français. Peiresc rapporte cette anecdote dans une lettre du 12 février 1605. Un témoignage de Gassendi dans sa *Vita Peireski* nous avait au surplus bien informés sur le même sujet. Il rappelle le beau poème de Grotius *Area parva ducum* et les traductions que Du Vair et Malherbe en ont données. Il ajoute que Peiresc les envoya à plusieurs savants et notamment à Scaliger, la plus haute autorité en matière de vers latins : la lettre du 12 février 1605 accompagnait précisément l'envoi à Scaliger.

Les vers du président Du Vair n'ont pas été retrouvés.

1. Le chef de l'armée espagnole était l'illustre Spinola. Celui des assiégés s'appelait Daniel de Hartain, sieur de Marquette.

2. Ce premier quatrain correspond à certaines formules heureuses des vers de Grotius :

> *Area parva Ducum, totus quam respicit orbis,*
> *Celsior una malis, et quam damnare ruinae*
> *Nunc quoque fata timent...*
> *Tertius annus abit...*

3. Ceci traduit exactement le vers 3 de Grotius :

> *... alieno in litore resto.*

4. Ce développement sur l'hiver et sur la peste est dans Grotius :

> *Saevit hiems pelago, morbisque furentibus aestas.*

Et l'Espagnol est le moins dangereux :

> *Et minimum est quod fecit Iber.*

5. Grotius avait dit, en formules admirables :

> *Nullum est sine funere funus,*
> *Nec perimit mors una, semel.*

6. Imité littéralement du poème latin :

> *Fortuna, quid haeres ?*

7. Dans Grotius :

> *Quis tumulos moriens hos occupet, hoste peremto*
> *Quaeritur, et sterili tantum de pulvere pugna est.*

CONSOLATION À CARITÉE,
SUR LA MORT DE SON MARI

Éditions : Seconde partie des Muses ralliées, 1600 ; *Muses ralliées*, 1603 ; *Parnasse*, 1607 ; *Temple d'Apollon*, 1611 ; *Délices*, 1615, 1618 et 1621 ; *Cabinet des Muses*, 1619 ; *Séjour des Muses*, 1627 ; *Recueil*, 1627.

Texte adopté : Recueil, 1627.

Composition : Les informations que Ménage avaient prises à Aix aboutirent à une conclusion nette : Malherbe a écrit sa *Consolation à Caritée* pour la veuve d'un gentilhomme de Provence, M. Lévesque, seigneur de Saint-Estienne. Un ancien historien, Pitton, dans son *Histoire de la ville d'Aix*, en 1666, apporte une précision supplémentaire : ces stances furent écrites après la *Consolation à Monsieur Du Périer*. Or cette *Consolation* a été composée dans les premiers mois de 1598. D'autre part Malherbe quitta la Provence au mois de juillet 1598. On peut conclure de là que les présentes stances ont été écrites entre mars et juin 1598.

Mais il s'agit là du premier état de cette pièce, tel que nous le font connaître les *Muses ralliées* de 1600 et de 1603. Il est frappant en effet qu'elle se présente, à partir de 1607, non pas seulement avec quelques variantes, mais avec des développements entre certaines phrases de cette lettre et les stances ajoutées en 1607. Mais ce qui est décisif, c'est que le vers 58 sa première *Consolation* et l'a développée pour l'adresser à une destinataire différente.

Sur l'identité de cette femme, le plus récent éditeur de Malherbe a proposé une hypothèse appuyée par les plus fortes raisons. Il a fait observer que le 20 mars 1606 Malherbe adresse une lettre de consolation à la vicomtesse d'Auchy pour la mort d'une amie, et qu'il existe des ressemblances frappantes entre certaines phrases de cette lettre et les stances ajoutées en 1607. Mais ce qui est décisif, c'est que le vers 58 montre tous les beaux esprits intéressés à la beauté de Caritée. On sait que la vicomtesse d'Auchy tenait salon et réunissait chez elle, bien plus que la marquise de Rambouillet, les gens de lettres de Paris. Il n'existe pas, à l'époque d'Henri IV, de femme à qui le vers de Malherbe pût aussi bien s'appliquer.

Page 67.

1. Il s'agit ici d'Alcyone dont Malherbe pouvait lire l'histoire dans Virgile. Ayant perdu son mari dans un naufrage, elle se précipita dans la mer Égée. Téthys changea en alcyons les deux époux.

2. Sur l'exemplaire du *Parnasse* de 1607, Malherbe a mis une correction où la femme s'appelle Cariope. On peut supposer qu'à une certaine date, il a pensé à changer le nom de la destinataire de l'ode puisque la destinataire elle-même avait changé.

3. On sait que la guerre de Troie eut pour origine l'enlèvement d'Hélène par le jeune Pâris, fils de Priam.

4. Sarpédon était roi de Lycie. Il fut tué au siège de Troie. Zeus était son père, et pourtant il ne put lui rendre la vie.

Page 68.

5. Cette idée que la beauté de la dame fait la beauté du monde est proprement pétrarquiste. M. Ciureanu cite, entre autres textes, les vers de Pétrarque (CCLI, 10-11) :

> *La dolce vista del bel viso adorno*
> *Che me mantene e'l secolo nostra onoro*

et ce vers d'Angelo di Costanzo, dont le rapprochement est plus frappant :

> *Gloria del Secolo nostro, invitto e raro*
> *Spirito...*

Page 69. CONSOLATION À MONSIEUR DU PÉRIER

Éditions : Parnasse, 1607 ; *Temple d'Apollon,* 1611 ; *Délices,* 1615, 1618 et 1621 ; *Cabinet des Muses,* 1619 ; *Recueil,* 1627.

Texte adopté : Recueil, 1627.

Composition : François Du Périer, avocat au parlement d'Aix, appartenait au groupe des amis provençaux de Malherbe. La Roque lui avait adressé des vers, et quand il perdit sa fille Marguerite, un autre poète de cette petite société, César de Nostredame, écrivit une ode sur elle.

Jusqu'à une époque récente, les éditeurs de Malherbe avaient proposé diverses dates pour la composition de cette pièce célèbre. Mais, en 1939, G. Saintville a retrouvé l'acte de baptême de Marguerite Du Périer. Elle fut baptisée le 2 février 1593. Or nous savons qu'elle mourut à l'âge de cinq ans. La *Consolation à Monsieur Du Périer* fut donc écrite en 1598, et vraisemblablement avant le mois de juillet, puisque Malherbe rentra alors en Normandie.

On a vu que quelques années plus tôt, pendant le séjour qu'il faisait en Normandie (1586-1595), Malherbe avait composé une *Consolation à Cléophon* adressée à un ami normand, dont la fille s'appelait Rosette. L'examen de cette pièce et de la *Consolation à Monsieur Du Périer* permet des conclusions intéressantes sur le développement de l'art de Malherbe.

Page 70.

1. Sénèque avait dit : « Ces âges-là sont perdus pour nous : le temps passé jusques à hier est tout évanoui » (épître XXIV).

2. Tithon, frère de Priam, reçut de Jupiter le don d'immortalité. Mais ce don ne l'empêchait pas de vieillir. À la fin, les dieux, émus de l'état où il était tombé, le métamorphosèrent en cigale. Malherbe connaissait le vers d'Horace (*Odes*, II, 16, v. 30) :

> ...*longa Tithonum minuit senectus.*

3. Il s'appelait en réalité Ophaltès. Il mourut en bas âge, mordu par un serpent. En son honneur furent institués les jeux Néméens. C'est alors que lui fut donné le nom d'Archémore. Malherbe pouvait lire ce nom dans la *Thébaïde* de Stace.

4. Malherbe se souvient très précisément de quelques vers du *Pastor fido* de Guarini (IV, sc. IV) :

> *Ben duro cor avrebbe, o non avrebbe*
> *Piuttosto cor ne sentimento umano*
> *Chi non avesse del tuo mal pietate,*
> *Misera ninfa.*

5. Sénèque, traduit par Malherbe, avait dit : « Le pleurer excessif est plutôt marque de vanité et de vouloir être estimé affligé, que d'une véritable amitié » (épître LXIII).

Page 71.

6. Malherbe rappelle un épisode de la vie de François Ier, tel que les historiens, à tort ou à raison, le présentaient. En 1536, le Dauphin, fils aîné du roi, mourut presque subitement. On prétendit que l'Espagne (Malherbe dit : la Castille) l'avait fait empoisonner.

7. En 1536, après la mort du Dauphin, l'armée espagnole, conduite par Charles-Quint, envahit le territoire français du côté des Alpes. Elle y pénétra profondément par la vallée de la Durance. Mais elle fut ensuite repoussée et contrainte à se replier sur le Piémont.

8. Il semble que Malherbe se souvienne de l'élégie de Desportes où la Mort était représentée se bouchant les oreilles, insensible aux supplications des hommes :

> *Mais cette fière Parque aux ravissantes mains*
> *Seule des déités est sourde aux cris humains.*

9. Au XVIIe siècle déjà, on avait observé que Malherbe reprenait une idée exprimée par Horace (*Odes*, I, IV) :

> *Pallida mors aequo pulsat pede pauperum tabernas*
> *Regumque turres.*

Page 72.

10. Souvenir précis de Sénèque, tel que Malherbe l'avait traduit : « C'est de la philosophie qu'il faut apprendre à nous humilier à Dieu et vouloir ce qu'il veut » (épître XVI).

Infidèle mémoire,

Recueilli dans les *Œuvres* de Malherbe par L. Lalanne.

Composition : C'est Malherbe qui nous a lui-même conservé ces vers en les copiant dans une lettre à Peiresc, en date du 12 février 1610. Il nous en explique en même temps l'origine. Il s'agit d'une chanson que Malherbe avait autrefois commencé à faire sur un air que M. d'Oraison lui avait donné. À un moment où le texte n'était pas terminé, Malherbe avait communiqué les couplets déjà faits à Peiresc. Maintenant — c'est-à-dire en 1610 — Malherbe demande à Peiresc de prier le marquis d'Oraison de donner l'air de la chanson. Peiresc se chargera de le faire parvenir à Malherbe. Celui-ci d'ailleurs fera composer à Paris un autre air, et il fera son choix entre les deux. C'est pour que Peiresc ne commette pas de confusion sur la chanson dont il s'agit, que Malherbe prend la peine de lui copier les vers.

Il semble ressortir clairement de cette histoire que Malherbe avait composé ces vers en Provence, donc avant juillet 1605. Le marquis d'Oraison était provençal, comme Peiresc.

POUR LES PAIRS DE FRANCE,
ASSAILLANTS AU COMBAT DE BARRIÈRE

Édition : *Œuvres* de Malherbe, 1630. Saint-Marc a publié ces stances sur un texte différent sans que l'on ait découvert où il l'avait puisé.

Composition : Le dimanche 27 février 1605 se déroula une de ces fêtes héritées des temps de la Chevalerie qui continuaient à passionner la noblesse française au XVIIe siècle. On les nommait combats de barrière ou combats à la barrière. Il n'y en eut pas d'autre sous les règnes d'Henri IV et de Louis XIII. Quatre grands seigneurs furent les *tenants*, c'est-à-dire qu'ils lancèrent le défi. Ils offrirent leur cartel sous le nom de chevaliers de Thrace. Quatre autres relevèrent ce défi, et furent les *assaillants*. Ils se présentaient comme chevaliers de l'Aigle, paladins de France. Leur maréchal était M. de Vitry. Bassompierre, le comte de Sault et M. de Saint-Luc formaient son camp.

Malherbe était alors en Provence. Il fut apparemment sollicité de composer une pièce de vers pour le compte des *assaillants*. Mais dans le *Recueil des Cartels* qui fut publié à l'occasion de cette fête, la présente pièce ne figure pas.

Il convient de placer ici quelques lignes de prose conservées dans le manuscrit du fonds Baluze, f° 37. Elles se rapportent très évidemment à ce combat de barrière. L. Lalanne l'a bien vu, mais il a jugé bon de les reproduire comme *fragments* à la suite des *Lettres à divers*. Elles prennent plus de relief si on les place ici, à côté des strophes *Pour les Pairs de France*.

Ceux qui sont censés parler sont les *assaillants*. Ils relèvent le défi lancé par les quatre *tenants*.

« Sans doute, chevaliers, ou vous êtes mal informés des affaires du monde, ou vous cherchez de la réputation à bon marché. Durant dix ou douze ans que notre roi parmi toute sorte de périls a continuellement exposé sa vie pour le salut de sa couronne, il n'a jamais ouï parler ni de vous ni de votre service. À cette heure que ses victoires, les plus glorieuses que le soleil ait jamais vues, l'ont rendu non seulement paisible possesseur de la France, mais arbitre si absolu de toute l'Europe qu'il n'y a prince qui sans perdre sa vie et son État osât se qualifier son ennemi, vous lui venez offrir vos épées avec des vanités insupportables. Vous pouvez penser le jugement que cette procédure nous fait faire de votre courage, et comme elle nous dispose à croire ce que vous nous contez de vos miracles faits en Asie. Toutefois parce que nous sommes d'une nation qui ne refuse jamais de donner des témoignages de sa courtoisie, nous ne laisserons pas pour cela de recevoir votre défi ; s'il n'y a de la gloire de vous combattre comme braves, il y aura du plaisir à vous châtier comme téméraires. Pour le moins vous ôterons-nous l'opinion que vous avez apportée d'être nécessaires à notre roi, et vous ferons voir que notre valeur ne diffère de lui donner l'empire de toute la terre qu'autant que sa bonté le retient de le désirer. »

« Nous allons ordinairement au bout du monde chercher des occasions de faire paraître notre valeur : vous pouvez penser comme vous nous obligez de les nous apporter jusque chez nous ; ce n'est pas que nous croyons que votre courage soit tel que vous le publiez ; mais s'il n'y a de la gloire à vous combattre comme braves, il y aura du plaisir à vous châtier comme téméraires. C'est en cette considération que nous recevons votre défi ; pour le moins vous ôterons-nous l'opinion que vous avez apportée d'être nécessaires à notre roi, et vous ferons voir que nos épées ne tardent de lui donner l'empire de toute la terre qu'autant que sa bonté le retient de le désirer. »

1. Nous comprenons sans peine que tout ceci n'est que jeu. Les paladins de France, *assaillants,* feignent de s'indigner de l'audace des *tenants,* qui ont lancé un défi à la noblesse de France.

Page 73.

2. Ce *je ne sais quels Scythes* désigne les tenants. Ils se donnaient, nous l'avons vu, pour chevaliers de Thrace.

3. L'ascendant est le signe du zodiaque qui domine l'horizon au moment de la naissance de chacun de nous. Il est favorable ou funeste.

4. Les Scythes se vantaient d'être fils d'Hercule.

Page 74.   PRIÈRE POUR LE ROI
                   ALLANT EN LIMOUSIN

Imprimés : Parnasse, 1607 ; *Temple d'Apollon,* 1611 ; *Délices,* 1615, 1618 et 1621 ; *Cabinet des Muses,* 1619 ; *Séjour des Muses,* 1627 ; *Recueil,* 1627.
Texte adopté : Recueil, 1627.

Composition : En août 1605, les amis du duc de Bouillon agitaient le Quercy, le Limousin et le Périgord. Ils armaient déjà certaines places et préparaient un soulèvement armé. Henri IV marcha droit sur Limoges, et toutes les résistances désarmèrent. Il y eut pourtant quelques exécutions capitales.

Au moment où il se préparait à quitter Paris, le roi commanda cette pièce de vers à Malherbe. Celui-ci la présenta à Henri IV dès son retour, qui eut lieu le 20 novembre. Le roi jugea ces vers admirables. Il attacha Malherbe au service du Grand Écuyer, M. de Bellegarde. Malherbe eut un traitement de 1 000 livres, la table, le logement, un cheval et un valet à son service.

1. Il va de soi que Malherbe pense précisément aux guerres civiles à peine éteintes.

2. Inachevé.

3. Santé, sens tout à fait normal au xviiᵉ siècle.

4. Souvenir du vers de Virgile, signalé par A. Counson : *quae sit poteris cognoscere virtus (Bucoliques,* IV, v. 27).

Page 75.

5. Des intrigues et agitations.

6. Découverts.

Page 76.

7. Les desseins des révoltés seront à peine formés que déjà ils seront ruinés.

Page 77.

8. Il semble certain que Malherbe a dans l'esprit le règne méprisé d'Henri III.

Page 78.   ODE SUR L'ATTENTAT
           COMMIS LE 19 DÉCEMBRE 1605

Imprimés : Plaquette de 1606 ; *Parnasse,* 1607 ; *Nouveau recueil,* 1609 ; *Délices,* 1615, 1618 et 1621 ; *Recueil,* 1627.
Texte adopté : Recueil, 1627.

Composition : Cet attentat, qui a fourni l'occasion de l'ode, était le geste d'un simple déséquilibré. Il s'appelait Jacques Des Isles, originaire de Senlis. Sa folie était si évidente qu'Henri IV lui fit grâce.

Malherbe entreprit cette ode au début de 1606. La composition traîna. En octobre enfin, il y travailla activement, en même temps qu'à l'ode sur la soumission de Sedan. Une plaquette la fit connaître au public à la fin de l'année.

1. Dépasse.

Page 79.

2. C'est l'attentat de Jean Chastel. Il eut lieu le 25 décembre 1594. Jean Chastel donna au roi un coup de couteau qui lui fendit la lèvre.

3. À l'heure où Atrée, dans la légende, avait donné à Thyeste son affreux repas, le soleil avait reculé d'horreur.

4. Le *Journal* de L'Estoile nous apprend que l'attentat avait eu lieu à 5 heures du soir.

5. Au moment où.

6. Henri IV avait dès lors commencé les grands travaux qui allaient transformer la rive droite de la Seine, depuis l'Hôtel de Ville jusqu'aux Tuileries.

7. Les travaux de la Galerie du bord de l'eau avaient commencé en 1595. Ils étaient, à la fin de 1605, presque achevés.

8. Se présenter à la mémoire. Cotgrave traduit *ramentevoir* par *call to memorie, suggest, put in mind of.*

9. *Déplorable* paraît employé ici dans le sens de pitoyable, de très basse sorte. Le mot ne figure pas dans Cotgrave. Le seul exemple donné par Huguet s'accorde étonnamment avec l'emploi que Malherbe en fait ici : « leur conversation odieuse et déplorable ».

10. Au sens grec et traditionnel de folie.

11. Animée par le destin.

12. Que tu ne lises dans l'âme aussitôt que tu vois le visage.

13. C'est-à-dire : soit que l'honneur l'appelle à relever le défi donné au cours d'un tournoi.

ODE AU FEU ROI

Imprimés : Parnasse, 1607 ; *Nouveau recueil,* 1609 ; *Délices,* 1615, 1618 et 1621 ; *Recueil,* 1627.

Texte adopté : Recueil, 1627.

Composition : À l'époque du carême de 1606, Henri de La Tour d'Auvergne, vicomte de Turenne et duc de Bouillon, manifesta des velléités d'indépendance et se fortifia dans Sedan. Henri IV prit aussitôt des mesures énergiques. Il forma une armée de 16 000 hommes d'infanterie française et de 6 000 Suisses. Cinquante canons furent rassemblés par Sully. À la fin du Carême, Henri IV marcha sur Sedan avec cette armée. Le duc de Bouillon prit peur et fit sa soumission (2 avril 1606). Henri IV fit son entrée dans Sedan avec la reine. Une garnison française s'installa dans la citadelle.

Dès le début de l'affaire, Henri IV avait commandé à Malherbe une ode sur ce sujet. Mais les événements allèrent trop vite. Le poète cessa de travailler à cette pièce. Henri IV au contraire y tenait. Il rappela plusieurs fois à Malherbe son engagement. Malherbe « s'y embesogna » sérieusement en octobre et en novembre. Le 17 décembre, il put annoncer à Peiresc que l'ode était terminée, et l'Estoile signale, le 23, que son ami Despinelle lui en a donné une copie. Dans la suite, Malherbe « estima » cette pièce l'une des meilleures qu'il eût composées.

Dans l'état actuel de cette ode, les trois dernières strophes donnent l'impression d'avoir été ajoutées par Malherbe. Il y célèbre le rôle du poète et, plus précisément, il chante sans trop de modestie ses propres mérites. M. Fromilhague, dans sa thèse, a donné des raisons sérieuses pour considérer ces trois strophes comme une addition (*La Vie de Malherbe*, p. 197-198). Il observe à ce propos que Desportes venait de mourir, le 5 octobre 1606, et Malherbe pouvait raisonnablement penser que son tour était venu d'être le plus grand poète français vivant.

Page 85.

1. Il y avait un lion dans les armes des ducs de Bouillon.

2. Quel est ce génie qui accompagne le roi ? Il est invraisemblable qu'il puisse s'agir de Sully, que Malherbe n'aimait pas. Ce génie est probablement un être allégorique, le don de séduire, de convaincre et de soumettre.

Page 86.

3. Il semble certain que Malherbe se souvient d'un passage de l'Arioste (XXXVII, oct. 110, v. 1-4). On y relève les neiges fondues, les arbres et les récoltes entraînées.

4. Se terminant par une chute.

Page 87.

5. Balzac, dans l'*Entretien XXXI,* cite une formule de Plaute : *potior Juppiter quam Juppiter.*

Page 88.

6. *Atterrer* a le sens, courant au xvie siècle, de renverser, jeter à terre.

Page 89.

7. La corne était l'attribut des fleuves dans la sculpture conventionnelle imitée de l'antique.

8. Phaéton était tombé dans l'Éridan, c'est-à-dire dans le Pô.

Page 90.

9. La couleuvre figure dans les armes de Milan.

Page 91.   *Quoi donc c'est un arrêt*

Imprimés : Délices, 1615, 1618 et 1621 ; *Recueil,* 1627.

Texte adopté : Recueil, 1627.

Composition : Le *Journal* de L'Estoile nous apprend que pendant tout le mois de juin 1607, Henri IV souffrit d'une forte crise de goutte, qui le retint à Fontainebleau, et le mémorialiste ajoute que le roi en fut tellement et si péniblement « travaillé » qu'il en changea « de visage et de naturel ». Malherbe a parlé de cette crise dans une lettre écrite vers le 20 juin 1607. On observe d'autre part qu'il venait, en ce même mois, de présenter au roi un certain nombre de sonnets, et que le prince s'en montra fort satisfait. Il est raisonnable par conséquent de penser que le présent sonnet figurait parmi ceux que le poète offrit alors à Henri IV.

Il va de soi que ces indications ne donnent pas une certitude et n'imposent pas absolument la date de juin 1607. Il y eut naturellement d'autres crises. On en connaît une qui dura quinze jours, en janvier 1609 (*Journal* de Bassompierre, I, p. 213). Mais peut-être l'argument le plus sérieux en faveur de la date de 1607 est-il que le sonnet ne reçoit tout son sens que si les Français ont encore dans l'esprit, comme toutes récentes, les campagnes de 1605 et 1606, et sont frappés de voir que, maintenant, en pleine paix, la santé du roi est moins bonne.

[FRAGMENT]

Édition : Œuvres, 1630.
Texte adopté : L'édition de 1630.

Composition : Ce curieux fragment flétrit les Mignons d'Henri III. Il les rend responsables de l'anarchie où la France fut alors entraînée.

Sur la date de composition, on ne saurait faire que de timides suppositions. Il est simplement raisonnable de penser que ces vers furent écrits à une époque où l'œuvre de restauration menée par Henri IV portait ses fruits. Les désordres sont maintenant de l'histoire ancienne. Les années 1605-1610 paraissent les plus probables. Il n'est pas sans intérêt d'observer que le président Du Vair manifestait à l'endroit d'Henri III une animosité personnelle. Il flétrit son immoralité dans les confidences très crues qui ont été relevées dans les *Anecdotes,* et ces confidences étaient reçues par Peiresc, qui consciencieusement les notait. On peut être certain que Du Vair les faisait également à Malherbe. Voir ces *Anecdotes,* jointes aux *Mémoires de Marguerite de Valois,* dans l'édition procurée par L. Lalanne, *Bibliothèque elzévirienne,* in-12, 1858.

Page 92.   POUR MONSIEUR LE DAUPHIN
ET MONSIEUR D'ORLÉANS

Éditions : Temple d'Apollon, 1611 ; *Cabinet des Muses,* 1619.
Texte adopté : Cabinet des Muses, 1619.

Composition : Henri IV avait eu d'abord un fils, Louis, né le 27 septembre 1601. Il est le Dauphin que Malherbe exalte dans ce sonnet. Puis un deuxième fils naquit le 16 avril 1607, et il reçut le titre de duc d'Orléans. Le sonnet célèbre sa naissance. Il était destiné à mourir jeune, en 1611, et c'est alors que Gaston, né dans l'intervalle et qui avait reçu le titre de duc d'Anjou, prit celui de duc d'Orléans.

Ces circonstances fixent la date du présent sonnet. Il a été écrit dans les semaines qui suivirent la naissance du premier duc d'Orléans, en mai ou juin 1607. Malherbe en envoya le texte à Peiresc avec une lettre du 18 juillet 1607.

Page 93.   AU FEU ROI

Imprimés : Nouveau recueil, 1609 ; *Délices,* 1615, 1618 et 1621 ; *Recueil,* 1627.

Texte adopté : Recueil, 1627.

Composition : Le duc d'Anjou pour la naissance de qui Malherbe a écrit le présent sonnet n'est autre que Gaston, troisième fils d'Henri IV, né le 25 avril 1608. Il fut d'abord duc d'Anjou. Mais le deuxième fils du roi étant mort en bas âge, le 17 novembre 1611, le titre de duc d'Orléans, qu'il avait porté, passa au troisième fils. Celui-ci devint duc d'Orléans, et c'est sous ce dernier titre qu'il est connu dans l'histoire.

Un mois après la naissance du petit prince, Malherbe écrivait à Peiresc (25 mai 1608) pour lui envoyer le présent sonnet. Il l'avait, dit-il, présenté à Henri IV, et le roi avait estimé ces vers plus qu'ils ne méritaient. Malherbe, pour son compte, appelait cette pièce « un méchant sonnet ».

On notera que ce sonnet est irrégulier et que les rimes des quatrains non seulement diffèrent entre elles, mais ne sont pas placées dans le même ordre.

1. L'école d'Apollon, ce sont les poètes. Ils lisent dans l'avenir.

2. Ces jeunes lions, ce sont les fils du roi. Pour ne parler que des fils légitimes, il y en avait trois alors vivants.

À MONSEIGNEUR LE DAUPHIN

Imprimés : Délices, 1615, 1618 et 1621 ; *Recueil,* 1627.

Texte adopté : Recueil, 1627.

Composition : Il ressort du texte de ce sonnet qu'il a été composé à un moment où les milieux proches de la Cour envisageaient sans défaveur et même avec des espérances assez bien définies une politique de mariages entre la Maison de France et les Maisons les plus considérables d'Europe, celle d'Espagne en particulier. Sans qu'une certitude soit possible, on peut penser que cette situation correspond à la première moitié de 1609. En septembre, la cour de France se montrait déjà moins favorable à ces projets, et en 1610 il n'en était plus question. On observe d'ailleurs que le manuscrit Condé 534 place les pièces dans un ordre exactement chronologique. Or le sonnet *A Monseigneur le Dauphin* s'y trouve à mi-distance entre des vers de mars 1609 et des stances du mois de juillet suivant.

Page 94.

1. Élisabeth de France était née le 22 novembre 1602. Chrétienne était née le 10 février 1606. Quelques mois après la composition du sonnet, le 25 novembre 1609, naissait Henriette, la future reine d'Angleterre.

2. Le dauphin Louis était né le 27 septembre 1601.

À MADAME LA PRINCESSE DOUAIRIÈRE

Imprimés : Délices, 1620 et 1621 ; *Recueil,* 1627.
Texte adopté : Recueil, 1627.

Composition : La princesse à qui s'adressent ces vers était née Charlotte de La Trémouille. Mariée en 1586 à Henri Ier de Bourbon, prince de Condé, elle était devenue veuve deux ans plus tard (5 mars 1588). On fut généralement persuadé qu'elle avait fait empoisonner le prince son mari. Elle fut emprisonnée, puis mise en liberté en 1595. À la cour d'Henri IV, elle se mêla à trop de cabales, et il lui arriva d'être disgraciée.

Nous avons la lettre que Malherbe lui adressa en lui envoyant le présent sonnet. Elle ne porte malheureusement pas de date. Il en résulte au moins que Malherbe composa ces vers quand il apprit que la princesse, absente de Paris, n'y revenait pas, mais prenait la route de la Provence. Cette dernière indication fournit l'explication du premier tercet.

1. Thème proprement pétrarquiste. Malherbe pouvait lire dans Pétrarque (Ciureanu, éd. citée, p. 61) :

> *Tanto e più fien le cose oscure e sole,*
> *Se morte li occhi suoi chiude et asconde*
>
> (CCXVIII, 13-14).

Page 95.   ÉPITAPHE DE MADEMOISELLE DE CONTY

Éditions : Recueil, 1627 ; *Œuvres,* 1630 ; *Hortus epitaphiorum,* 1647.
Texte adopté : Recueil, 1627.

Composition : Il s'agit ici de Marie de Bourbon, fille de François de Bourbon, prince de Conty, et de Louise de Lorraine. Née le 8 mars 1610, elle ne vécut que douze jours et mourut le 24 mars. Malherbe a parlé de cette mort dans ses lettres à Peiresc des 23 et 24 mars 1610.

On observera qu'en écrivant *Conty,* Malherbe se conforme à l'usage général et légitime. C'est par un véritable abus que l'habitude s'est établie d'écrire Conti. Il s'agit de la terre de Conty, et c'est la seule orthographe qu'il convienne d'observer.

Malherbe a également composé une épitaphe en prose de la petite princesse. Lalanne l'a retrouvée dans le manuscrit 133 du fonds Baluze, et l'a publiée dans son édition des *Œuvres*, I, p. 364.

POUR ELLE-MÊME

Édition : Recueil, 1627.
Texte adopté : Recueil, 1627.

Composition : Tout ce que nous savons de ces vers, c'est le manuscrit de Carpentras qui nous l'apprend. Il s'agit de la princesse Marie, comme pour la pièce précédente. Malherbe dit d'elle, dans une lettre du 24 mars 1610 : « C'était la plus belle et la plus grande enfant qui se pouvait voir. »

Page 96. À MONSEIGNEUR LE DUC DE BELLEGARDE, GRAND ÉCUYER DE FRANCE

Imprimés : Nouveau recueil, 1609 ; *Vers à la Reine,* 1611 ; *Temple d'Apollon,* 1611 ; *Délices,* 1615, 1618 et 1621 ; *Cabinet des Muses,* 1619 ; *Recueil,* 1627.
Le texte de cette ode a été si profondément modifié en 1611 qu'il est maintenant d'usage de donner à part la rédaction primitive, telle qu'elle apparaît dans le *Nouveau recueil* de 1609.
Texte adopté : Recueil, 1627.

Composition : Malherbe a composé cette ode pour son patron, Roger de Saint-Lary et de Termes, seigneur de Bellegarde. Il occupait auprès du roi la charge importante de Grand Écuyer de France, et portait donc le titre de Monsieur le Grand. Plus tard, en 1619, il devint duc de Bellegarde.

Au dire de Ménage, cette ode fut composée en 1608. De toute façon, elle n'a pu être écrite qu'entre 1605 et 1608.

1. Ces vers ont un sens précis. Malherbe n'avait pas jusqu'en 1605 réussi à trouver une situation à la Cour. Il l'a obtenue en entrant au service du Grand Écuyer.

2. Ta renommée.

Page 97.

3. Le Parnasse.
4. En fait, la maison de Saint-Lary remontait au XVe siècle, et elle avait dû sa rapide fortune, dans le siècle suivant, à la protection du duc d'Épernon.

Page 98.

5. Roger de Saint-Lary, oncle de Bellegarde, avait longuement servi en Piémont, et avait été promu maréchal de France en 1574.
6. Le maréchal de Termes, ancêtre de Bellegarde, avait combattu à

Cérisoles. Il était mort en 1572. J. Lavaud a rappelé le vers de Virgile (*Énéide*, VIII, 77) :

> *Corniger Hesperidum fluvius regnator aquarum*

Sans mettre en doute l'intérêt de ce rapprochement, M. Ciureanu rappelle un vers du *Roland furieux* (XXXV, oct. 6, v. 1) :

> *Del re de' fiumi tra l'altere corna.*

7. Le bien d'autrui.

Page 99.

8. La « carrière », ce n'est pas du tout ce que nous appelons de ce nom, c'est le terrain où le cavalier pousse son cheval, soit dans un combat, soit dans une compétition. M. de Bellegarde, Grand Écuyer de France, doit naturellement briller plus que tout autre « dans la carrière ».

9. La lice et les jeux de barrière sont des occasions par excellence de montrer ses qualités « dans la carrière ».

10. Ce fut Monsieur le Grand qui alla chercher à Florence Marie de Médicis pour la conduire en France.

11. L'Arno.

12. Voulu par le Destin.

Page 100.

13. C'est-à-dire qu'il avait la poitrine haute et large.

Page 101.

14. Pendant les guerres civiles, Bellegarde avait été, comme son puissant ami le duc d'Épernon, parmi les plus fidèles à la cause du roi légitime.

15. Alphée était épris de la nymphe Aréthuse. Diane la change en fontaine dans l'île d'Ortygie, près de la Sicile. Il est, lui, métamorphosé en une rivière de l'Élide, mais ses eaux, passant sous la mer, rejoignent celles d'Aréthuse sans avoir perdu leur douceur.

16. Détourné.

Page 102.

17. Bellegarde était aux côtés d'Henri IV dans la campagne d'Ivry, de Chartres et de Rouen.

18. Il s'agit cette fois de la campagne de Savoie, en 1599-1600. Là encore Bellegarde avait suivi le roi et pris part à toutes les opérations.

Page103.

19. Le marquis de Termes était le frère cadet de Bellegarde. Il s'appelait César-Auguste de Saint-Lary. Chevalier de Malte d'abord, il rentra dans le monde pour se marier et perpétuer sa race, car il devenait prévisible que Bellegarde n'aurait pas d'enfants. Il épousa donc en 1615 Catherine Chabot, fille de Jacques, marquis de Mirebeau. Il fut tué au siège de Clairac le 22 juillet 1622.

Ode

À la fin c'est trop de silence
En si beau sujet de parler
Le mérite qu'on veut celer
Souffre une injuste violence,
5 Bellegarde, unique support
Où mes vœux ont trouvé leur port,
Que tarde ma paresse ingrate,
Que déjà ton bruit nonpareil
Au bord du Tage et de l'Euphrate
10 N'a vu l'un et l'autre Soleil ?

Les Muses hautaines et braves
Tiennent le flatter odieux
Et comme parentes des dieux
Ne parlent jamais en esclaves :
15 Mais aussi ne sont-elles pas
De ces beautés dont les appas
Ne sont que rigueur et que glace,
Et de qui le cerveau léger
Quelque service qu'on leur fasse
20 Ne se peut jamais obliger.

La vertu qui de leur étude
Est le fruit le plus précieux
Sur tous les actes vicieux
Leur fait haïr l'ingratitude,
25 Et les agréables chansons
Par qui leurs doctes nourrissons
Savent charmer les destinées,
Récompensent un bon accueil
De louanges, que les années
30 Ne mettent point dans le cercueil.

Les tiennes vivront, je le jure
Touchant de la main à l'autel,
Sans que jamais rien de mortel
Ait pouvoir de leur faire injure :
35 Et l'éternité que promet
La montagne au double sommet
N'est que mensonge et que fumée,
Ou je rendrai cet univers
Amoureux de ta renommée
40 Autant que tu l'es de mes vers.

Comme en cueillant une guirlande
On est d'autant plus travaillé

Que le parterre est émaillé
D'une diversité plus grande,
45 Tant de fleurs de tant de côtés
Faisant paraître en leurs beautés
L'artifice de la nature,
Que les yeux troublés de plaisir
Ne savent en cette peinture
50 Ni que laisser ni que choisir.

Ainsi quand pressé de la honte
Dont me fait rougir mon devoir
Je veux une œuvre concevoir
Qui pour toi les âges surmonte,
55 Tu me tiens les sens enchantés
De tant de rares qualités
Où brille un excès de lumière,
Que plus je m'arrête à penser
Laquelle sera la première
60 Moins je sais par où commencer.

Par combien de semblables marques
Dont on ne peut me démentir
Ai-je de quoi te garantir
Contre les outrages des parques ?
65 Mais des sujets beaucoup meilleurs
Me font tourner ma route ailleurs,
Et la bienséance des choses
M'avertit qu'il faut qu'un guerrier
En sa couronne ait peu de roses,
70 Avecques beaucoup de laurier.

Achille était haut de corsage,
L'or éclatait en ses cheveux,
Et les femmes avec des vœux
Soupiraient après son visage :
75 Sa gloire à danser et chanter,
Tirer de l'arc, sauter, lutter,
À nulle autre n'était seconde,
Mais s'il n'eut eu rien de plus beau
Son nom qui vole par le monde
80 Fut-il pas clos dans le tombeau ?

C'est aux magnanimes exemples
Qui dessus la scène de Mars
Sont faits au milieu des hasards,
Qu'il appartient d'avoir des temples,
85 Et c'est là que je veux trouver
De quoi si dignement graver
Les monuments de ta mémoire,
Que tous les siècles à venir
N'auront point de nuit assez noire

90 Pour en cacher le souvenir.

En ce long temps où les manies
D'un nombre inifini de mutins
Poussés de nos mauvais destins,
Ont assouvi leurs tyrannies,
95 Qui se peut vanter comme toi
D'avoir toujours gardé sa foi
Hors de soupçon comme de crime ?
Et d'une forte passion
Haï l'espoir illégitime
100 De la rebelle ambition ?

Tel que d'un effort difficile
Un fleuve par-dessous la mer,
Sans que son flot devienne amer
Passe de Grèce en la Sicile :
105 Il ne sait lui-même comment
Il peut couler si nettement,
Et sa fugitive Aréthuse
Coutumière à le mépriser
De ce miracle est si confuse
110 Qu'elle s'accorde à le baiser.

Tel entre ces esprits tragiques
Ou plutôt démons insensés
Qui de nos dommages passés
Tramaient les funestes pratiques,
115 Tu ne t'es jamais diverti
De suivre le juste parti,
Mais blâmant l'impure licence
De nos déloyales humeurs,
As toujours aimé l'innocence
120 Et pris plaisir aux bonnes mœurs.

Si nommer en son parentage
Une longue suite d'aïeux
Que la gloire a mis dans les cieux,
Est réputé grand avantage
125 À qui peut-il être inconnu
Que toujours les tiens ont tenu
Les charges les plus honorables
Qu'espèrent avecques raison
Sous des monarques favorables
130 Ceux qui sont d'illustre maison ?

Qui ne sait de quelles tempêtes
Leur fatale main autrefois
Portant la foudre de nos rois
Des Alpes a battu les têtes ?
135 Qui n'a vu dessous les combats

Le Pô, mettre ses cornes bas ?
Et les peuples de ses deux rives
Dans la frayeur ensevelis,
Laisser leurs dépouilles captives
140 À la merci des fleurs de lis ?

Mais de chercher aux sépultures
Des témoignages de valeur
C'est à ceux qui n'ont rien du leur
Estimable aux races futures,
145 Non pas à toi qui revêtu
De tous les dons que la vertu
Peut recevoir de la fortune,
Connais ce qui vraiment est bien,
Et ne veux pas comme la Lune
150 Luire d'autre feu que du tien.

Quand le monstre infâme d'envie
À qui rien de l'autrui ne plaît,
Tout lâche et perfide qu'il est
Jette les yeux dessus ta vie,
155 Et voit qu'on te donne le prix
Des beaux cœurs et des beaux esprits,
Dont aujourd'hui la France est pleine,
N'est-il pas contraint d'avouer
Qu'il a lui-même de la peine
160 À s'empêcher de te louer.

De quelle adresse incomparable
Ce que tu fais n'est-il réglé ?
Qui ne voit s'il n'est aveuglé
Que ton discours est admirable ?
165 Et les charmes de tes bontés
N'ont-ils pas sur leurs volontés
Une si parfaite puissance
Qu'une âme ne peut éviter
D'être sous ton obéissance
170 Quand tu l'en veux solliciter.

Soit que l'honneur de la carrière
T'appelle à monter à cheval
Soit qu'il se présente un rival
Pour la lice, ou pour la barrière,
175 Soit que tu donnes ton loisir
À faire en quelque autre plaisir
Luire tes grâces nonpareilles,
Voit-on pas que toute la cour
Aux spectacles de tes merveilles
180 Comme à des théâtres accourt ?

Quand il fallu par les armes

Venir à l'essai glorieux
De réduire ces furieux
Aveuglés d'appas et de charmes,
185 Qui plus heureusement a mis
La honte au front des ennemis ?
Et par de plus dignes ouvrages
Témoigné le mépris du sort
Dont sollicite les courages
190 Le soin de vivre après la mort ?

Dieu sait bien avec quelle audace
Il vit au haut de ses remparts
Ton glaive craint de toutes parts
Se faire abandonner la place,
195 Et sait bien que les assiégés
En péril extrême rangés,
Tenaient déjà leur perte sûre
Quand demi mort, par le défaut
Du sang versé d'une blessure
200 Tu fus remporté de l'assaut.

La défense victorieuse
D'un petit nombre de maisons,
Qu'à peine avait clos de gazons
Une hâte peu curieuse,
205 Un camp venant pour te forcer
Abattu sans se redresser,
Et le repos d'une province
Par un même effet rétabli,
Au gré des sujets et du prince,
210 Sont-ce choses dignes d'oubli ?

Sous la canicule enflammée
Les blés ne sont point aux sillons
Si nombreux que les bataillons
Qui fourmillaient en cette armée
215 Et si la fureur des titans
Par de semblables combattants
Eût présenté son escalade,
Le ciel avait de quoi douter
Qu'il n'eût vu régner Encelade
220 En la place de Jupiter.

Qui vers l'épaisseur d'un bocage
A vu se retirer des loups
Qu'un berger de cris et de coups
A repoussés de son herbage,
225 Il a vu ces désespérés
Par ta gloire déshonorés
S'en revenir en leur tranchée,
Et ne rester de leurs efforts

Que toute la terre jonchée
230 De leurs blessés et de leurs morts.

La paix qui neuf ans retirée
Faisait la sourde à nous ouïr
À la fin nous laissa jouir
De sa présence désirée.
235 Au lieu du soin et des ennuis
Par qui nos jours semblaient des nuits
L'âge d'or revint sur la terre,
Les délices eurent leur tour,
Et mon Roi lassé de la guerre
240 Mit son temps à faire l'amour.

Le nom de sa chaste Marie
Le travaillait d'une langueur
Qu'il pensait que pour sa longueur
Jamais il ne verrait guérie,
245 Et bien que des succès heureux,
De ses combats aventureux
Toute l'Europe sut l'histoire,
Il croyait en sa Royauté
N'avoir rien s'il n'avait la gloire
250 De posséder cette beauté ?

Elle auparavant invincible
Et plus dure qu'un diamant,
S'apercevait que cet Amant
La faisait devenir sensible.
255 Les doutes que les femmes font
Et la conduite qu'elles ont
Plus discrète et plus retenue,
Contre sa flamme combattant
Faisait qu'elle était moins connue,
260 Mais elle était grande pourtant.

En l'heureux sein de la Toscane
Diane aux ombres de ses bois
La nourrissait dessous ses lois,
Qui n'enseignent rien de profane,
265 Tandis le temps faisait mourir
Le dessein de l'aller querir
Et ne restait plus que d'élire
Celui qui serait le Jason
Digne de faire à cet Empire,
270 Voir une si belle toison.

Tu vainquis en cette dispute
Aussi plein d'aise dans le cœur
Qu'à Pise jadis un vainqueur
Ou de la course ou de la lutte.

275 Et parus sus les poursuivants
Dont les vœux trop haut s'élevants
Te donnaient de la jalousie,
Comme dessus des arbrisseaux
Un de ces pins de Silésie
280 Qui font les mâts de nos vaisseaux.

Quelle prudence inestimable
Ne fis-tu remarquer alors
Quels ornements d'âme et de corps,
Ne te firent trouver aimable :
285 Téthis que ta grâce ravit
Pleine de flamme te suivit
Autant que dura ton passage,
Et l'Arne cessa de couler
Plein de honte qu'en son rivage
290 Il n'avait de quoi t'égaler.

Tu menais le blond hyménée
Qui devait solennellement
De ce fatal accouplement,
Célébrer l'heureuse journée,
295 Jamais il ne fut si paré,
Jamais en son habit doré
Tant de richesses n'éclatèrent,
Toutefois les nymphes du lieu
Non sans apparence doutèrent
300 Qui de vous deux était le Dieu.

Mais quoi ? ma barque vagabonde
Est dans les Sirtes bien avant,
Et le plaisir la décevant
Toujours la pousse au gré de l'onde,
305 Bellegarde, les matelots
Jamais ne méprisent les flots
Quelque phare qui leur éclaire,
Je ferai mieux de relâcher,
Et borner le soin de te plaire
310 Par la crainte de te fâcher.

Toute la gloire où mon attente
Croit avoir raison d'aspirer,
C'est qu'il te plaise m'assurer
Que mon offrande te contente,
315 Donne-m'en d'un clin de tes yeux
Un témoignage gracieux
Et si tu la trouves petite,
Considère qu'une action
Ne peut avoir peu de mérite
320 Ayant beaucoup d'affection.

Ainsi toujours d'or et de soie
Ton âge dévide son cours :
Ainsi te naissent tous les jours
Nouvelles matières de joie,
325 Et les foudres accoutumés,
De tous les traits envenimés
Que par la fortune contraire
L'ire du Ciel fait décocher,
De toi ni de Termes ton frère
330 Ne puissent jamais approcher.

Quand la faveur à pleines voiles,
Toujours compagne de vos pas
Vous ferait devant le trépas
Avoir le front dans les étoiles,
335 Et remplir de votre grandeur,
Ce que la terre a de rondeur,
Sans être menteur je puis dire,
Que jamais vos prospérités
N'iront jusques où je désire
340 Ni jusques où vous méritez.

AUX DAMES
POUR LES DEMI-DIEUX MARINS,
CONDUITS PAR NEPTUNE

Éditions : Nouveau recueil, 1609 ; *Délices,* 1615, 1618 et 1621 ; *Recueil,* 1627.

Texte adopté : Recueil, 1627.

Composition : Le 25 février 1606, un carrousel fut couru au Louvre et à l'Arsenal. Il était formé de quatre troupes. Chacune avait pour nom celui d'un des quatre éléments, l'Eau, la Terre, le Feu et l'Air. La première de ces troupes, celle de l'Eau, était conduite par Monsieur le Grand, autrement dit par le duc de Bellegarde, le patron de Malherbe.

Bellegarde commanda à Malherbe une pièce de vers pour son groupe, et c'est ce qui explique le titre *Pour les demi-dieux marins conduits par Neptune.* Le poète ne reçut cette commande que cinq jours avant la fête. Il s'exécuta. Mais ce furent pour lui « des vers de nécessité ». Il n'en était pas fier.

Le thème que cette pièce développe est le suivant. Les demi-dieux marins appartiennent à Neptune, ils savent l'obéissance qu'ils lui doivent. Mais la beauté des dames de la Cour s'est imposée à eux. Que Neptune s'en aille à ses Néréides. Ils sont, eux, décidés à rester où sont les dames.

POUR LE PREMIER BALLET
DE MONSEIGNEUR LE DAUPHIN
AU ROI HENRI LE GRAND

Édition : Œuvres, 1630.

Composition : S'appuyant sur une lettre de Malherbe en date du 8 mars 1608, les plus récents éditeurs du poète pensent qu'il s'agit ici du ballet dansé par le Dauphin, le 21 février 1608. Il se peut que cette supposition soit exacte. Mais il importe d'abord d'observer que la lettre citée se borne à dire qu'Henri IV a promis à Malherbe une pension « sur la première abbaye, évêché ou archevêché », et rien n'invite ni n'autorise à penser que cette promesse a été faite pour remercier le poète de son sonnet.

D'autre part, le ballet du 21 février 1608 ne fut pas une fête publique. Le petit Dauphin le dansa dans la chambre du roi avec des garçonnets de son âge. Ils étaient habillés en filles, et l'enfant royal n'en était sans doute pas fier car, nous dit Héroard, il « ne veut pas que personne le sache ni le voie, de peur d'être reconnu » (*Journal*, I, p. 318). On ne peut vraiment pas, semble-t-il, parler du « premier ballet de Monseigneur le Dauphin ».

Cette appellation convient beaucoup mieux au ballet du 28 février 1610, que le Dauphin dansa à l'Arsenal. Il s'agissait cette fois d'une véritable fête de Cour, et Bassompierre prononce ce mot qui semble décisif : « Il [le Dauphin] a dansé son ballet fort bien devant Leurs Majestés. C'est le premier qu'il a dansé en Cour » (I, p. 426). Une lettre de Malherbe à Peiresc, le 18 février 1610, nous apprend que ce ballet coûtait deux mille écus.

S'il fallait pourtant relever un indice favorable à la date de 1608, ce serait que ce ballet si peu important au dire d'Héroard, Malherbe le loue avec une insistance qui étonne. Il a soin de dire que, « sans cajolerie », certains qui y étaient présents assurent que de grandes personnes n'eussent pas mieux fait.

BALLET DE LA REINE
LA RENOMMÉE AU ROI

Imprimés : Recueil des vers du ballet de la Reine, 1609 ; Recueil d'airs, 1609 et 1614 ; Délices, 1620 et 1621 ; Recueil, 1627.

Texte adopté : Recueil, 1627.

Composition : Ce ballet, fixé d'abord au 25 janvier 1610, fut dansé le 31 janvier. Il fut, nous dit Bassompierre, le plus beau et le dernier que la reine dansa. Malherbe, qui pourtant ne prenait guère plaisir à ce genre de divertissements, dut avouer, après l'avoir vu, qu'il fallait désespérer « de voir jamais rien de si beau ni de si magnifique » (Lettre à Peiresc, du 2 février 1610).

Il ressort du texte de Malherbe (v. 13-18) que la Renommée était entourée de douze jeunes filles choisies parmi les plus belles. Nous savons d'autre part que Charlotte de Montmorency était parmi les figurantes du ballet, qu'elle était comme ses compagnes vêtue en nymphe, et qu'en un endroit « elles levaient leur javelot comme si elles l'eussent voulu lancer » (Tallemant, *Historiettes*, Bibl. de la Pléiade, t. I, p. 68). Nous apprenons aussi qu'Angélique Paulet, alors âgée de dix-huit ans, y brilla particulièrement. Assise sur un dauphin, elle chanta des vers de Lingendes (Tallemant, éd. citée, t. I, p. 474) :

Je suis cet Amphion...

Les vers de Malherbe furent chantés sur un air du musicien Chevalier.

Page 106.

1. Limité, borné.

2. M. Ciureanu (éd. citée, p. 60) a curieusement rapproché les vers de Pétrarque (CCXXV, 1-2) :

Dodici donne onestamente lasse,
Anzi dodici stelle, e'n mezzo un sole.

3. *Reboucher* pouvait être transitif ou intransitif. Employé transitivement, comme c'est ici le cas, il signifiait *émousser la pointe* ou *le tranchant*, et par conséquent *affaiblir* et *rendre impuissant*. On disait : *reboucher la pointe, le tranchant, l'acier.*

Page 108. BALLET DE MADAME

Imprimés : Délices, 1620 et 1621 ; *Recueil*, 1627.
Texte adopté : Recueil, 1627.

Composition : Madame désigne ici la princesse Élisabeth de France, fille d'Henri IV et de Marie de Médicis. Elle avait sept ans quand elle dansa son premier ballet, pour lequel Malherbe composa ces vers. C'était le 2 avril 1609, au château de Saint-Germain-en-Laye.

Malherbe a parlé de cette pièce dans sa lettre à Peiresc, du samedi 21 mars 1609. Il annonce à son ami que Marc-Antoine va les lui faire voir en allant en Provence.

Ces vers présentent, à les lire avec soin, un caractère particulier et étonnant. Ils s'adressent à Henri IV pour le presser de refuser la tyrannie de l'amour et l'exhorter à ne rien mêler de lâche à ses exploits et à ses grandes pensées. Ils le font sans dissimuler qu'ils se rapportent à une situation réelle et précise. Car ils osent dire que la valeur du roi « a ressenti l'outrage » de l'impudence de l'Amour. Ils soulignent même l'allusion :

Mais sans qu'il soit besoin d'en parler davantage...

La signification de ces vers est évidente. Depuis la fin de janvier, Henri IV est affolé de passion pour Charlotte de Montmorency. Les vers de Malherbe veulent rappeler le roi à la raison.

Nous serions tentés d'hésiter devant cette interprétation qui pourtant s'impose. Mais une lettre de Peiresc, du 12 mai 1609, prouve que l'intention de Malherbe fut comprise dès la première heure, et qu'on admira son courage. « Nous avons vu, écrit cet ami, ces beaux vers du ballet de Madame, que nous avons admirés pour leur perfection et encore plus pour la généreuse liberté dont vous y avez usé. » Il resterait à savoir qui avait confié cette tâche à Malherbe. On croira difficilement que l'amour de la vertu l'ait seul inspiré.

*1. L'Arioste avait exprimé une idée toute semblable :

> *O Amor crudel e d'ogni mal radice.*

Page 109.   *Dure contrainte de partir,*

Imprimés : Nouveau recueil, 1609 ; *Temple d'Apollon,* 1611 ; *Délices,* 1615, 1618 et 1621 ; *Cabinet des Muses,* 1619 ; *Recueil,* 1627.

Texte adopté : Recueil, 1627.

Composition : Malherbe venait à peine d'arriver à la Cour, en août ou septembre 1605, lorsqu'il entra en relations avec la vicomtesse d'Auchy, pour l'appeler du nom qu'une tradition inexacte lui donne, car elle était en réalité vicomtesse d'Oulchy-le-Château, dans la région de l'Aisne. Elle était née vers 1570. Son mari le vicomte d'Auchy était depuis 1593 gouverneur de Saint-Quentin, et avait fini par la laisser libre de mener à Paris la vie qu'elle entendait. Elle commença de bonne heure à réunir chez elle des gens de lettres, et l'on ne s'étonne pas que Malherbe soit allé chez elle. Il tint bientôt dans ce salon la première place, et Tallemant écrit qu'il était « le mieux avec elle ». Leurs relations commencèrent en 1605. À partir de février 1606, ils entretinrent une correspondance suivie. Le poète composa pour la vicomtesse une dizaine de pièces de vers. On notera d'ailleurs que le nom poétique de Caliste qu'il lui donne dans plusieurs d'entre elles n'apparaît pour la première fois que dans une lettre du 9 avril 1607.

Les présentes stances sont écrites à un moment où Malherbe se voit obligé de suivre la Cour à Fontainebleau. On peut penser avec vraisemblance que ce fut au mois de septembre 1606. On observe des rapprochements précis entre certains vers de cette pièce, et les lettres que Malherbe adressa à la vicomtesse dans l'automne de 1606.

1. Malherbe écrit dans une lettre à Caliste du 10 septembre 1607 : « L'heure de partir est venue, heure véritablement infortunée en toutes ses circonstances. »

Page 110.

2. Il écrit dans la même lettre : « La mort est la seule fin que vraisemblablement je dois proposer à mes ennuis. »

3. Dans la même lettre : « ... en ce pitoyable moment que je fus séparé de vous, ou, pour mieux dire, que je fus arraché à moi-même. »

4. « La fin de ma misère ne peut venir d'ailleurs que de mon retour auprès de vous. »

Imprimés : Nouveau Recueil, 1609 ; *Délices,* 1615, 1618 et 1621 ; *Recueil,* 1627.

Texte adopté : Recueil, 1627.

Composition : Ces stances s'adressent sans doute possible à la vicomtesse d'Auchy. Un trait suffit à le prouver : le « jugement des beaux esprits » est d'accord pour exalter la femme que célèbre Malherbe. Et nous savons que la vicomtesse tenait un salon de beaux esprits, à une époque où il n'y en avait pas d'autres, pas même celui de Mme de Rambouillet. De même, Malherbe loue la voix de cette femme, et la vicomtesse se vantait de bien chanter.

Puisque le nom de Caliste n'apparaît pas dans ces vers, il est vraisemblable qu'ils furent écrits avant le mois d'avril 1607.

1. Cette femme que célèbrent les beaux esprits, c'est la vicomtesse. Tallemant écrit sur elle : « Tous les auteurs, et principalement les poètes, étaient admis à lui en conter » (Bibl. de la Pléiade, t. I, p. 132).

2. Dans les vers *Il n'est rien de si beau,* où il célèbre Caliste, Malherbe dit :

> *La clarté de son teint n'est pas chose mortelle.*

3. Dans le même sonnet il avait célébré la gorge de la vicomtesse :

> *La blancheur de sa gorge éblouit les regards.*

4. De même, l'éclat des yeux :

> *Amour est en ses yeux, il y trempe ses dards.*

5. La vicomtesse était connue pour sa prétention à bien chanter. Ce n'était d'ailleurs qu'une prétention, et Tallemant écrit : « Elle n'a jamais eu la réputation de bien chanter. » Il n'en est pas moins vrai que Lingendes a célébré :

> *Cette voix nonpareille*
> *Qui peut ravir les dieux.*

6. *Ne faut,* c'est-à-dire *ne fait défaut.*

Imprimés : Nouveau Recueil, 1609 ; *Délices,* 1615, 1618 et 1621 ; *Recueil,* 1627.

Texte adopté : Recueil, 1627.

Composition : Ce sonnet correspond à une crise dans l'histoire des relations de Malherbe et de la vicomtesse d'Auchy. Rebuté par trop de froideurs, il va rompre. Nous ne connaissons pas assez les détails de cette histoire pour préciser davantage. Mais d'une part nous observons que maintenant Malherbe appelle la vicomtesse Caliste, et nous avons vu qu'il ne le fit qu'à partir de mars-avril 1607. Et d'autre part, ce sonnet occupe dans le manuscrit Condé 534 une place qui invite à le dater de la même époque.

1. Ce mot, à l'époque, signifie seulement enlever le plaisir.

Page 113.   *Beauté de qui la grâce*

Imprimés : Nouveau Recueil, 1609 ; *Délices*, 1615, 1618 et 1619 ; *Recueil*, 1627.
Texte adopté : Recueil, 1627.

Composition : On ne saurait naturellement affirmer avec certitude que ce sonnet ait été écrit au cours de la même crise que traduisaient les vers *C'est fait, belle Caliste...* Il a pu se produire dans l'histoire des relations de Malherbe et de la vicomtesse d'Auchy plus d'une rupture et plus d'une réconciliation. Mais sans préjuger de leur date, c'est lorsqu'elles sont rapprochées que ces deux pièces prennent le plus de relief.

POUR METTRE DEVANT
LES HEURES DE CALISTE

Imprimés : Délices, 1615, 1618 et 1621 ; *Recueil*, 1627.
Texte adopté : Recueil, 1627.

Composition : Ces vers sont écrits à un moment où Caliste, c'est-à-dire la vicomtesse d'Auchy, affecte d'être « sans amour ». On est porté à supposer qu'ils furent écrits en mars-avril 1607, à la même époque que les sonnets *C'est fait, belle Caliste*, et *Beauté de qui la grâce*.

Malherbe imagine que son sixain sera copié sur la première page du livre d'heures, c'est-à-dire du livre de prières de la vicomtesse.

Page 114.   AUTRE SUR LE MÊME SUJET

Imprimés : Délices, 1615, 1618 et 1621 ; *Recueil*, 1627.
Texte adopté : Recueil, 1627.

Composition : On supposera avec vraisemblance que ce quatrain a été composé dans les mêmes circonstances que le sixain précédent.

Il n'est rien de si beau

Imprimés : Nouveau Recueil, 1609 ; *Délices*, 1615, 1618 et 1621 ; *Recueil des plus excellents vers satiriques de ce temps*, 1617 ; *Recueil*, 1627.
Texte adopté : Recueil, 1627.

Composition : Après des vers qui annonçaient la rupture, en voici d'autres qui exaltent les beautés de la femme aimée. Il semble d'ailleurs que Malherbe s'applique à contredire ce que tout le monde pensait. Il célèbre son teint. Or Tallemant nous dit : « Elle avait un teint de malade » (Bibl. de la Pléiade, t. I, p. 132) et donne ainsi raison à Berthelot qui disait :

> *La clarté de son teint du sublimé procède.*

De même il est difficile de croire qu'Amour était dans les yeux de la vicomtesse, car précisément, écrit Tallemant, « ses yeux furent toujours les moins brillants et les moins clairvoyants du monde ». Un sonnet attribué à Mainard refuse de croire qu'Amour soit logé dans ces yeux-là :

> *Sinon qu'il s'y logeât, ainsi qu'un président,*
> *Prononçant ses arrêts en robe d'écarlate.*

Berthelot ne disait donc que la vérité lorsqu'il écrivait :

> *Avecque ses yeux charmants*
> *Qui sont tout pleins d'amertume*
> *Et d'écume.*

Par contre Malherbe a raison de vanter la gorge de Caliste. Au dire de Tallemant, c'était, avec le tour du visage, tout ce qu'elle avait de beau.

Ce sonnet fut parodié par Berthelot dans les circonstances suivantes. On verra plus loin que ce satirique s'était permis de parodier la chanson que Malherbe avait aidé Mme de Bellegarde à composer :

> *Qu'autres que vous soient désirées...*

et que Malherbe, pour le punir, l'avait fait bâtonner par un certain La Boulardière. On dit que la vicomtesse d'Auchy applaudit à ce juste châtiment. Berthelot se vengea, à la fois, du poète et de la dame. Il écrivit contre celle-ci un atroce sonnet qui reprenait et tournait en dérision, vers par vers, les louanges que Malherbe avait faites des beautés de Caliste.

> *De toutes les laideurs, Francine est la plus laide.*

D'autres états de la pièce disent *Robine.*

Il semble non douteux qu'il n'en resta pas là. Il écrivit encore une pièce parfaitement ordurière :

> *Quand Polidon fringa la dame putassière...*

où Malherbe s'appelle Polidon et où la vicomtesse reçoit le nom grotesque de Barbizi. Dans ces conditions, il semble probable que Berthelot pense encore à ses deux bêtes noires quand il écrit deux pièces retrouvées par Frédéric Lachèvre aux Cinq Cents Colbert, t. 488, f° 524 :

> *Polidon avec un grand manche...*

et

> *Polidon quatre fois dresse...*

Imprimés : *Nouveau recueil,* 1609 ; *Délices,* 1615, 1618 et 1621 ; *Recueil,* 1627.

Texte adopté : *Recueil,* 1627.

Composition : Ces bâtiments désignent le château de Fontainebleau. Malherbe y est allé avec la Cour en juin 1607. Il nous apprend d'ailleurs, dans une lettre, qu'il a composé ce sonnet le jour de la Pentecôte, qui tombait cette année-là le 3 juin. Il l'envoya à Peiresc le 18 juillet suivant. Balzac nous apprend dans ses *Entretiens,* XXXII, que Malherbe préférait ce sonnet, parmi tous ceux qu'il avait écrits.

Page 115. *Caliste, en cet exil*

Imprimés : *Nouveau recueil,* 1609 ; *Délices,* 1615, 1618 et 1621 ; *Recueil,* 1627.

Texte adopté : *Recueil,* 1627.

Composition : Ce sonnet a été écrit en même temps que le précédent, au début de juin 1607, pendant le séjour que la Cour faisait à Fontainebleau.

Page 116. *Quel astre malheureux*

Imprimés : *Nouveau recueil,* 1609 ; *Délices,* 1615, 1618 et 1621 ; *Recueil,* 1627.

Texte adopté : *Recueil,* 1627.

Composition : Même date et mêmes circonstances que les sonnets précédents.

Deux rapprochements précis entre ces vers et une lettre de Malherbe écrite vers le 20 juin 1607 permettent de penser avec une probabilité qui touche à la certitude que c'est ce jour-là que Malherbe envoya ce sonnet à la vicomtesse.

1. Dans sa lettre du 20 juin Malherbe écrit : « Vous savez, Madame, de quelles chaînes je suis attaché. »

2. Dans la même lettre il écrit : « Je laisse disputer aux philosophes qui est le souverain bien de l'homme. »

À MONSIEUR DE FLEURANCE,
SUR SON ART D'EMBELLIR

Éditions : Paru pour la première fois en tête d'un ouvrage de 1608, ce sonnet fut repris dans le *Second livre des Délices* en 1620.

Texte adopté : *Délices,* 1620.

Composition : Ce sonnet ne s'adresse pas à Caliste, mais il la célèbre, et c'est pour cette raison qu'il a paru convenable de le mettre à cette place.

David de Rivault, sieur de Fleurance, était un ami de Malherbe et de Peiresc, ainsi qu'en fait foi la lettre à Peiresc, du 20 janvier 1608. En 1611, lorsque Nicolas Le Fèvre fut nommé précepteur du petit roi, M. de Fleurance fut son sous-précepteur. Le *Journal* d'Héroard le mentionne souvent à partir de cette date. Il résulte du *Journal* que M. de Fleurance enseignait la philosophie et la morale au jeune prince, et que celui-ci s'ennuyait profondément à ses leçons.

Le titre complet de *L'Art d'embellir* en dit bien l'esprit : *L'Art d'embellir tiré du sens de ce sacré paradoxe : La sagesse de la personne embellit sa face, étendue en toute sorte de beauté et ès moyens de faire que le corps retire en effet son embellissement des belles qualités de l'âme.*

Page 117.   FRAGMENT D'UNE ODE D'HORACE

Recueilli pour la première fois par L. Lalanne.

Composition : Il est bien évident que ces vers s'adressent à la vicomtesse d'Auchy puisqu'ils sont écrits pour Caliste, et qu'ils la plaignent du mauvais état de ses yeux. Du même coup on peut être assuré qu'ils ont été écrits entre mars et septembre 1607.

Le dernier de mes jours

Imprimés : Nouveau Recueil, 1609 ; *Délices,* 1615, 1618 et 1621 ; *Recueil,* 1627.

Texte adopté : Recueil, 1627.

Composition : Le rapprochement d'une lettre de Malherbe, en date du 24 mai 1608, et d'une lettre de Peiresc, du 15 juillet de la même année, autorise à penser, avec une vraisemblance toute proche de la certitude, que ces stances ont été écrites au mois de mai 1608. Nous apprenons aussi que le premier président Du Vair les trouva extrêmement belles. Il goûta surtout l'avant-dernière, et la relut « plus de six fois ».

La marquise de Rambouillet avait appris de Malherbe que cette pièce avait été écrite pour la comtesse de La Roche, et cette précision éclaire les deux vers :

> *Avec quelle raison ne puis-je figurer*
> *Que cette âme de roche une grâce m'octroie.*

On sait qu'il était d'usage, pour les poètes, de glisser dans leurs vers des allusions au nom de la femme aimée. Il s'agit, dans le cas présent, de Marthe de Clermont d'Amboise, femme de Balthazar Flotte de Montauban, comte de La Roche. Si l'on songe que les rapports de Malherbe avec la vicomtesse d'Auchy avaient cessé vers le mois de septembre 1607, on comprend que la comtesse de La Roche ait reçu des vers du poète au mois de mai suivant.

1. Pensant l'en détourner.
2. Issue.

Imprimés : Recueil d'airs, 1613 ; *Délices,* 1615, 1618 et 1621 ; *Recueil,* 1627.
Texte adopté : Recueil, 1627.

Composition : Le vers 86 et son allusion à une « roche » donne à penser que ces stances sont, comme la pièce précédente, écrites pour la comtesse de La Roche. Cette conclusion s'adapte de la façon la plus heureuse à ce que nous savons d'autre part sur la date de composition des présentes stances. Ménage nous apprend qu'elles furent écrites en Bourgogne. Or nous savons que Malherbe n'y fit qu'un seul voyage, d'août à octobre 1608 : c'est précisément l'année où la comtesse de La Roche prit dans ses vers la place de la vicomtesse d'Auchy.

Page 121.

1. M. Ciureanu a signalé un rapprochement littéral avec deux vers du Tasse (éd. citée, p. 151) :

> *Usa ogn' arte la donna, onde sia colto*
> *Nella sua rete alcun novello amante*

MADRIGAL

Composition : Ce sonnet est, dans le manuscrit 534, signé *M.be,* qui est la signature de Malherbe. Si l'on observe d'autre part que deux pièces du poète écrites en 1609 et 1610 s'adressent à une femme qu'il appelle Chrysante, on ne doute pas que celle-ci, également adressée à Chrysante, soit bien l'œuvre de Malherbe.

On en doute d'autant moins que ce madrigal date de 1608. La place qu'il occupe dans le manuscrit 534 suffit à le prouver, et nous avons vu plusieurs fois que ce manuscrit suit exactement l'ordre chronologique. Au surplus ces vers nous apprennent que Malherbe va partir en voyage. Or il s'est absenté de Paris, en juillet 1608, pour aller passer plusieurs mois en Bourgogne, à la suite du duc de Bellegarde.

Il est plus difficile de découvrir qui est Chrysante. M. René Fromilhague a relevé plusieurs indices qui invitent à penser qu'il s'agit d'Angélique Paulet. Dans le présent madrigal, un vers irait assez bien dans ce sens. Chrysante est toute jeune, et son âge atteste l'innocence de ses promesses : Angélique avait environ dix-sept ans en 1608.

Mais au cas où l'on admettrait que Chrysante serait Angélique Paulet, il serait imprudent d'en conclure que Malherbe a aimé la jeune et déjà célèbre chanteuse. Elle fut, dès cette époque, aimée de plusieurs parmi les plus grands seigneurs de la cour. M. de Guise se vantait des bontés qu'elle avait pour lui. M. de Chevreuse lui faisait des cadeaux extravagants. Et ce qui est particulièrement troublant, le duc de Bellegarde en était épris. On est en droit de se demander si les vers à Chrysante — dans le cas où Chrysante serait Angélique — n'ont pas été écrits par Malherbe pour le compte de son patron.

Imprimés : Les Satyres et autres œuvres folâtres du sieur Régnier, 1616, 1617 et 1621 ; *Œuvres*, 1630.

Texte adopté : Les Satyres, 1621.

Composition : Nous apprenons par une variante du manuscrit 534 (cf. notice p. 233) que Malherbe s'adresse à une femme qu'il appelle Chrysante. D'autre part, ces vers se lisent dans ce manuscrit à côté de ceux que Malherbe composa pour le ballet de Madame, du 2 avril 1609, et il faut se souvenir que l'ordre des pièces dans ce manuscrit est exactement conforme à l'ordre chronologique.

Nous sommes donc sérieusement invités à penser que cette *Plainte* de 1609 s'adresse à la même Chrisante pour qui Malherbe composa le madrigal *Ma Crisante* en 1608. Mais sa personnalité nous échappe, aussi bien dans l'une que dans l'autre pièce. Le seul trait un peu significatif que l'on relève dans celle-ci, c'est que quelque personnage bien-disant, un poète, semble-t-il, s'efforce de séduire cette personne :

> *Tous les charmes de langage*
> *Dont on s'offre à la servir...*

Elle est, au surplus, très entourée, mais sa vertu tient les adorateurs à distance. Elle fait le plus grand cas de la fidélité.

De ces indications, il serait sans doute imprudent de tirer des conclusions un peu fermes. Ce que nous savons d'Angélique Paulet, notamment, n'interdit pas tout à fait, mais ne nous facilite pas d'admettre qu'elle soit la Chrysante de cette pièce.

Page 123. POUR ALCANDRE AU RETOUR D'ORANTHE
À FONTAINEBLEAU

Imprimés : Délices, 1620 et 1621 ; *Recueil*, 1627.
Texte adopté : Recueil, 1627.

Composition : Lorsque Malherbe compose ces stances, il y a presque six mois qu'Henri IV éprouve la plus folle passion pour Charlotte de Montmorency. Il l'a remarquée au cours du mois de janvier 1609, alors qu'elle venait aux répétitions du ballet de la reine. Ce ballet fut dansé le 31 janvier, et immédiatement le roi « entretint » Malherbe « de quelque autre galanterie dépendante du ballet ». Il l'annonce à Peiresc le 2 février, et nous comprenons ce qu'il veut dire. Il semble pourtant, dans l'état actuel de nos connaissances, que Malherbe ne composa pas de vers sur ce sujet dans les six mois qui suivirent.

Pendant ce temps, Henri IV entreprenait de marier rapidement Charlotte au prince de Condé. Il avait choisi celui-ci, pour cette raison immorale, mais pleine de bon sens, que Monsieur le Prince était connu pour n'aimer pas les femmes et vivait entouré de ses « bardaches », comme on disait alors couramment quand on parlait de lui. Le 2 mars 1609, les fiançailles de Condé et de Charlotte se firent solennellement dans la grande galerie du Louvre. Le mariage fut célébré à Chantilly le 17 mai.

Mais les goûts du prince ne l'empêchaient pas d'être jaloux. Il ne supporta pas les attitudes du roi à l'endroit de sa femme, et il partit avec elle pour son château de Vallery, près de Sens. Il lui fallut pourtant revenir à la Cour avec la princesse, pour le mariage du duc de Vendôme. Ils arrivèrent à Fontainebleau le 28 juin. Le mariage fut célébré le 7 juillet.

Il semble évident que la présente pièce fut écrite dans les jours qui suivirent immédiatement le 28 juin.

Les derniers vers introduisent, dans cette explosion de joie, une note différente. Henri IV songe soudain que la présence de la princesse à Fontainebleau ne durera pas longtemps. Il y aura, tôt ou tard, « un autre partement ».

Page 125.   *Donc cette merveille des cieux,*

Imprimés : Temple d'Apollon, *1611 ;* Troisième livre des airs *de Gabriel Bataille, 1611 ;* Second livre d'airs de cour *de Guédron, 1613 ;* Délices, *1615, 1618 et 1621 ;* Cabinet des Muses, *1619 ;* Recueil, *1627.*

Texte adopté : Recueil, *1627.*

Composition : À la fin de septembre 1609, Condé décida d'emmener sa femme à Muret près de Soissons. Il jugeait qu'il lui serait plus facile de veiller sur elle dans ce coin de terre qu'à Vallery. Henri IV, à cette date, était à Fontainebleau.

C'est à cette situation que les présentes stances correspondent le mieux. C'est au milieu des bois, à Fontainebleau par conséquent, qu'Alcandre fait entendre ses plaintes. Aux vers 34-36 il évoque l'espoir que le Ciel voudra dissoudre les lois qui empêchent son amour, et nous savons qu'une dissolution du mariage fut envisagée en septembre 1609. Le bruit du moins en courut.

1. Les chaînes et les fers d'Oranthe ont un sens précis : c'est son mariage avec le prince de Condé.

Page 126.

2. Ce silence des bois s'explique au mieux si Henri IV est alors à Fontainebleau. Il y était en septembre 1609.

Page 127.   POUR ALCANDRE

Édition : Œuvres, *1630 (sauf le vers 22).*
Texte adopté : 1630.

Composition : Si l'on se fie à la place qu'occupe cette pièce dans le manuscrit du Musée Condé, il convient d'en situer la composition en octobre-novembre 1609. Comme d'autre part Malherbe annonce à

Peiresc, le 28 octobre de cette année, qu'il vient de présenter une pièce de vers au roi, on peut admettre avec une certitude presque parfaite que c'est de cette pièce qu'il s'agit. Les indications du texte s'adaptent à cette date. Les rochers dont parle la strophe IV, les bois de la strophe IX, sont ceux de Fontainebleau.

À cette date, Charlotte était toujours à Muret, dans une situation qui ressemblait à une captivité. Le prince était revenu pour un temps à la Cour, mais seul, et rien ne put le contraindre à faire venir la princesse près de lui et du même coup près du roi. Bientôt après, il allait prendre une résolution plus grave. Le 25 novembre 1609, il quitta la Cour comme s'il allait chercher sa femme. En réalité il était décidé à quitter la France avec elle. Le 29 novembre, ils partirent de Muret et passèrent la frontière. Le 30, ils étaient à Landrecies. Quelques jours plus tard, ils arrivaient à Bruxelles.

Page 129.

1. M. Counson a rapproché ces vers de ceux-ci, dans le *Canzoniere* de Pétrarque :

> *L'alma, ch'arse per lei si spesso ed alse*
> *Vaga d'ir seco, aperse ambedue l'ale*

IL PLAINT LA CAPTIVITÉ
DE SA MAÎTRESSE
POUR ALCANDRE

Imprimés : *Délices*, 1615, 1618 et 1621 ; *Recueils d'airs*, 1617 (trois recueils différents) ; *Recueil*, 1627.
Texte adopté : *Recueil*, 1627.

Composition : Malherbe envoya ces stances à Peiresc le 5 janvier 1610. Nous savons d'autre part qu'au début de décembre, le poète travaillait fort à des vers que le roi lui avait demandés, et il n'est pas imprudent de penser qu'il s'agissait de la présente pièce.

En décembre 1609, Henri IV était sous le coup de la fuite de Condé emmenant sa femme aux Pays-Bas. Les témoignages contemporains confirment absolument l'image que Malherbe nous donne du prince et de son désespoir. Lorsqu'il avait appris le départ, il avait dit à Bassompierre : « Je suis perdu. »

Page 130.

1. Malherbe avait lu dans l'Arioste (Ciureanu, éd. citée, p. 127) :

> *Non son nel regno tuo perle e diamanti*
> *Che non sian pieni di pungenti spine...*
> *Il tuo non è giá regno, ma uno inferno,*
> *Ove sempre si piange e si sospira.*

2. Charlotte avait alors quinze ans.
3. Les oiseaux de Phinée, ce sont les Harpies. Les dieux leur avait

livré ce roi de Thrace pour le punir d'un acte de cruauté qu'il avait commis.

Page 131.

4. Le crime d'Oranthe, et la source de ses malheurs, c'est que le roi l'aime.

5. Ce pirate, c'est le prince de Condé, puisqu'il a « enlevé » sa femme.

6. Le roi allait en effet réussir bientôt à provoquer de la part de la princesse des appels au secours. Déjà d'ailleurs, en ce même mois de décembre 1609, le connétable de Montmorency avait écrit à Bruxelles et prié avec force les autorités espagnoles de lui rendre sa fille.

Page 132.   SUR LE MÊME SUJET

Imprimés : Délices, 1615-1621 ; *Recueils d'airs,* 1611, 1613, et 1615 ; *Recueil,* 1627.

Texte adopté : Recueil, 1627.

Composition : Il ressort d'une lettre de Malherbe en date du 12 février 1610 que ces stances venaient d'être composées. Dans les jours qui suivirent, le poète présenta ses vers au roi, et celui-ci chargea Guédron de les mettre en musique. Le 24 mars, Malherbe put annoncer à Peiresc que l'air de Guédron avait plu à tout le monde, et particulièrement au roi.

Une dépêche de l'ambassadeur d'Espagne, don Inigo de Cardeñas, le 18 mars 1610, donne sur l'état du roi des détails qui s'accordent avec ceux que contiennent ces stances. « Le roi, écrit-il, a la santé très altérée. Il a perdu le sommeil et donne à croire à quelques-uns qu'il perd la tête. Lui qui cherchait toujours la compagnie reste maintenant seul deux ou trois heures à se promener mélancoliquement. On dit qu'il s'éveille parfois la nuit en parlant. » Et l'ambassadeur ajoute cette phrase curieuse : *« Llama a oras muy extraordinarias poetas. »* Nous comprenons sans peine que ces poètes que le roi fait venir à des heures extraordinaires, c'est un seul poète, c'est Malherbe (Aumale, *Histoire des princes de Condé,* Appendice, t. II, p. 501-502).

Page 133.

1. Les vers 31-36 sont singulièrement commentés par une lettre d'Henri à son agent Préaux, à la même date : « Je n'ai plus que la peau et les os... » (Aumale, *Histoire des princes de Condé,* I, p. 315).

Page 134.   *Est-ce à jamais, folle espérance,*

Édition : 1630.

Composition : C'est sous les plus expresses réserves que l'on place ici cette chanson, à la suite des pièces consacrées à l'amour d'Alcandre pour Oranthe.

Un seul et faible indice irait dans ce sens, à la strophe IV. On y apprend que l'obstacle qui s'oppose à la passion de l'amant, c'est qu'un rival, qui est un Dieu, c'est-à-dire un Grand, s'oppose au « retour » de la femme aimée. Mais on comprend mal l'importune peste du vers 25, cette peste à qui l'amant a donné trop de foi et dont il décide de se séparer.

Page 135.   POUR UNE MASCARADE

Édition : Œuvres, 1630.
Texte adopté : 1630.

Composition : Nous n'avons aucun indice précis qui nous permette de dater cette mascarade. Certains détails de prosodie ont amené les meilleurs éditeurs à situer la présente pièce à une époque ancienne de la vie de Malherbe, vers 1595 environ. Mais c'est à une date plus tardive, à Paris, que Malherbe s'est le plus intéressé aux fêtes royales ou princières. D'autre part, le manuscrit Baluze où cette pièce figure, contient presque exclusivement des vers postérieurs à l'arrivée de Malherbe à Paris. On ne constate qu'une exception à cette règle, les vers pour un gentilhomme assassiné. Enfin le thème que Malherbe développe est une invitation à la fidélité, et c'est une idée que l'on note plus souvent chez lui dans la deuxième partie de sa carrière.

Page 136.   *Qu'autres que vous soient désirées,*

Imprimés : Parnasse, 1607 ; *Cabinet satirique,* 1618, 1623 ; *Œuvres,* 1630.
Texte adopté : Cabinet satirique, 1618.

Composition : Le texte de ces stances ayant été remis à L'Estoile le 14 décembre 1606, nous savons ainsi avec exactitude l'année où elles furent composées. Une lettre de Peiresc, du 17 octobre 1606, permet de serrer la date de plus près. Elles furent écrites en août ou septembre de cette année.

Elles sont faites sur le refrain d'une *letrilla* de Gongora qui dit successivement : *Bien puede ser* et *No puede ser.* Elles étaient destinées à être chantées, et ce fut Guédron qui en fit l'air. Racan avait appris à Ménage les circonstances dans lesquelles ces couplets furent écrits. Malherbe et Racan se trouvaient avec Mme de Bellegarde dans le cabinet de celle-ci. Ils se mirent à trois à ce travail. Mme de Bellegarde, assure Ménage, y eut la plus grande part. Tallemant (*Historiettes,* Bibl. de la Pléiade, t. I, p. 125) avait eu connaissance de ce récit mais, par une erreur non douteuse, il a écrit M. de Bellegarde au lieu de Madame.

Il n'est pas tout à fait sans intérêt de noter que le satirique Berthelot fit une parodie de ces stances. Elle était injurieuse pour Malherbe. Pour l'en payer, celui-ci lui fit administrer une bastonnade par un gentilhomme de Caen qui s'appelait La Boulardière (Lachèvre, *Recueils satyriques*, p. 114 et 282).

Lorsqu'on signale que Malherbe a pris pour point de départ une *letrilla* de Gongora, on ne veut parler que du refrain. C'est lui, et lui seul, qui a suggéré à Malherbe l'idée de sa pièce. Mais il a radicalement modifié l'inspiration des vers de Gongora. Celui-ci avait donné à sa *letrilla* une allure de satire burlesque, Malherbe en a fait une poésie d'amour galant. Voir à ce sujet l'article de Renée Winegarten « Malherbe and Gongora », *Modern Language Review*, t. LIII (1958), p. 17 et suiv.

Page 138.   *Philis qui me voit le teint blême,*

Imprimés : Parnasse, 1607 ; *Nouveau recueil,* 1609 ; *Muses gaillardes,* 1609 ; *Délices,* 1615, 1618 et 1621 ; *Recueil,* 1627.
Texte adopté : Recueil, 1627.

Composition : Au dire de Ménage, Malherbe composa cette pièce pour le compte du duc de Bellegarde. Il s'agissait, écrit-il, d'« une fille qui s'était imaginé que M. de Bellegarde l'aimait ». Ces stances datent selon toute vraisemblance de la deuxième moitié de 1606. Leur présence dans le manuscrit 884 (cf. notice, p. 232) renforce considérablement cette supposition.

M. Fromilhague a eu le mérite de discerner, parmi les pièces satiriques du manuscrit 884, f° 181, une réponse faite à ces vers de Malherbe. Elle est anonyme dans le manuscrit, mais elle est signée du nom de Motin dans les *Délices satiriques* de 1620, puis dans le *Parnasse satirique du sieur Théophile*. M. Fromilhague a publié cette pièce dans les *Annales de la Faculté de Toulouse,* décembre 1951. Il a relevé en même temps les ressemblances très précises et volontaires des vers de Motin et de ceux de Malherbe, et a montré que Motin s'était appliqué à reprendre les vers de Malherbe et à les retourner contre lui. Philis demande à Philon où il a pu prendre qu'elle s'était imaginé qu'il l'aimait. Elle affirme ceci, qui ne doit pas tomber sur Malherbe mais sur Bellegarde :

> *Non, non, je ne suis pas si vaine*
> *D'estimer l'amour ou la haine*
> *Du plus vain homme de la cour.*

Elle s'en prend à une femme qu'elle appelle Glicère : c'est à cause de cette femme que les yeux de Philon sont restés indifférents à la beauté de Philis : c'est la Glicère dont Malherbe avait parlé dans les stances *Philis qui me voit...*

Page 139.   *Sus, debout, la merveille des belles*

Édition : Recueil, 1627.
Trompé par une indication inexacte de Saint-Marc, Lalanne a cru

que cette pièce avait paru pour la première fois dans un prétendu tome II des *Délices* en 1615. Mais d'une part ce tome II ne peut désigner que le *Second livre des Délices,* qui est de 1620. Et d'autre part la présente chanson n'y figure pas, mais seulement dans le *Recueil* de 1627. Cette erreur a été relevée par Fr. Lachèvre, I, p. 234.

Composition : Nous n'avons aucune information sur la date et les circonstances de composition de la présente pièce. On y observe le thème de la liberté absolue de l'amour et l'idée que l'honneur est une fausse idole. Nous serions donc tentés de croire que Malherbe composa ces vers avant 1610. Mais aucune certitude n'est possible.

Il est tout à fait digne de remarque que les deux premiers vers de chaque couplet sont de neuf syllabes. Malherbe a recours ici à un mètre impair.

Page 140.

1. A. Counson a rappelé ces vers de l'*Aminta* (acte I, sc. II, v. 669-671) :

> *Ma sol perchè quel vano*
> *Nome senza oggetto,*
> *Quel idolo d'errori, idol d'inganno...*

Page 141.   AUTRE FRAGMENT

Recueilli dans les *Œuvres* de Malherbe par Lalanne.

Composition : Toute information nous fait défaut sur les circonstances où furent écrits ces six vers. Nous ignorons du même coup l'intention qui les inspire.

Tu dis, Colin, de tous côtés,

Édition : Œuvres, 1630.
Texte adopté : Œuvres.

Composition : Nous ne possédons aucune indication directe qui nous permette de découvrir la date de composition de cette pièce. Mais puisque sur les dix pièces de Malherbe qui figurent dans le manuscrit 884, les cinq qui peuvent être datées se situent avec précision entre février 1606 et avril 1608, il semble raisonnable de penser, jusqu'à preuve du contraire, que la présente épigramme date de la même époque.

Nous ignorons contre qui ces vers ont été écrits. Il s'agit d'un personnage, probablement de la Cour, qui s'était permis de faire des mots contre Malherbe. Celui-ci se contente de lui rappeler ses infortunes conjugales.

Édition : Ces quatre vers conservés dans les *Mémoires* de Racan ont été imprimés avec eux en 1672.

Composition : Nous devons à Racan ce que nous savons de ces quatre vers. Il raconte : « Un jour Henry le Grand lui montra des vers qu'on lui avait donnés et qui commençaient :

> *Toujours l'heure et la gloire*
> *Soient à votre côté !*
> *De vos faits la mémoire*
> *Dure à l'éternité !*

M. de Malherbe, sur-le-champ, et sans en lire davantage, les retourna en cette sorte... et là-desus se retira sans faire aucun jugement. »

Page 142.   [SUR UN PORTRAIT DE MONTAIGNE]

Édition : Ces quatre vers figurent dans les éditions des *Essais* entre 1608 et 1627.

Texte adopté : Ensemble des éditions.

Composition : L'authenticité de ces vers est incertaine. Elle se trouve affirmée par l'érudit Jamet, au XVIIIe siècle, sans qu'il ait fourni ses preuves, dans une note manuscrite recueillie par un historien de Montaigne, M. Payen, en 1847.

Ce portrait de Montaigne ne peut être que celui qui a été dessiné par Thomas Le Leu.

[SUR UN PORTRAIT DE CASSANDRE]

Édition : Ces quatre vers figurent sous le portrait de Cassandre dans l'édition des *Œuvres* de Ronsard, in-fol., 1609, et de nouveau dans l'édition de 1623. Recueillis par Ménage en 1666.

Texte adopté : Œuvres de Ronsard, 1609.

Composition : L'authenticité de ces vers, affirmée par Ménage, est confirmée de façon formelle par Guillaume Colletet. Celui-ci déclare dans sa *Vie de Ronsard* : « Les quatre vers français qui sont au-dessus du portrait de Cassandre, sont de la façon de François de Malherbe, comme il me l'a dit souvent lui-même. »

SUR L'IMAGE D'UNE SAINTE CATHERINE

Imprimés : Délices, 1620 et 1621 ; *Recueil,* 1627.

Composition : Ces vers semblent inspirés d'un dizain de Marino paru dans les *Rime* (3e éd., Venise, 1603), IIe partie, p. 142. Le voici :

> *Questa in ricca tabella*
> *Fra rote e ceppi, imago*
> *De la real di Dio sposa et ancella,*
> *Opra è dell'arte ; et ella*
> *Fà che viva e che spiri.*
> *Chiedi tu, che la miri,*
> *Onde è che non favella ?*
> *Non sà la Vergin bella*
> *(Tanta sente dolcezza infra i martiri)*
> *Non che voci formar, tragger sospiri.*

Les vers de Malherbe n'offrent quelque obscurité que si l'on ne voit pas que *plaindre* est ici, tout normalement d'ailleurs, employé pour *se plaindre*. Malherbe veut dire : s'il l'eût voulu, le peintre aurait représenté une sainte Catherine gémissante et éplorée. Mais il l'a peinte sereine, illuminée déjà par la gloire d'une âme fidèle.

Le peintre vénitien Giovanni Contarini était né en 1549. Il mourut en 1605.

Page 143.   FRAGMENT

Publié pour la première fois dans l'édition des *Œuvres* de Malherbe de 1642.

Composition : Il va de soi que ces quatre vers ne sont pas un quatrain. Ils constituent un fragment d'une pièce de vers qui est perdue et dont nous ne savons rien. Oserait-on suggérer qu'il s'agit ici de Vénus sortant de l'onde, telle que la représentaient les peintres de la Renaissance italienne ?

PARAPHRASE DU SIEUR DE MALHERBE,
SUR LE PSAUME VIII, « DOMINE DOMINUS NOSTER »

Imprimés : Délices, 1615, 1618 et 1621 ; *Cabinet des Muses,* 1619 ; *Recueil,* 1627.

Texte adopté : Recueil, 1627.

Composition : Ces strophes sont la paraphrase du psaume *Domine Dominus noster, quam admirabile est nomen tuum in universa terra.*

Les *Mémoires* de Racan en rattachent la composition à l'époque où Malherbe vint à la Cour, c'est-à-dire en 1605, ou tout au moins aux années qui suivirent. Mais une lettre de M. de Valavez à Peiresc, en date du 13 juin 1612, contient une indication toute différente : « [Malherbe] a traduit le psaume huitième depuis quinze jours, mais il l'a laissé, à ce qu'il dit, à Paris. » On ne saurait d'autre part négliger une phrase de Malherbe dans une lettre du 3 mai 1614 : c'est, dit-il, une pièce qu'il fit « autrefois ». On serait tenté de conclure que cette pièce, composée depuis longtemps, fut reprise par Malherbe en 1612 et reçut alors sa forme actuelle. Plutôt qu'aux années de Paris, on penserait au séjour en Provence, car la poésie religieuse était en honneur à la cour du Grand Prieur. Au contraire, Malherbe n'a composé aucune pièce religieuse entre 1605 et 1610.

1. *Naïveté*, mouvement spontané et naturel. Cotgrave dit : *Livelinesse, Quicknesse, Kindlinesse. Proprietie, Naturalnesse.*

Page 144.

2. *Occident.* Il avait malheureusement un autre sens, et Ménage nous dit que les courtisans en plaisantèrent. Cotgrave donne les deux sens, le convenable et l'incongru : *The west ; also the Arse, tayle, humme.*

3. *À voix basse.* Ce sens est courant à travers tout le XVIe siècle, de Lemaire de Belges à Marot, Ronsard, Desportes et Du Bartas.

PSAUME CXXVIII
« SAEPE EXPUGNAVERUNT ME »

Imprimés : Délices, 1615, 1618 et 1621 ; *Cabinet des Muses*, 1619 ; *Recueil*, 1627.

Composition : Ces stances paraphrasent le psaume *Saepe expugnaverunt me a juventude mea.*

Il ressort de deux lettres de Malherbe qu'il présenta cette pièce au roi et à la reine le 17 ou le 18 avril 1614. Cette date bien précisée permet de découvrir la signification de ces vers. Malherbe exalte la puissance royale contre laquelle les Princes sont alors révoltés. À la même date où il composait sa paraphrase, les négociations commençaient entre la Cour et les Princes. Elles allaient aboutir à la paix de Sainte-Menehould, le 15 mai 1614.

Replacées dans les circonstances de leur composition, ces stances s'expliquent avec une singulière netteté. C'est le petit roi qui parle. Les Princes ont pensé triompher de ses jeunes années. Ils ont été près de réussir dans leur entreprise criminelle. Dieu est intervenu et a déjoué leurs complots.

Si l'on était tenté de ne voir dans ces vers que pure rhétorique, il suffirait de rappeler une anecdote notée par Racan. Un jour que Malherbe se trouvait en grande compagnie, il s'écria : « Ô bon Dieu ! où est ta fièvre, ta peste, ton mal caduc ? qu'en fais-tu que tu ne les envoies à ces gens qui troublent l'État ? »

Page 145.

1. Le soc de la charrue.

Édition : Œuvres, 1630.
Texte adopté : 1630.

Composition : Ces vers ont été inspirés par la mort d'Henri IV. Ce prince fut assassiné le 14 mai 1610. Malherbe entreprit d'écrire une pièce de vers sur ce sujet. Plus exactement, il en reçut la mission de son maître M. de Bellegarde, et ce sont les plaintes de celui-ci que le poète veut nous faire entendre.

Au mois d'août, Malherbe n'avait pas réussi à terminer ses stances. Plusieurs auteurs avaient été plus rapides. Il jugea sans doute qu'il était maintenant trop tard. Sa pièce ne parut pas. Elle ne fut pas imprimée de son vivant.

Page 147.

1. Henri IV était en Savoie quand Marie de Médicis débarqua à Marseille. Les futurs époux se rejoignirent à Lyon.
2. Le Sypile est une montagne située entre Smyrne et Magnésie. C'est là que, selon la mythologie, Niobé se retira pour pleurer la mort de ses enfants, et qu'elle fut transformée en rocher.

Page 148.

3. Nous découvrons maintenant seulement que Malherbe, dans toute cette pièce, n'a pas parlé pour lui-même. Ce sont les plaintes d'Alcipe que nous avons entendues, et Alcipe, c'est Bellegarde. Racan l'avait appris à Ménage.

À LA REINE
SUR LES HEUREUX SUCCÈS DE SA RÉGENCE

Imprimés : Vers à la Reine, 1611 ; *Temple d'Apollon,* 1611 ; *Délices,* 1615, 1618 et 1621 ; *Cabinet des Muses,* 1619 ; *Recueil,* 1627.
Texte adopté : Recueil, 1627.

Composition : Il ressort du texte même de cette ode, au vers 33, que Malherbe y travaillait quatre mois après la mort d'Henri IV, et donc au début de septembre 1610. Il l'envoya, achevée, à Peiresc, le 23 décembre suivant.

Cette ode plut à la Cour. Malherbe décida qu'elle lui plairait à lui-même si elle lui valait une pension royale. Il eut des raisons d'être satisfait. Marie de Médicis lui déclara qu'elle lui donnait une pension, et qu'elle voulait qu'il fût payé « absolument ». Il fut en effet inscrit sur l'état des pensions, en avril 1611.

Plus d'un commentateur s'est interrogé sur ces « heureux succès » de la Régence, et l'idée la plus communément soutenue est que Malherbe les imagine, par goût de la rhétorique et par habitude de la flagornerie. Il suffit pourtant de lire les *Mémoires* de Richelieu pour se convaincre du contraire. Richelieu termine son exposé des événements de l'année 1610 par ces mots : « Il semblait que la Régence fut autant affermie qu'elle le pouvait être. » Les parlements lui sont attachés, toutes les villes et communautés lui ont juré fidélité, tous les gouverneurs de province, tous les Grands de la Cour témoignent qu'ils veulent servir le roi sous la conduite de la reine (*Mémoires,* I, p. 100). Puis Richelieu, analysant les « faces » de la Régence, note que « la première conserva pour un temps les marques de la majesté que la vertu du grand Henri avait attachées à sa conduite » (*ibid.,* p. 102). Voilà le climat dans lequel Malherbe a écrit son ode à la Régente.

1. *Calis* était la forme couramment donnée au nom de Cadix à l'époque de Malherbe.

2. Balzac, nous apprend (*Entretiens*, XXXI) que Malherbe avouait qu'il visait, en écrivant ces vers, ceux d'Horace (*Odes*, III, 3, v. 11-12) :

> *Quos inter Augustus recumbens*
> *Purpureo bibit ore nectar.*

3. Tous les historiens sont d'accord pour décrire l'état de stupeur effrayée où la nouvelle de l'assassinat plongea les Français. Ils savaient que les factions n'étaient pas mortes. Chacun se crut à la veille d'une nouvelle guerre civile.

Page 149.

4. Busiris, roi d'Égypte, était le symbole du tyran sanguinaire. Hercule l'avait tué.

5. Il s'agit de la « guerre de Juliers », comme on l'appela. Henri IV avait décidé d'envoyer un corps d'armée français en soutien aux princes protestants qui, à la suite d'une succession embrouillée, avaient mis le siège devant Juliers. Le gouvernement de la Régence, très hésitant, résolut pourtant de ne pas abandonner ce projet. À la fin du mois d'août, le corps français conduit par le maréchal de La Châtre arriva au camp devant Juliers. Le 3 septembre, la ville se rendit. Les Français n'y étaient à peu près pour rien. Leurs forces furent immédiatement rappelées.

6. L'aigle impériale. La capitulation de Juliers humiliait le Saint-Empire.

Page 151.

7. Lorsque les corps d'Étéocle et de Polynice, fils d'Œdipe, furent déposés sur le bûcher, la légende veut que les flammes semblaient encore se combattre.

8. Pour justifier cet emploi de *déploré* au sens de dont on désespère, André Chénier a rappelé le poète latin :

> *Deplorata coloni*
> *Vota jacent.*

Mais, de toute façon, c'était là un emploi du mot *déploré*. Après avoir cité le sens habituel, Cotgrave ajoute : *also, desperate, remedilesse, past hope, out of hope.*

9. Le mot *fées* peut désigner alors toutes sortes de noms antiques, demi-déesses, ou nymphes, aussi bien que les Parques et les Gorgones.

Page 152.

10. Il ne s'agit naturellement pas de Pise en Italie, mais de la localité grecque de ce nom, où se déroulaient les jeux Olympiques.

11. *C'est-à-dire :* je me ferai céder le prix.

ÉPITAPHE DE FEU MONSEIGNEUR D'ORLÉANS

Éditions : Second livre des Délices, 1620 ; *Délices,* 1621 ; *Recueil,* 1627. En 1647, une anthologie, *Hortus epitaphiorum selectorum,* a reproduit cette pièce avec des variantes.

Texte adopté : Recueil, 1627.

Composition : Monseigneur d'Orléans, c'est le second fils d'Henri IV. Il était né le 16 avril 1607. Il mourut le 17 novembre 1611. En 1607, Malherbe avait, dans un sonnet que nous avons lu plus haut, annoncé qu'il faudrait au petit prince un monde entier à posséder. Il reconnaît maintenant les lois toutes-puissantes de la Parque.

Après la mort de son second fils, Marie de Médicis fit passer le titre de duc d'Orléans sur le troisième, Gaston, qui avait porté jusqu'alors le titre de duc d'Anjou.

La correspondance de Malherbe prouve que son admiration pour le petit prince n'était pas de pure rhétorique. Il avait été frappé, dès l'époque de sa naissance, par un signe qui avait été vu dans le ciel à cette heure-là. Il en parlait encore en 1614.

Page 153.

À LA REINE MÈRE DU ROI, SUR LA MORT DE MONSEIGNEUR LE DUC D'ORLÉANS

Éditions : Œuvres, 1630.
Texte adopté : 1630.

Composition : Ce sonnet a été écrit, lui aussi, au sujet de la mort du second fils d'Henri IV et de Marie de Médicis, mort le 17 novembre 1611, comme on vient de le voir.

La pensée du second tercet peut paraître étonnante. La Régente avait trois fils : le Dauphin Louis, le duc d'Orléans et le duc d'Anjou. Trois princes dignes chacun de régner sur l'univers entier. On s'explique que le Destin ait jugé cette situation impossible et qu'il vienne d'ôter l'un des trois princes.

À LA REINE MÈRE DU ROI
PENDANT SA RÉGENCE

Imprimés : Délices, 1621 ; *Recueil,* 1627.
Texte adopté : Recueil, 1627.

Composition : Une lettre de Malherbe à Peiresc du 11 février 1613 parle d'une chanson que Marie de Médicis a commandée à Malherbe, et que le poète vient de composer. Les plus récents éditeurs de ses *Œuvres poétiques* ont donné de bonnes raisons de penser qu'il s'agit là de la présente pièce. Il ressort en effet du texte même que la grande inquiétude qui suivit la mort du roi est maintenant de l'histoire ancienne, et que la première guerre des Princes, au début de 1614, n'est pas encore venue troubler la paix publique. Deux vers d'autre part notent que l'Angleterre recherche l'amitié de la France : ce qui correspond à la situation en novembre 1612 et de nouveau en février 1613.

On notera que toutes les rimes sont masculines. Cette disposition ne peut s'expliquer que si cette pièce était destinée à être chantée sur un air déjà existant et qui exigeait des rimes masculines.

1. Les monts des Muses, *c'est-à-dire* le Parnasse.

2. Le Thermodon est une rivière du royaume des Amazones, sur les bords du Pont.

3. La Cour de France menait parallèlement deux négociations, avec l'Angleterre et avec l'Espagne. Déjà en juillet 1611, des ouvertures avaient été faites en vue d'un mariage entre le prince de Galles et Madame (Zeller, *La minorité de Louis XIII,* I, p. 315). Puis les relations des deux pays devinrent extrêmement froides, au point que l'ambassadeur d'Angleterre s'abstint de paraître aux fêtes organisées pour les mariages espagnols, au début d'avril 1612. Mais la Régente décida d'envoyer à Londres M. de Bouillon. Il partit le 22 avril 1612. Dès lors les négociations reprirent. Malherbe les suivait avec attention. Le 22 novembre, il note dans une lettre à Peiresc les très bonnes relations des deux pays. Il jugeait leur alliance « indubitable ». Cette situation se trouva compromise soudain par la mort du prince de Galles, le 16 novembre 1612. Mais la Cour de France ne se découragea pas. Des négociations actives furent reprises en février 1613. Certains observateurs crurent qu'elles allaient aboutir (Zeller, éd. citée, II, p. 107).

4. Les anciens éditeurs tiraient de ce vers la preuve, au moins probable, que ces stances dataient de 1610-1611. Comme l'a remarqué avec raison M. Fromilhague, la formule de Malherbe n'autorise aucune précision. Les relations de la France et de l'Espagne étaient devenues bonnes. Les fêtes d'avril 1612, d'un éclat exceptionnel, en étaient le témoignage.

5. Allusion aux troubles des premiers mois de la Régence.

Page155.

6. L'idée d'une reprise de la Croisade contre les Musulmans d'Afrique et contre les Turcs est alors un lieu commun de la poésie politi-

que. On la trouve plus d'une fois chez Malherbe, et nous l'avons déjà rencontrée dans l'ode sur la prise de Marseille en 1576. Malherbe n'était pas seul à suivre cette mode. Bertaut l'avait fait dans des vers sur la naissance du Dauphin en 1601. Bordier et Durand allaient célébrer les mêmes mirages dans leurs pièces écrites pour le ballet de Madame en 1615.

POUR LA REINE MÈRE DU ROI
PENDANT SA RÉGENCE

Édition : *Œuvres*, 1630. Les éditeurs y ont relevé et corrigé un certain nombre de lapsus.

Composition : Cette longue pièce n'est pas, malgré l'apparence, une œuvre achevée, et déjà Ménage avait fait observer qu'elle n'avait « ni commencement, ni fin ». Il faut admettre que Malherbe a interrompu son travail pour une raison inconnue que nous sommes libres d'imaginer.

Les éditeurs de Malherbe admettent sans discussion que cette ode inachevée a été écrite à propos de la révolte des Princes, au début de 1614. Mais à regarder le texte de près, on est contraint d'admettre qu'il ne se prête absolument pas à l'explication proposée. Sans doute il y est question des « infidèles cerveaux » qui cherchent des occasions de trouble. Mais le poète ajoute aussitôt :

> *La paix ne voit rien qui menace*
> *De faire renaître nos pleurs ;*
> *Tout s'accorde à notre bonace...*

ce qui serait vraiment trop paradoxal en un temps où la guerre civile semblait imminente. Toute la pièce célèbre au contraire la prospérité du royaume, le bon ordre, l'abondance, la joie générale.

Il faut donc penser que cette pièce a été nécessairement écrite avant 1614. Il n'est pas possible, naturellement, de préciser davantage.

On observe pourtant avec curiosité que dans une lettre du 29 mars 1613 Malherbe écrit à un correspondant : « Je ne vous envoie point de vers, pource que je n'en ai point fait de nouveaux. Ceux que j'avais commencés pour la Reine sont encore sur le métier. » Ces vers pour la reine, et qui ne s'achèvent pas, la tentation est grande de penser que ce sont ceux qui nous occupent ici.

1. Le Caïstre est un fleuve de Lydie. Il était, disait-on, peuplé de cygnes. Ménage se demandait déjà pourquoi le vers donne *de Caïstre* au lieu de *du Caïstre*.

Page 156.

2. La danse des Muses dans une clairière était un thème qui remontait à Horace.

3. Souvenir de Tibulle (*Élégies*, II, v, v. 7-8) :

> *Sed nitidus pulcher veni ; nunc indue vestem*
> *Sepositam, longas nunc bene pecte comas.*

4. Souvenir particulièrement précis de Tibulle (*Élégies*, I, I, v. 71-72) :

> *Jam subrepet iners retas, nec amare decebit,*
> *Dicere nec cano blanditias capite.*

5. L'Èbre.

6. Le Cocyte, fleuve des enfers.

Page 162.   FRAGMENT

Édition : Œuvres, 1630.

Composition : Ce fragment et les deux qui le suivent, réunis dans le manuscrit du fonds Baluze et dans l'édition de 1630, se rapportent à la révolte des Princes, au début de 1614, mais n'ont pas été écrits en même temps. Le premier fragment est écrit quand la guerre civile semble imminente. Le deuxième fragment évoque la situation telle qu'elle se présente quelques semaines plus tard. La guerre semble de plus en plus proche, mais les forces royales ont eu le temps de se concentrer, et Malherbe peut annoncer la prochaine défaite des révoltés. Quand il écrit le troisième fragment, la révolte s'effondre, et déjà les bontés du Ciel, les vertus de la reine et sans doute aussi la concentration d'une armée importante font espérer la paix toute proche. On a vu qu'elle avait été signée le 15 mai.

On notera que dans le deuxième fragment, c'est la Meuse qui est censée parler.

Page 163.   SUR LE MARIAGE
                       DU ROI ET DE LA REINE

Imprimés : L'Histoire du Palais de la Félicité, 1616 ; *Délices*, 1620 et 1621 ; *Recueil*, 1627.

Texte adopté : Recueil, 1627.

Composition : Louis XIII épousa Anne d'Autriche le 25 octobre 1615. On peut être assuré que ces vers furent écrits vers cette date, et non pas, comme le dit le manuscrit 12491, en 1616. On observe d'ailleurs qu'en octobre 1615 Malherbe attendait impatiemment une nouvelle pension, et qu'à la fin de novembre il sut que ses espoirs étaient vains. Il eût été contraire à ses principes d'exécuter un travail qui ne serait pas payé. Au surplus, il quitta Paris au mois de janvier 1616, et se rendit alors en Provence.

1. Mopse était le devin par excellence dans la mythologie ancienne. Son nom était attaché à deux traditions indépendantes l'une de l'autre, mais dans les deux cas il s'agissait de devins. — On avouera que cette phrase où Mopse devient Apollon et où il annonce d'avance le mariage royal, n'est pas d'une parfaite clarté. On en vient à se demander si Malherbe ne met pas dans le nom de Mopse une allusion à un

poète contemporain. Celui-ci serait tout naturellement appelé
« l'Apollon de notre âge ».

2. Les commentateurs passent discrètement sur ce vers, comme si le
sens allait de soi. L'expression est pourtant fort obscure. On suggérera
timidement ceci : la jeune reine est maintenant entre les bras du Mars
français, du roi Louis XIII. La prophétie de Mopse est accomplie.

Page 164.

3. Les jeunes époux vont profiter du climat de paix que Marie de
Médicis a rétabli en France. La furie des révoltes et des agitations
intestines est calmée.

4. Lucine est, on le sait, la déesse des enfantements. Il est plaisant
de penser que la réalité fut si différente des imprudentes prophéties
de Malherbe. On se souviendra que Luynes dut, un soir, prendre dans
ses bras le jeune roi et le mettre de force dans le lit de la reine. On se
souviendra surtout que le premier enfant de Louis XIII naquit en
1638, vingt-trois ans après le mariage, et qu'il y fallut un concours de
circonstances providentielles.

À MADAME LA PRINCESSE DE CONTY

Imprimés : Délices, 1620 et 1621 ; *Recueil,* 1627.
Texte adopté : Recueil, 1627.

Composition : La princesse de Conty, à qui Malherbe adresse ce sonnet, était née Louise-Marguerite de Lorraine. Elle était fille d'Henri
de Guise, le Balafré de l'histoire. Elle méritait donc que le poète
évoquât la « race de mille rois » dont elle était issue. Les Guises se
disaient descendants de Charlemagne et de Godefroy de Bouillon, roi
de Jérusalem. Elle avait épousé en 1605 François de Bourbon, prince
de Conty, de race royale également.

Les historiens de Malherbe auraient peut-être tort de négliger le
fait, signalé par Tallemant, que la princesse de Conty avait été la
maîtresse du duc de Bellegarde, patron du poète, et, qui sait ? l'était
encore. L'opinion était d'ailleurs indulgente à cette liaison, d'autant
plus que le prince de Conty était notoirement un dégénéré, sourd,
muet et depuis longtemps impuissant.

Le texte du présent sonnet ne fournit pas d'indices sur la date de sa
composition. Mais il peut être utile de signaler que, le 26 juin 1610,
Malherbe écrivait à Peiresc : « Mme la princesse de Conty gouverne la
reine plus que jamais. Elle me fit hier accorder un méchant don. » Et
ce qui accroît la vraisemblance, sinon de cette année, du moins de
cette époque, le parti des Guises était alors en conflit ouvert avec le
parti des Bourbons. Or le duc de Bellegarde était l'une des principales
personnalités du parti des Guises. Quand le chevalier de Guise fut tué
par l'explosion d'un canon, en 1614, Malherbe envoya à la princesse
de Conty une lettre de consolation pour la mort de son frère. Et
Racan, si intimement lié à Bellegarde, envoya un sonnet au duc de
Guise sur le même événement.

Imprimés : Le Camp de la place royale, 1612 ; *Le Roman des chevaliers de la gloire,* 1612 ; *Délices,* 1615, 1618 et 1621 ; *Recueil,* 1627.

Texte adopté : Recueil, 1627.

Composition : En janvier 1612, la Régente parla ouvertement des projets de mariage entre la Maison royale de France et celle d'Espagne. Puis, le soir du 26 janvier, elle réunit son conseil, les princes du sang et les grands officiers de la Couronne pour leur donner connaissance des décisions arrêtées. Le prince de Condé et le comte de Soissons ne dissimulèrent pas leur désapprobation. L'opinion, aussitôt informée, fut loin d'applaudir, et le 6 février 1612 l'ambassadeur de Venise disait dans son rapport : « La Cour et la ville montrent communément peu de goût pour cette résolution, et la majeure partie vit dans l'espérance que tout cela restera sans effet » (Zeller, *La minorité de Louis XIII,* II, p. 9). Cet état de l'opinion éclaire singulièrement une strophe de l'ode. Mais M. de Bellegarde était de ceux qui appuyaient la politique de la Régente. Malherbe ne pouvait que célébrer les mariages espagnols.

La Régente ordonna d'organiser des fêtes d'un éclat exceptionnel pour la « déclaration » des mariages. Elles commencèrent le 5 avril. La place Royale avait été rapidement terminée. Cent canons et deux cents « boîtes » ouvrirent les salves. Les barrières avaient été bordées de mille mousquetaires du régiment des Gardes, et de cinq cents gardes suisses. Les fêtes durèrent trois jours.

Des plaquettes publiées alors en décrivent les détails avec abondance. Elles nous permettent de bien comprendre les vers que Malherbe composa pour sa part. Sur une estrade, les Sibylles vêtues à l'antique se tenaient « au-dessous de la Gloire ». Elles chantaient un couplet à tour de rôle. Plusieurs de ces couplets s'adressaient de façon particulière à la Reine régente, d'autres au jeune Roi. D'autres célébraient les mariages royaux.

1. Ces deux premiers couplets s'adressent à Marie de Médicis. D'où l'allusion à l'Arno, fleuve de Florence, qui a produit la beauté de la princesse.

Page 166.

2. Les trois couplets suivants exaltent les bienfaits de l'alliance de la France et de l'Espagne. Les deux royaumes, naguère encore opposés, sont maintenant amis, et leur union dominera le monde. Les vers 25-30 visent précisément ceux qui n'approuvaient pas ce rapprochement de la France et de l'Espagne détestée. Nous avons vu qu'ils étaient nombreux, qu'ils étaient peut-être le plus grand nombre.

3. Ces trois couplets s'adressent à Louis XIII. Il n'avait alors que onze ans, mais déjà Malherbe, poète officiel, annonce la conquête soit des pays danubiens, soit de l'Orient.

Page 167.

4. Malherbe revient à Marie de Médicis et célèbre la sagesse de sa

politique. Il fait à nouveau allusion aux mauvais esprits qui osent critiquer cette politique. Les ennemis de cette fête et donc de l'alliance espagnole sont aussi les ennemis du Ciel.

Les commentateurs de Malherbe ont parfois interprété les vers 50-51 comme s'il s'agissait de Concini, inspirateur de la politique royale. Cette interprétation ne peut être absolument écartée, mais il semble plus probable que Malherbe veuille parler de l'Esprit invisible qui se tient auprès des souverains pour les guider dans leur politique.

SUR LE MÊME SUJET

Imprimés : *Le Camp de la place Royale*, 1612 ; *Le Roman des chevaliers de la gloire*, 1612 ; *Recueils d'airs*, 1619 ; *Délices*, 1615, 1618 et 1621 ; *Recueil*, 1627.

Texte adopté : *Recueil*, 1627 (*sauf correction au vers 20*).

Composition : Cette pièce fut chantée à la suite de la précédente, au cours des fêtes de la place Royale. Les deux plaquettes de 1612 nous permettent d'en imaginer le détail. Les couplets *Que Bellone...* ayant été chantés par les dix Sibylles à tour de rôle, celle qui figurait la sibylle de Cumes s'adressa à la reine et lui chanta, « au nom de toute la France », les présentes strophes.

Page 169.
RÉCIT D'UN BERGER
AU BALLET DE MADAME,
PRINCESSE D'ESPAGNE

Imprimés : Plaquettes de 1615 (*Description du ballet de Madame ; Récit d'un berger sur les alliances*, etc. ; *Récit d'un berger au ballet de Madame*) ; *Délices*, 1620 et 1621 ; *Recueil*, 1627.

Texte adopté : *Recueil*, 1627.

Composition : Il s'agit encore une fois d'un ballet en l'honneur de Madame Élisabeth. Mais, cette fois, la princesse n'était plus une enfant. Elle allait épouser le roi d'Espagne. Ce ballet fut dansé au Louvre le 19 mars 1615. Nous savons par le *Journal* d'Héroard, que le roi et la reine y assistèrent, que la reine l'avait commandé, et que le roi en revint à quatre heures après minuit (II, p. 175). La *Description du ballet de Madame* nous permet de nous représenter la scène. Les vers de Malherbe furent chantés par « un berger qui était le sieur Marais, homme d'armes de la compagnie de Monsieur le Grand, lequel, comme ramenant ses troupeaux en l'étable au coucher du soleil, sortit des bois en chantant, et alla jusque devant Leurs Majestés, toujours récitant les vers faits par le sieur Malherbe ».

Par une lettre de Malherbe à Peiresc, en date du 23 mars 1615, nous apprenons que ce ballet se déroula parmi des jeux de machines, des changements de décors, et que la disposition des danseurs provoqua l'admiration des personnes présentes. Leurs Majestés avaient eu recours aux services de Malherbe « comme celui à qui les plus beaux esprits de la France défèrent » et lui avaient ordonné de collaborer avec l'organisateur de la fête, le contrôleur Durand.

Au reçu de ces vers, Peiresc écrivit à Malherbe le 21 avril. Il lui exprima son admiration. Sa lettre contient une précision intéressante. « M. Du Vair, écrit-il, y trouvait quelque petit crac au second couplet ; mais M. Du Périer nous ayant montré une correction d'icelui écrite de votre main, il en demeura grandement satisfait. »

1. Ces cinq années d'orages, c'est le temps qui s'est écoulé depuis la mort d'Henri IV. Peut-être Malherbe se souvient-il du vers d'Horace :

Jam satis terris nivis atique dirae grandinis

2. C'est-à-dire la Provence.

3. Géryon était un des brigands dont Hercule débarrassa la terre. C'était un géant, et il avait trois têtes.

Page 170.

4. Ce jeune demi-dieu, c'est le roi d'Espagne, et son empire s'étendant sur l'Amérique, il ne voyait jamais le soleil se coucher sur ses États.

5. Celle que le Tage va envoyer à la France, c'est la princesse Anne qui, dans quelques mois, va épouser Louis XIII.

Page 171.

6. Malherbe se souvient ici nettement de la IVe *Bucolique* :

Occidet et serpens, et fallax herba veneni.

7. Souvenir d'un autre vers de la même pièce :

Omnis feret omnia tellus...

Cette Anne si belle,

Éditions : Airs de cour, 1615 ; Airs de différents auteurs, 1615 ; Airs de cour, 1618 ; Œuvres, 1630.

Composition : Il s'agit du ballet qui fut dansé le 19 mars 1615 en l'honneur de Madame Élisabeth, sœur du roi. La cour de France préparait alors son départ pour la frontière espagnole. Elle allait y chercher la jeune Anne, qui venait épouser Louis XIII. On vantait sa beauté, et Malherbe le dit au vers 2. Il feint que Louis XIII languit dans l'attente, et qu'il faut « hâter le voyage ».

Racan avait rapporté à Ménage que Malherbe fit ces vers à la prière de Marais, portemanteau du roi, sur un air qui courait. Racan ajoutait que le poète les avait faits en un quart d'heure.

Ces vers furent, à l'époque, peu estimés, et Malherbe avouait qu'ils ne valaient pas grand-chose. Ils ne furent pas recueillis dans la plaquette qui parut alors, *Description du ballet de Madame.*

Un couplet courut à ce sujet, sur le même rythme :

Ce divin Malherbe,
Cet esprit parfait,

Donnez-lui de l'herbe,
N'a-t-il pas bien fait ?

Les *Anecdotes* publiées par L. Arnould l'attribuent à Théophile de Viau. C'est aussi ce qu'affirme Ménage. Mais Tallemant des Réaux dit que Bautru fut l'auteur de ce couplet (Bibl. de la Pléiade, t. I, p. 124), et l'on a quelque droit de penser que l'auteur des *Historiettes* parle à bon escient, car il connaissait fort bien les *Anecdotes* et les récits de Racan. S'il écarte leur témoignage, c'est en connaissance de cause.

Page 172. *Chère beauté que mon âme ravie*

Imprimés : Délices, 1621 ; *Recueil,* 1627.
Texte adopté : Recueil, 1627.

Composition : Racan affirme dans ses *Mémoires* que cette pièce est l'une de celles que Malherbe écrivit en l'honneur de la marquise de Rambouillet. Il nous dit aussi que Rodanthe était le nom poétique que Malherbe avait donné à la marquise. Or le dernier vers de la présente chanson nous apprend qu'elle est écrite à la gloire de Rodanthe.

Mais, dans un sens contraire, Ménage avoue qu'il demanda, à plusieurs reprises, à Mme de Rambouillet si ce récit était exact, et la marquise lui dit et répéta qu'elle n'en avait pas souvenir. Ce témoignage suffit à rendre extrêmement douteuse l'affirmation de Racan.

Le rythme de cette pièce est sans autre exemple chez Malherbe. Il s'explique par un témoignage que Ménage a recueilli : que la présente chanson fut écrite sur un air donné d'avance.

Ce détail pourrait, sans d'ailleurs aucune certitude, nous apporter sur les circonstances et la date de composition les précisions qui nous manquent. Il se trouve en effet que le 11 février 1613 Malherbe écrit à Peiresc : « Il y a quelques jours que la Reine m'avait commandé des vers sur l'air d'une chanson italienne ; ce n'a pas été sans peine. » Nous sommes donc en présence d'une chanson composée par Malherbe sur un air donné d'avance.

Page 174. *Ils s'en vont ces rois de ma vie,*

Éditions : Airs de différents auteurs, 1615 ; *Airs de cour,* 1615 ; *Airs de cour,* 1617 ; *Œuvres,* 1630.
Texte adopté : Airs, 1615-1617.

Composition : Ici encore, Racan présente ces vers comme adressés à la marquise de Rambouillet, et ici encore Ménage nous apprend qu'il s'était informé auprès d'elle, et qu'elle lui affirma qu'elle n'en avait pas souvenir. Tout indice fait défaut pour déterminer l'époque de cette chanson et le nom de la personne à qui s'adresse le poète.

1. M. Ciureanu a montré le caractère pétrarquiste de ce thème. Il

cite notamment (éd. citée, p. 59) ces vers de Pétrarque (*Rime*, CLVI, 5-6) :

> *... que' duo bei lumi*
> *C'han fatto mille volte invidia al sole*

[EXTRAIT D'UNE LETTRE À RACAN]

Édition : Vers extraits d'une lettre de Malherbe à Racan publiée dans le *Recueil* de Faret, 1627. Recueillis dans l'édition de Ménage.

Composition : Ces vers sont antérieurs au mois d'octobre 1625, mais leur date exacte est inconnue. Elle doit être proche de cette année puisque Malherbe y parle avec insistance de son grand âge.

Ménage nous dit que Malherbe a écrit ces vers pour Mme de Rambouillet. Une hypothèse a été proposée à leur sujet. On sait par les *Mémoires* de Racan que Malherbe avait entrepris une églogue dialoguée où il se serait entretenu avec le berger Arcas, c'est-à-dire Racan, des mérites de Mme de Rambouillet sous les traits d'une bergère. On pourrait imaginer que ces vers sont un fragment de l'églogue restée inachevée. Mais ce n'est là qu'une hypothèse, et il faut reconnaître que, sans la rendre impossible, l'examen du texte ne la favorise pas. Il est trop évident que Malherbe parle ici directement pour son compte, et non point sous le couvert d'une pastorale.

Au reste, l'intérêt de ces très beaux vers n'est pas là. Il est dans la révélation qu'ils nous apportent sur la vie véritable et insoupçonnée de Malherbe. Il a vraiment rencontré un jour la femme qu'il rêvait d'aimer. Elle avait tous les dons, tous les charmes. Il voulut se donner à elle. Un jour il comprit que son amour était sans espoir. Il n'est pas impossible, mais il est peu vraisemblable, que Malherbe pense à la vicomtesse d'Auchy. Le ton de ces vers semble nous inviter à placer cette grande passion à une date plus récente, et le poète paraît encore tout frémissant d'un amour qui n'est pas oublié.

Page 175.   POUR UNE FONTAINE

Éditions : Délices, 1615, 1618 et 1621 ; *Recueil,* 1627.
Texte adopté : Recueil, 1627.

Composition : Ménage avait recueilli sur ce quatrain deux témoignages fort précis, et pourtant inconciliables, en apparence du moins. Un lieutenant général de Lectoure lui avait affirmé que ces vers étaient gravés sur la pierre d'une fontaine près de cette ville, et que les gens du pays étaient d'accord pour les attribuer à Du Bartas. Celui-ci les aurait écrits pour sa sœur, et celle-ci était propriétaire de la maison de campagne où cette fontaine se trouvait. Mais d'autre part Mme de Rambouillet avait affirmé à Ménage que Malherbe avait composé cette inscription à sa demande, pour la fontaine de l'hôtel de Rambouillet. Pour expliquer cette contradiction, il suffirait peut-être de penser que le lieutenant général de Lectoure avait gardé un souvenir imprécis d'une inscription qu'il avait lue dans son pays et que, mis en présence du texte de l'inscription de Malherbe, il avait eu l'illusion de retrouver des vers déjà connus.

POUR UN GENTILHOMME DE SES AMIS, QUI MOURUT ÂGÉ DE CENT ANS

Édition : *Recueil*, 1627.

Composition : Les historiens de Malherbe n'ont pas réussi à découvrir quel pourrait être cet ami du poète qui mourut centenaire. Ménage même n'avait rien pu savoir sur ce sujet.

Page 176. *Celle qu'avait hymen*

Éditions : *Délices*, 1615, 1618 et 1621 ; *Recueil*, 1627.
Texte adopté : *Recueil*, 1627.

Composition : Ménage a réuni sur ce sonnet des informations précises. Il s'agit de la mort d'Anne Hallé, fille du doyen des maîtres des comptes de Paris. Elle avait épousé M. Puget, fils de M. de Pommeuse-Puget, trésorier de l'Épargne. Elle mourut en 1613. Le sonnet de Malherbe, ayant paru en 1615, fut donc composé en 1613-1615, et plus probablement dans les commencements de cette période.

C'est à elle que s'adresse le sixain qui suit le sonnet, et c'est encore M. Puget qui est censé lui parler. Mais ces six vers ne furent imprimés que bien des années plus tard, dans le *Recueil* de 1627.

Belle âme qui fus mon flambeau,

Éditions : *Recueil*, 1627 ; *Œuvres*, 1630 ; *Hortus epitaphiorum*, 1647.
Texte adopté : *Recueil*, 1627.

Composition : Ménage nous assure, on l'a vu, que Malherbe composa ce sixain, comme le sonnet précédent, pour Anne Hallé, femme de M. Puget. Ces vers dateraient donc de 1613.

Page 177. À MONSIEUR DU MAINE

Éditions : Ce sonnet parut en tête du *Recueil des vers lugubres et spirituels de Louis de Chabans, sieur du Maine*, en 1611. Il fut recueilli dans l'édition des *Œuvres* de 1630.
Texte adopté : 1611.

Composition : La pièce liminaire de Malherbe voisine avec deux autres, l'une de Nervèze, et l'autre de Mainard.

Louis du Maine, baron de Chabans, était ingénieur aux armées. Il était aussi poète. Il publia en 1606 *Les Amours de Thalie* dédiés à la reine Marguerite, et en 1611 ses *Vers lugubres et spirituels*. Dans la même année 1611, il avait collaboré à un recueil par des *Stances sur les regrets de la reine sur le trépas de son époux,* et en 1615, dans les *Délices,* il avait donné une ode au roi et à la reine sur leur voyage aux Pyrénées.

Ce simple sonnet de Malherbe est, en fait, d'un haut intérêt pour la connaissance du poète. Il nous apprend d'abord que la femme à laquelle il adresse ses hommages en 1611 s'appelle, de son nom poétique, Charicle. D'autre part il se sépare d'elle après une brève intrigue. Enfin, et surtout, il abjure alors son genre de vie antérieur, profane et consacré à la recherche des femmes. Il avoue même son « impiété ». On aurait tort de voir dans ces vers de la rhétorique ou de la pose.

1. Orra, *c'est-à-dire* entendra.

SUR LES THÉORÈMES DE MESSIRE JEAN DE LA CEPPÈDE, À LA REINE

Éditions : Ce sonnet a paru en tête du premier volume des *Théorèmes sur le sacré mystère de notre Rédemption,* publié par Jean de La Ceppède en 1613. Il fut recueilli dans l'édition de 1630.

Texte adopté : 1613.

Composition : Malherbe connaissait de longue date Jean de La Ceppède. Ils avaient appartenu ensemble à l'« académie des beaux esprits » qui se réunissait, vers 1580, autour d'Henri d'Angoulême à Aix. Ils s'étaient retrouvés plus tard, auprès du président Du Vair, et l'amitié de Jean de La Ceppède, conseiller d'État et premier président de la Cour des Comptes, Aides et Finances de Provence, était d'un haut prix pour le poète. La correspondance avec Peiresc prouve, en cent endroits, que Malherbe associait les noms de La Ceppède et de Du Vair.

Là Ceppède était, comme tant de magistrats alors, humaniste et poète, et poète religieux. Longtemps avant d'écrire ses *Théorèmes sur le sacré mystère de notre Rédemption,* il avait publié, en 1594, une *Imitation des Psaumes de la Pénitence royale,* une paraphrase du psaume CII, des *Méditations,* et plusieurs sonnets sur les reliques honorées à Lérins.

Nous apprenons par une lettre de Malherbe à Peiresc, du 14 juin 1612, que le président de La Ceppède lui avait exprimé le désir d'avoir des vers liminaires en tête du volume qu'il préparait. Le poète annonce que de toute façon la pièce sera achevée dans le mois.

On verra plus loin qu'en 1621 Malherbe écrivit une autre pièce liminaire pour le deuxième volume du même ouvrage.

Page 178.   ### SUR LA PUCELLE D'ORLÉANS BRÛLÉE PAR LES ANGLAIS

Éditions : Ces deux courtes pièces en l'honneur de Jeanne d'Arc ont paru dans un *Recueil de plusieurs inscriptions* en 1613. Ce volume fut réédité en 1628. Le sixain figure dans l'édition de 1630. Le huitain a été recueilli pour la première fois par Lefebvre de Saint-Marc dans son édition des *Poésies* en 1723.

Composition : En 1613, un certain Charles Du Lis publia un volume intitulé *Inscriptions pour les statues du roi Charles VII et de la Pucelle d'Orléans qui sont sur le pont de ladite ville,* Paris et Orléans, 1613, plaquette de dix-sept pages in-4°. La même année, un imprimeur parisien, Edme Martin, la reprit et en donna une édition accrue sous le titre de *Recueil de plusieurs inscriptions pour les statues du roi Charles VII et de la Pucelle d'Orléans.* L'ensemble comprenait soixante-cinq pages in-4°.

En 1616, il y eut certainement un nouveau projet, et Peiresc y joua un rôle. C'est ainsi que le 8 octobre 1616 il écrivait à Barclay, alors à Rome, sur cette entreprise (*Lettres de Peiresc,* VII, p. 353). Le 26 octobre, il lui envoyait la plaquette de Charles Du Lis, et lui demandait de collaborer à la nouvelle édition. L'éditeur des *Lettres de Peiresc,* Tamizey de Larroque, signale que dans le registre X des manuscrits de Peiresc à Carpentras, on trouve des vers de plusieurs poètes sur ce sujet. Mais les bibliographes les plus avertis n'ont pas, semble-t-il, trouvé trace d'une édition de 1616. Ce qu'ils signalent, c'est une réédition plus tardive, en 1628. Malherbe avait collaboré au recueil dès l'édition de 1613.

Le thème de ces recueils était le projet de deux inscriptions à mettre sous les deux statues de Jeanne et de Charles VII qui se tenaient, agenouillés, des deux côtés d'une croix près de laquelle la Vierge se tenait debout. On remarquera le caractère curieux du huitain. Il s'adresse aux passants. Il faut donc supposer qu'il est gravé sous la statue de Jeanne. Mais c'est pour expliquer qu'il n'y a pas d'inscription.

Page 179.

STANCES SPIRITUELLES DE M. DE MALHERBE

Imprimés : Délices, 1620 et 1621 ; *Recueil,* 1627.
Texte adopté : Recueil, 1627.

Composition : Cette pièce ne figure pas dans les *Délices* de 1615, à la différence des paraphrases des psaumes VIII et CXXVIII. On en conclut avec vraisemblance qu'elle a été écrite plus tard, entre 1615 et 1620. Encore convient-il de noter certains tours qui vieillissaient (pource que, tant soient-ils). Les variantes des manuscrits révèlent un travail de correction entrepris en vue de les éliminer. De toute façon, le lapsus reproduit dans les états imprimés suffirait à prouver que Malherbe n'avait pas surveillé de près la correction de ces stances pour l'impression.

Page 180. AU ROI

Imprimé : Recueil, 1627.
Texte adopté : Recueil, 1627.

Composition : Racan avait appris à Ménage que ce sonnet avait été écrit en 1624. Les indications du texte vont dans le même sens. Le roi est jeune : ce n'est donc pas Henri IV mais Louis XIII. Il vient d'étouffer les révoltes de l'hydre de la France. Ce sont les deux campagnes que Louis XIII avait menées contre les Protestants du Midi : l'une, en 1621, marquée par les sièges de Saint-Jean-d'Angély et de Montauban ; l'autre qui aboutit à la paix de Montpellier en août 1622. D'autre part, ce sonnet évoque une situation tout à fait identique au sonnet suivant. Or celui-ci date, de la façon la plus précise, de février 1624.

AUTRE

Imprimés : une feuille volante conservée à la Bibliothèque nationale, Rés. Ye 620 ; une autre feuille volante, f. Baluze, ms. 133 ; *Recueil,* 1627.

Texte adopté : Recueil, 1627.

Composition : Nous sommes renseignés très précisément sur la date de composition de ce sonnet. Le 28 février 1624, le poète, envoyant une demi-douzaine de copies d'un sonnet qu'il venait de présenter au roi cinq ou six jours plus tôt, ajoute que Sa Majesté lui a donné cinq cents écus. Cette indication s'adapte à la note de Bouillon-Malherbe sur la feuille volante du fonds Baluze.

Le texte du sonnet va dans le même sens. Malherbe cite deux campagnes victorieuses de Louis XIII. Ce sont les campagnes de 1621 et de 1622, qui aboutirent à la soumission des Protestants du Midi. Malherbe dit que le roi arrivait à peine à l'âge de vingt ans. Louis XIII était né le 27 septembre 1601.

La feuille du fonds Baluze contient cette note, de la main de Bouillon-Malherbe, cousin du poète : « Le Roi lui fit donner 500 écus le jour qu'il lui présenta ce sonnet. »

Page 181.   PROPHÉTIE DU DIEU DE SEINE

Édition : Œuvres, 1630.
Texte adopté : Œuvres, 1630.

Composition : Ces stances mettent dans la bouche du dieu de Seine une « exécration » contre Concini. Celui-ci avait été assassiné sur l'ordre du roi le 24 avril 1617. Le texte de Malherbe suppose un ballet royal au cours duquel il aurait été déclamé ou chanté par le dieu de Seine. Cette idée doit d'autant moins surprendre que le 29 janvier précédent, avant même la chute de Concini, le *Ballet de la délivrance de Renaud* avait revêtu clairement une signification politique, et qu'il exaltait le roi de telle sorte que le Favori s'en trouvait rabaissé aux yeux des esprits clairvoyants (M. Mac Gowan, *L'Art du ballet de cour en France,* p. 108-110).

Nous aurions tort de penser que Malherbe, en écrivant des vers

aussi injurieux pour la mémoire de Concini, se borne à suivre l'entraî-
nement général. Entre Concini et M. de Bellegarde l'hostilité avait
été violente et publique. Elle s'était notamment manifestée le 3 janvier 1611, quand les deux hommes avaient failli se battre dans le cabinet même du roi. Puis, en 1612, Concini avait monté une intrigue
contre Bellegarde avec l'intention de le perdre et de mettre la main
sur ses dépouilles. Le parlement avait été saisi. Mais l'affaire était trop
grave. Elle avait été arrêtée, et les papiers brûlés. Après cela nous ne
sommes pas étonnés d'apprendre que Malherbe fit éclater sa joie
quand Concini fut tué. Un jour que Mme de Bellegarde était à la
messe, il s'écria, devant les hommes qui l'entouraient : « Est-ce
qu'elle a encore quelque chose à demander à Dieu, maintenant qu'Il
a délivré la France du maréchal d'Ancre ? » On notera que Peiresc,
écrivant au chevalier Barclay, parle de Concini avec horreur (*Lettres*,
VII, p. 362).

1. Est-il besoin d'attirer l'attention sur le contresens possible ? *supporter* ne signifie pas *tolérer* mais *servir d'appui, soutenir*.

Page 182.   POUR LES ARCS TRIOMPHAUX DRESSÉS
À L'ENTRÉE DE LOUIS XIII À AIX EN 1622

Édition : Ces trois pièces ont été conservées grâce au *Discours sur les
arcs triomphaux dressés en la ville d'Aix*, publié in-folio par Jean Galaup de
Chasteuil en 1623.

Composition : Après sa campagne contre les Protestants de Langue-
doc en 1622, Louis XIII poussa sur la Provence. Il fit, en octobre, à
Aix une entrée solennelle. Pour le recevoir, la ville fit dresser sept
arcs de triomphe, et demanda à des poètes du pays d'en composer les
inscriptions. Malherbe faisait à Aix un séjour prolongé. Il reçut mission d'écrire trois de ces inscriptions. Le premier arc représentait
deux palmiers qui fléchissaient sous le poids des trophées. Le deuxième comportait une statue de la ville, et le bouclier qu'elle tenait portait le profil du roi. Sur le quatrième arc, Amphion célébrait la paix
de Montpellier, qui venait d'être signée le 18 octobre, et qui scellait la
soumission des Protestants du Midi.

Page 183.   *Enfin ma patience, et les soins*

Imprimés : Délices, 1621 ; *Recueil,* 1627.
Texte adopté : Recueil, 1627.

Composition : Nous savons, grâce au témoignage de Racan recueilli
par Ménage, que Malherbe écrivit ces vers pour le comte de Charny.
Celui-ci était né Charles Chabot, il était fils de Jacques Chabot, marquis de Mirebeau, et frère de Catherine Chabot, qui devint par son
mariage baronne de Termes, et par conséquent belle-sœur de M. de

Bellegarde. Les relations des Chabot avec la famille de Bellegarde étaient d'ailleurs anciennes. Jacques Chabot avait fait sa fortune grâce à Bellegarde, et c'est grâce à lui qu'il avait reçu en 1613 la lieutenance royale de Bourgogne. Il est donc tout naturel que Malherbe ait connu le jeune comte de Charny et qu'il ait écrit des vers pour lui.

À l'époque où Malherbe écrivait ces stances, le comte de Charny rêvait d'épouser Charlotte Jeannin de Castille, fille du célèbre président Jeannin, qui joua un rôle de premier plan dans la politique française au temps d'Henri IV et sous la Régence. C'est pour cet amour que Malherbe a composé les présents vers. Le mariage eut lieu en 1620, et cette date nous permet de savoir approximativement en quel temps ces stances furent composées.

Cette union n'allait guère durer. Le comte de Charny mourut l'année suivante, victime de l'épidémie qui décima l'armée royale durant le siège de Montauban (août-novembre 1621). Son beau-frère M. de Termes venait, au cours de la même campagne, d'être tué au siège de Clairac.

Sa veuve ne devait pas tarder à se remarier. En décembre 1623, elle épousa le comte de Chalais. Après que celui-ci fut mort sur l'échafaud, Charlotte de Castille continua de fréquenter le très grand monde. Elle était belle. Le comte de Soissons, le grand maître de La Meilleraye, le futur duc d'Anville affichèrent des passions pour elle. Des couplets couraient, qui ne laissent aucune illusion sur sa réputation de vertu.

Ces scandales sont bien postérieurs aux stances de Malherbe. Mais ils aident peut-être à comprendre leur caractère un peu étonnant. Sans rien préciser, Malherbe évoque un climat de tempêtes, d'orages suivis de périodes de calme, de douceurs et d'amertumes mêlées. Charlotte Jeannin de Castille n'était pas une femme dont l'amour fût de tout repos.

Page 184.   *Mes yeux, vous m'êtes superflus ;*

Édition : Œuvres, 1630.

Composition : Nous savons par Ménage que Malherbe écrivit ces vers pour M. de Bellegarde alors que celui-ci affichait une violente passion pour la jeune reine Anne d'Autriche. Tallemant des Réaux nous apprend d'autre part que Bellegarde avait l'habitude de dire en toute occasion : « Je suis mort », et qu'un jour il demanda à la reine ce qu'elle ferait si un homme lui disait qu'il l'aimait. Elle répondit : « Je le tuerais ! » Il s'écria : « Je suis mort. » Cette anecdote explique le refrain de la présente chanson.

La passion affichée par le duc de Bellegarde dura au moins deux ans. Nous verrons en effet que la pièce suivante *C'est assez, mes désirs,* écrite sur ce même sujet, est datée très exactement de décembre 1623. Et d'autre part, Buckingham supplanta Bellegarde dans sa galanterie avec la jeune reine, ainsi que nous l'apprend un pont-breton de Voiture. Or Buckingham arriva à Paris le 24 mars 1625. La présente chanson a été écrite entre ces deux dates.

Page 185.   *C'est assez, mes désirs,*

Édition : 1630.

Composition : Nous sommes renseignés avec une exceptionnelle précision sur la date de composition de cette pièce. Une lettre de Malherbe à Racan, en date du 4 novembre 1623, annonce qu'elle est écrite, et qu'elle a été remise à qui de droit. Cette même lettre nous apprend qu'il y a défense de faire voir ces vers, et que Malherbe ne peut se permettre de les envoyer à Racan. Il les lui montrera quand Racan viendra à Paris.

Nous ne nous étonnerons pas de cette discrétion. C'est que cette pièce, comme la précédente, s'adresse à la reine Anne, et c'est le duc de Bellegarde qui lui ose dire son amour. Un vers du premier couplet suffirait à le prouver. Cette chanson ne s'adresse-t-elle pas

> *Au plus haut objet de la terre ?*

On notera que Chrysante est le nom poétique adopté ici pour la reine.

Si le lecteur d'aujourd'hui était tenté de s'étonner en voyant que Bellegarde se permet, par des vers de Malherbe, de faire une déclaration d'amour à la jeune reine Anne, il suffira de le renvoyer aux vers, non moins audacieux, que Théophile composa, exactement à la même époque, pour le compte de son maître Montmorency, pour déclarer sa passion à la reine. Et ces vers étaient destinés à être déclamés au cours d'un ballet au Louvre (A. Adam, *Théophile de Viau,* p. 282).

Page 187.   POUR LA GUÉRISON DE CHRYSANTE

Édition : Œuvres, 1630.

Composition : Deux dates ont été proposées et soutenues pour ces stances, et cette difficulté s'explique sans peine si l'on songe que Malherbe a chanté une Chrysante en 1608-1610, et qu'il en a célébré une autre en 1623.

M. Fromilhague s'en tient à la date de 1610. Il voit même dans cette pièce un indice intéressant en faveur de son hypothèse sur le nom véritable que dissimule celui de Chrysante. Il est exact en effet qu'Angélique Paulet fut malade vers le mois de mai 1610, et Mlle de Scudéry a parlé de cette maladie dans *Le Grand Cyrus.*

Mais il existe deux sérieuses raisons qui affaiblissent cette argumentation.

C'est d'abord que les autres pièces adressées à Chrysante en 1608-1610 *(Ma Crisante, avec une foi...* et *C'est faussement...)* figurent dans le manuscrit du Musée Condé, et que celle-ci ne s'y trouve pas. C'est d'autre part qu'Anne d'Autriche fut en effet malade en juillet 1623, suffisamment pour que l'ambassadeur de Venise en ait parlé dans une dépêche à son gouvernement le 17 juillet 1623 (A. Adam, *Théophile de Viau*, p. 285, rappelé *Histoire de la littérature*, I, p. 36). L'argument tiré de la maladie d'Angélique Paulet en 1610 perd donc toute force. Le problème n'est pas résolu, et il reste peut-être préférable de s'en tenir à la date de 1623.

Page 188.   EN FAVEUR DU SIEUR DE LORTIGUE

Édition : Ces quatre vers figurent en tête des *Poèmes divers* d'Annibal de Lortigue, en 1617. Ils ont été recueillis dans l'édition de 1630.

Composition : Annibal de Lortigue était né à Apt en 1570. Il présentait des qualités auxquelles Malherbe devait être sensible, car il avait à cœur d'être homme d'épée autant pour le moins qu'homme de plume. Il pratiquait à la fois la poésie amoureuse, les « gaietés », la poésie religieuse et « traitait de guerre » dans ses poèmes. En 1605, il avait publié *La Trompette spirituelle*. En 1617 il fit paraître ses *Poèmes divers* auxquels Malherbe a donné ce quatrain. Vingt ans plus tard, on publia, de lui, un poème en douze livres, *Le Désert. Sur le mépris de la cour*. Il était mort depuis sept ans.

Lortigue est le père du romancier Vaumorière, qui s'appelait de son nom complet Pierre de Lortigue, sieur de Vaumorière.

Le dernier vers du quatrain ne prend tout son sens que lorsqu'on sait que Lortigue tenait à être considéré comme soldat autant que comme poète.

À MONSIEUR DU PRÉ, SUR SON PORTRAIT DE L'ÉLOQUENCE FRANÇAISE

Édition : Ces quatre vers figurent en tête du *Portrait de l'éloquence française* de J. Du Pré, seigneur de La Porte, publié sous la date de 1621, mais avec achevé d'imprimer le 25 novembre 1620.

Composition : Ce M. Du Pré était normand, conseiller à la Cour des Aides de Normandie. La correspondance de Malherbe ne porte pas de trace, au moins visible, des rapports qui existèrent sans aucun doute entre les deux hommes.

Page 189.   À MESSIRE JEAN DE LA CEPPÈDE

Édition : Ce sixain a été écrit pour le deuxième volume des *Théorèmes* de La Ceppède, publié en 1621. Il se lit, avec les autres pièces laudatives, non en tête, mais à la fin du volume. Il a été retrouvé et publié par Frédéric Lachèvre, *Bibliographie des recueils collectifs de poésies libres et satiriques*, 1914.

On a vu plus haut qu'en 1613 Malherbe avait déjà donné des vers pour le premier volume des *Théorèmes*.

[POUR LA « SOMME THÉOLOGIQUE » DU PÈRE GARASSE]

Édition : Pièces liminaires données à la *Somme théologique* du P. Garasse, 1625.

Composition : Ces vers veulent sans doute remercier Garasse d'avoir mis dans son ouvrage l'éloge de Malherbe, de Racan et de Mainard, et l'on peut être sûr que le jésuite avait eu soin de communiquer à Malherbe les bonnes feuilles de la *Somme théologique*. Racan et Mainard firent comme leur maître et envoyèrent à Garasse, pour sa *Somme,* des vers où ils flétrissaient les athées et les « écoliers d'Épicure ». Ils ne pouvaient moins faire pour un auteur qui appelait Racan l'« un des meilleurs esprits de notre âge », et qui louait Mainard d'être « aussi bon catholique que sage poète ». Il n'était pourtant pas nécessaire d'être libertin pour n'estimer pas Garasse. Le parlement et la Sorbonne furent scandalisés par les violences de la *Somme théologique*. La Sorbonne en prépara la censure et le parlement se disposa à la condamner. Les cercles humanistes avaient Garasse en exécration. L'abbé de Saint-Cyran, mis en mouvement sans doute par Bérulle, publia en 1626 la *Somme des fautes contenues en la « Somme théologique » du P. François Garasse*. Et c'est à Richelieu lui-même qu'il la dédia (A. Adam, *Du mysticisme à la révolte. Les jansénistes du XVIIᵉ siècle*, p. 96-98).
À ce quatrain, Malherbe joignait un dizain qui fut publié à la suite de l'autre pièce en tête de la *Somme théologique*.

Page 190.   À RABEL, PEINTRE,
                          SUR UN LIVRE DE FLEURS

Édition : 1630.
Texte adopté : 1630.

Composition : Il s'agit ici d'une pièce liminaire donnée par Malherbe à l'ouvrage de Daniel Rabel, *Fleurs peintes par Rabel en 1624*, conservé au Cabinet des Estampes.
On observe que Malherbe affecte dans cette pièce de mettre la marguerite au-dessus de toutes les fleurs. Dans le langage de la poésie amoureuse, cela ne peut avoir qu'un sens, c'est que la femme aimée s'appelle Marguerite. Mais nous n'avons pas la moindre idée de ce qu'il pouvait y avoir là de vérité. Et Malherbe a alors soixante-neuf ans.

                    Cet absinthe au nez de barbet,

Éditions : *Œuvres*, 1630 ; *Hortus epitaphiorum*, 1647.

Texte adopté : 1630.

Composition : Ces vers visent le duc de Luynes. Il venait de mourir, le 25 décembre 1621, devant la place de Monheur, que l'armée royale assiégeait inutilement. La réaction, après sa mort, fut violente, et fit apparaître l'impopularité du Favori.

Malherbe joue sur le nom de Luynes. Le mot *aluine* signifie ou signifiait « absinthe ». Dans une variante du manuscrit 5168, qui représente de toute évidence le premier état du texte, *Absinthe* est employé comme nom propre. *Absinthe* est le nom de Luynes. La plaisanterie était plus mordante, mais un peu obscure, et Malherbe a préféré l'affaiblir en la rendant plus facile.

Page 191. AU SIEUR COLLETET, SUR LE TRÉPAS
DE MADEMOISELLE SA SŒUR

Édition : Hortus epitaphiorum, 1648.

Composition : Aucun indice précis ne nous permet de décider de l'époque où furent écrits ces quelques vers, et la date de la mort de cette sœur de Colletet est inconnue. Mais si l'on observe que le décès de la jeune fille inspira des vers, non seulement à Malherbe, mais à Théophile de Viau, à Nicolas Frenicle, à Jean de Schélandre, on est fortement tenté de placer ce décès et les pièces écrites à son sujet après 1620.

[POUR L'ALBUM
DE MADAME DES LOGES]

Publié pour la première fois par Monmerqué et Paris dans leur édition des *Historiettes* de Tallemant.

Composition : Mme des Loges tint vers 1625 le salon peut-être le plus brillant de Paris. Elle attirait, en même temps que les gens de la belle société, ceux qu'on appelait les beaux esprits. Elle le faisait avec des ambitions littéraires que Mme de Rambouillet avait le bon goût de s'interdire. Au dire de Balzac, Malherbe allait chez Mme des Loges un jour sur deux.

En 1629, elle quitta Paris et se retira en Limousin. Il ne faudrait pas trop dire qu'elle se disposait simplement à y faire une « sage retraite ». Elle avait été compromise dans les cabales de la Cour. Elle eut peur et disparut (A. Adam, *Histoire de la littérature au XVIIᵉ siècle,* I, p. 275).

IMITATION DU PSAUME
« LAUDA ANIMA MEA DOMINUM »

Imprimé : Recueil, 1627.
Texte adopté : Recueil, 1627.

Composition : Cette pièce, qui n'a été publiée qu'en 1627, semble dater des dernières années du poète. Le temps n'est plus où Malherbe attendait des puissants de ce monde la récompense des louanges qu'il faisait monter vers eux. Il avait maintenant de bonnes raisons d'être déçu par l'indifférence de la Cour. Il avait mesuré l'égoïsme des rois. Le 1er novembre 1625, il écrivait à Racan : « Il est si aisé aux rois de se faire aimer, au moins de se faire servir, qu'ils ne se soucient de personne. » Les stances sur le *Lauda anima mea* ne sont pas une œuvre de rhétorique. Elles expriment l'amertume du vieux poète.

Le présent poème n'est pas une paraphrase du psaume CXLV dans sa totalité. Elle se borne à en développer les premiers versets.

1. Les commentateurs rapprochent de ce vers les mots du poète Publius Syrus, *Fortuna vitrea est. Tum cum splendet frangitur.*

2. Au dire de Racan, il avait fait observer à Malherbe que calmer ne pouvait s'appliquer à verre, et Malherbe aurait aussitôt corrigé son deuxième vers. Il aurait mis :

> *Son état le plus ferme est l'image de l'onde*

Il se peut, mais les divers états du texte ne portent aucune trace de cette correction.

3. Garnier avait dit de même, dans *Les Juives*, v. 1745 :

> *C'est lui qui nous fait vivre*

Page 192.

4. D'après Ménage, Malherbe aurait d'abord écrit :

> *À souffrir leur mépris et baiser leurs genoux,*

Puis il aurait mis :

> *Et comme des autels adorons leurs genoux,*

avant d'arriver au texte définitif et meilleur.

5. Malherbe disait déjà dans une lettre à Peiresc, le 26 juin 1610 : « La fortune se joue des rois en leur vie et en leur mort, afin qu'ils se souviennent qu'ils sont du nombre des hommes. »

POUR LE MARQUIS DE LA VIEUVILLE,
SUPERINTENDANT DES FINANCES

Imprimés : une feuille volante ; *Recueil,* 1627.
Texte adopté : Recueil, 1627.

Composition : Au mois de janvier 1623, les Brularts, tout-puissants au Conseil du roi, firent renvoyer le surintendant des Finances, Schomberg, et lui donnèrent pour successeur le marquis de La Vieuville. Il ne leur en eut guère de reconnaissance. Le 1er janvier 1624, à son instigation, Louis XIII redemanda les Sceaux au chancelier Brulart, et La Vieuville domina le Conseil. Il ne garda d'ailleurs pas cette place longtemps. Il fut disgracié le 13 août suivant et interné à Amboise. Ces dates fixent les limites de temps entre lesquelles Malherbe écrivit le présent sonnet. Il ne courait pas le risque de déplaire à son maître Bellegarde. Un rapport du nonce nous apprend que l'intrigue qui aboutit à la disgrâce du chancelier Brûlart fut l'œuvre de La Vieuville et du duc de Bellegarde (Zeller, *Richelieu et les ministres de Louis XIII*, p. 237).

Nous aurions tort de prendre à la lettre les éloges que Malherbe accorde à La Vieuville. Il avait la réputation d'être particulièrement avide et de trafiquer de la puissance que lui donnait sa charge. Il était le gendre de Beaumarchais, financier de la plus déplorable réputation, et qui fut obligé de s'enfuir en 1624 pour éviter d'être jeté en prison.

Page 193.   À MONSEIGNEUR, FRÈRE DU ROI

Imprimés : Une feuille volante ; *Recueil,* 1627.
Texte adopté : Recueil, 1627.

Composition : Ce sonnet s'adresse à Gaston, duc d'Orléans, frère de Louis XIII. Il était né le 23 avril 1608 ; il avait donc dix-neuf ans quand ces vers écrits en son honneur parurent dans le *Recueil.*

Il resterait à savoir depuis combien de temps ce sonnet était écrit quand il fut imprimé. Les indications du texte sont vagues. Elles permettent du moins de penser que le prince n'était pas loin alors de ses dix-neuf ans puisque Malherbe parle de sa « vertu », des « beaux objets » qu'il propose à l'admiration de tous. Si l'on osait former une hypothèse, on dirait que Malherbe a composé ces vers en 1626. À ce moment, le jeune duc d'Orléans joue pour la première fois, malgré lui sans doute, un rôle dans la politique française. Il est au centre d'une cabale de cour où le comte de Soissons et les deux Vendômes agissent en se servant de lui contre Richelieu. Il est très caractéristique qu'en 1626 le grand ami de Malherbe, Racan, compose des vers pour le comte de Soissons et pour le Grand Prieur. Les attaches de Malherbe étaient évidemment de ce côté. On sait comment l'affaire se termina : les deux Vendômes arrêtés le 13 juin 1626, Chalais exécuté le 18 août, le comte de Soissons obligé de fuir à l'étranger. On comprendrait mal que Malherbe ait écrit après cette date des vers en l'honneur de Monsieur.

POUR MONSEIGNEUR LE COMTE DE SOISSONS

Imprimés : VIe livre des *Airs de cour,* 1624 ; XIIe livre des *Airs de cour* avec musique de Boesset, 1624 ; *Recueil,* 1627.
Texte adopté : Recueil, 1627.

Composition : Malherbe a écrit ces vers pour Louis de Bourbon, comte de Soissons. Nous n'avons, pour les commenter, qu'un récit de Ménage. Le projet, dit-il, s'était formé de faire épouser au comte de Soissons Henriette de France, fille d'Henri IV. Le comte demanda à

Malherbe de composer des vers pour lui. Le musicien Antoine Boesset eut mission de les mettre en musique.

On peut admettre que le récit de Ménage est exact. Mais il ne rend pas compte du caractère particulier de ces vers. Qu'on les lise avec attention, et l'on verra que le comte a commis le crime de « laisser » la personne qu'il aime. Il a du moins une excuse. C'est que « les volontés d'un absolu pouvoir » constituent une contrainte qui explique sa faute. Ce qui ne peut avoir qu'un sens : c'est que Monsieur le comte a dû s'incliner devant un ordre formel du roi.

Dans le contexte politique de ces années 1622-1624, il faut donc conclure que le projet de mariage formé entre le comte de Soissons et Madame Henriette s'est heurté à un autre projet, celui du mariage de la princesse avec le fils du roi d'Angleterre. Et naturellement il ne resta au comte qu'à s'incliner.

Page 195. À MONSEIGNEUR
LE CARDINAL DE RICHELIEU

Imprimés : Une feuille volante en 1624 ; *Recueil,* 1627.
Texte adopté : Recueil, 1627.

Composition : Ces vers ont été écrits dans les jours ou dans les semaines qui suivirent le 13 août 1624. Ce jour-là, date décisive dans l'histoire de l'époque, Richelieu devenait chef du Conseil et prenait la direction de la politique française. C'est pour célébrer cet événement que Malherbe compose ce sonnet.

Ce sonnet est le premier signe que nous ayons de l'adhésion très particulière de Malherbe à la politique de Richelieu et de son attachement à sa personne. D'autres signes apparaîtront en 1625, et se multiplieront dans les dernières années du poète.

1. Ce vers doit être pris dans son sens le plus précis. Richelieu va désormais agir en chef du Conseil.

2. Cette princesse, c'est la France. Elle est confiée à Richelieu, son sort est déposé entre les mains du cardinal. — *Résinée* est ici pour *résignée* au sens de *confiée.* Un vers de Marot (*Ballades,* 4) prouve que même lorsqu'on écrivait *résigner,* on prononçait *résiner.* Il fait rimer en effet *je résigne* avec *je me détermine.*

Page 196.

[À MONSEIGNEUR LE CARDINAL DE RICHELIEU]

Édition : Œuvres, 1630.
Texte adopté : N. acq. fr. 5168.

Composition : Dans leur état définitif, ces strophes ont été écrites pour Richelieu. Mais Racan avait su et a appris à Ménage qu'elles avaient été composées trente ans plus tôt, et naturellement elles ne s'adressaient pas à Richelieu. L'intéressante variante, en marge du manuscrit du fonds Baluze, éclaire singulièrement cette tradition. Malherbe a écrit cette strophe pour un prince de l'Église, autrement dit un cardinal, qui était aussi, de naissance, un « grand prince ». On pense immédiatement au cardinal de Bourbon. Puis Malherbe modifia son texte, et il faut avouer qu'il le fit avec une insigne maladresse. Ce « grand prince et prince de l'Église », transformé en « grand et grand prélat », puis en « grand et grand prince », prouve son embarras. Il le comprit sans doute, et la pièce resta à l'état d'ébauche. Cette pièce au cardinal de Bourbon doit nécessairement dater d'avant 1590, date de la mort de ce cardinal.

POUR MONSEIGNEUR
LE CARDINAL DE RICHELIEU

Édition : Le Sacrifice des Muses, 1635.

Composition : Le 19 décembre 1626, Malherbe annonçait à Peiresc qu'un mois ou cinq semaines plus tôt il avait présenté un sonnet au Cardinal. Il ne peut s'agir que du présent sonnet.

Page 197.

1. À cette date de novembre 1626, « les complots de nos séditieux » ne peuvent désigner que les cabales du duc d'Orléans, du comte de Soissons, des Vendômes, que l'exécution de Chalais, au mois d'août, n'avait pas réussi à étouffer. L'affaire de La Rochelle n'apparut que l'année suivante.

2. Outre ses sens habituels, le mot *chapeau* peut désigner une couronne de feuilles ou de fleurs. Cotgrave traduit : *also, a garland of flowers.*

POUR LE ROI ALLANT CHÂTIER
LA RÉBELLION DES ROCHELOIS

Plaquettes : 1627, in-4° ; 1627 (mais en réalité mars 1628), in-8°.
Édition : Le Parnasse royal, 1635.
Texte adopté : Plaquette in-4°.

Composition : Il est question de cette ode dans la lettre de Malherbe à M. Du Bouillon, le 22 décembre 1627. Le poète écrit à son cousin : « Vous aurez dans quinze ou vingt jours, Dieu aidant, cent ou six-vingts vers que je vais envoyer au roi. » Malherbe ajoute que cette ode sera présentée à Louis XIII par Richelieu, et que naturellement la personne du Cardinal n'y sera pas oubliée. Une lettre de Malherbe à Scipion Du Périer, en date du 2 janvier 1628, nous apprend, sans que nous en soyons surpris, que l'ode n'était pas terminée ce jour-là. Aussi bien, elle devenait de dimensions plus grandes que le poète n'avait prévu, puisqu'elle allait, en fin de compte, atteindre le chiffre de cent quatre-vingts vers.

Nous ne savons pas exactement quand elle fut terminée, puis

imprimée. Mais c'est le 12 mars 1628 seulement que Peiresc reçut la plaquette qui la contenait, et Richelieu n'accusa réception de la sienne que le 15 mars. Il importe de préciser que le Cardinal n'avait pu remettre au roi les vers de Malherbe, comme il l'avait promis. Louis XIII avait quitté l'armée le 10 février, il était arrivé à Paris le 24, et c'est le 3 avril qu'il reprit la route de La Rochelle. Mais Malherbe le vit à Paris, et c'est alors sans doute qu'il remit son ode au souverain. Il y a de bonnes raisons de penser que ce fut le 2 avril, la veille même du départ.

Page 198.

1. *Souvenir évident d'Horace (Épodes,* XI, v. 5-6) :

> *Hic tertius December...*
>
> *... silvis honorem decutit.*

Page 199.

2. Lyncée était l'un des Argonautes, fameux pour la qualité de sa vue.

3. Tiphys était le pilote des Argonautes. Les Syrtes sont les rivages de la Libye, enlisés dans les sables. Les Cyanées sont des îlots de la mer Noire.

4. *Ruer* signifie couramment *précipiter à terre,* comme *ruere* latin, ou plus généralement *donner violemment un coup.* Cotgrave cite : *ruer un coup d'estoc et ruer coups.*

5. Géant qui avait cent bras.

Page 200.

6. Les mouvements de l'assaillant.

7. Mimas, Typhon, Euryte et Encelade sont les noms des géants que Jupiter foudroya.

8. Cette Vierge, c'est la Victoire, qui dans Hésiode a soutenu Jupiter contre les Titans.

9. Il s'agit des Champs Phlégréens, dans le voisinage de Naples. — *Put* est la troisième personne de l'indicatif présent du verbe *puir.* Il ne porte pas l'accent circonflexe.

10. Ce lâche voisin, c'est l'Angleterre. Le corps expéditionnaire anglais avait débarqué dans l'île de Ré le 10 juillet 1627.

11. *Inspirer un sentiment de honte.* Cotgrave traduit : *also, to carpe at, or find fault with.*

12. En réalité, un corps français, fort de huit mille hommes, avait déjà réussi, en novembre 1627, à débarquer dans l'île et à dégager Saint-Martin-de-Ré.

Page 201.

13. Voulu par le Destin.

14. Éson était le père de Jason. Il avait été rajeuni par Médée.

15. C'est-à-dire, semble-t-il, le prend dans la barque de Charon et le mène à la table des dieux.

16. Souvenir précis d'Ovide (*Amours*, I, IX, v. 3-4) :

> *Quae bello est habilis, veneri quoque convenit aetas ;*
> *Turpe senex miles, turpe senilis amor.*

Page 202.

17. Amphion, jouant de la lyre, charmait les pierres mêmes, et elles venaient s'assembler d'elles-mêmes pour élever les remparts de Thèbes.

Enfin mon ROI *les a mis bas*

Plaquettes : in-4° et in-8°, 1628.

Composition : Ainsi qu'on peut le constater, cette stance figure dans les deux plaquettes de 1628. Elle était donc imprimée et fut présentée au roi avant le 3 avril de cette année.

Dans ces conditions, il y a lieu de s'étonner de ces vers qui annoncent comme chose faite, en mars au plus tard, la capitulation de La Rochelle, qui n'eut lieu que le 29 octobre suivant. Les commentateurs proposent habituellement, de ce fait étonnant, une explication séduisante. Dans la lettre à Peiresc, du 3 avril 1628, Malherbe écrit : « Je promis hier au roi d'en faire [des vers] sur la prise de La Rochelle. » Le fragment dont il est question ici serait donc la première strophe du poème promis. Il se peut en effet. Mais ce qu'il faut bien voir, c'est que ces vers figuraient dans la plaquette remise au roi, et que Louis XIII les avait donc déjà en main quand le poète annonçait qu'il allait écrire un poème sur la prise de La Rochelle.

Page 203.   CONSOLATION
À MONSIEUR LE PREMIER PRÉSIDENT,
SUR LA MORT DE MADAME SA FEMME

Éditions : Plaquette, s.d. ; *Recueil*, 1627.
Texte adopté : Recueil, 1627.

Composition : Nicolas de Verdun avait été d'abord président de chambre à Paris, puis il avait été nommé premier président au parlement de Toulouse. Au mois de décembre 1608, on parla de lui comme successeur du premier président de Paris, M. de Harlay. Les obstacles étaient grands, car M. de Harlay et les principaux magistrats lui étaient hostiles. Mais sa femme intriguait sur place pour le faire nommer. Son meilleur argument était sa fort jolie nièce, Mlle de Maupeou, qu'elle avait mis « bien avant aux bonnes grâces de Sa Majesté ». Après la mort d'Henri IV, les chances de M. de Verdun augmentèrent, car il avait pour lui le pape et les jésuites. Il fut donc enfin nommé, en mars 1611. Il affichait des intentions vertueuses et réformatrices, mais ceux qui ne l'aimaient pas voyaient surtout sa vanité et son ambition.

Il avait épousé, dit-on communément, la fille d'un trésorier de France, Charlotte de Gué ou Du Guié. Mais plus simplement L'Estoile assure dans son *Journal* qu'elle était fille d'un marchand de drap nommé Jean le Guay. C'est à propos de la mort de Charlotte le Guay que Malherbe adressa ces stances au président de Verdun.

Nous ne savons malheureusement pas de façon sûre la date de cette mort, et notre ignorance ne nous permet pas de savoir ce qu'il faut penser de la curieuse tradition recueillie par Ménage et par Tallemant des Réaux, et qui se lit dans les *Anecdotes inédites* retrouvées par L. Arnould dans les recueils de Conrart. Cette tradition, en apparence très autorisée, nous apprend que Malherbe fut trois ans à composer son ode au président de Verdun, et que lorsqu'il l'eut achevée, le président était remarié. Or, s'il est exact que M. de Verdun se remaria avec Charlotte de Fonlebon, il mourut le 17 mars 1627. Mais on nous donne pour la date de la mort de sa première femme 1626, et si cette date devait être retenue, un an seulement se serait écoulé entre le décès de Charlotte Le Guay et celui du président. Le récit fait par Racan à Ménage et à Tallemant serait, en ce cas, une simple légende.

Page 204.

1. Malherbe se souvient peut-être des vers d'Horace (*Odes*, IV, 7, v. 25-26) :

> *Infernis neque tenebris Diana pudicum*
> *Liberat Hippolytum.*

Page 205.

2. On citera, mais pour mémoire seulement, la phrase de Sénèque telle que Malherbe l'avait traduite : la mort, « c'est un port que nous devons quelquefois désirer ».

Page 206.   SUR LA MORT DU FILS DE L'AUTEUR

Plaquettes : in-4° et in-8°, 1628.

La première contient, en même temps que ce sonnet, l'ode *Donc un nouveau labeur*, et les six vers *Enfin mon roi les a mis bas*. Ce sonnet ne fut joint aux autres œuvres de Malherbe que dans l'édition de Ménage.

Nous savons par la lettre à Peiresc du 3 avril 1628 que la plaquette imprimée par les soins de Malherbe avait été tirée à trois cent cinquante exemplaires, mais qu'à cette date du 3 avril, l'édition était déjà épuisée.

1. Balzac se souvenait de ce vers, et il en parle dans son XXXVIIe *Entretien.* Malherbe lui avait en effet envoyé la plaquette. Mais il en gardait un souvenir qui, dans l'état actuel de la question, a de quoi nous étonner. Il pensait qu'elle comportait un factum et trois sonnets.

2. Malherbe parle de deux marauds. Dans la plainte qu'il adresse au

roi, il nomme Paul de Fortia et le baron de Bormes. Mais un troisième homme avait été compromis, frère Louis de Villages, chevalier de
Saint-Jean-de-Jérusalem. Du moins la sentence du sénéchal de Provence ne le condamnait-elle pas aussi sévèrement que les autres.

3. Allusion claire à la famille de Fortia. Elle était juive, ou en avait
la réputation. Desportes, en écrivant sa *Satire contre un Juif,* vers 1570,
visait François de Fortia.

Page 207. POÉSIES LIBRES

Malherbe avait trop l'esprit de son temps pour ne pas commettre
quelques pièces plus que gaillardes, à la manière des auteurs qui
emplissaient de leurs obscénités les recueils de poésies satyriques.

Le plus récent éditeur de Malherbe eut le courage de mettre dans
son édition les six pièces de l'écrivain qui appartiennent à ce genre
particulier de la création poétique. Le temps n'est plus où l'excellent
Poulet-Malassis était obligé de se réfugier à Bruxelles et d'y publier
clandestinement des éditions nouvelles du *Parnasse satyrique* et du *Cabinet satyrique.*

Çà, çà, pour le dessert

Éditions : Le Cabinet satirique, 1618 et 1623.

Texte adopté : 1623.

L'authenticité de ce sonnet, comme d'ailleurs des trois suivants,
n'est pas douteuse. Elle est suffisamment prouvée par le titre que leur
donne le manuscrit Lacaille : *Sonnets de M. de Hamberle à M. de Carna.*
Les anagrammes sont transparentes.

Puisque ces sonnets ont été écrits pour l'édification du jeune
Racan, il est parfaitement impossible qu'ils aient été écrits en Proven-
ce. Ils ne peuvent avoir été écrits qu'après l'arrivée de Malherbe à
Paris en 1605.

La présence de ces sonnets dans le manuscrit 884 va dans le même
sens et permet de préciser davantage. On a vu que toutes les pièces de
Malherbe qui s'y trouvent et qui peuvent être datées, ont été écrites
en 1606-1607. Il est raisonnable de penser que ce sonnet et les trois
autres ont été écrits à la même époque.

Page 208. *J'avais passé quinze ans*

Imprimés : Délices satiriques, 1620. — On lit ce sonnet dans *Le Petit
Cabinet de Priape,* publié au XIXe siècle et formé des pièces les plus
curieuses du manuscrit Villenave (1874).

Texte adopté : 1620.

Ce sonnet figurant comme le précédent dans le manuscrit Lacaille, son authenticité est certaine, et sa date peut être fixée avec une très grande probabilité aux années qui suivirent l'arrivée de Malherbe à Paris.

Sitôt que le sommeil

Éditions : Délices satiriques, 1620 ; *Le Petit Cabinet de Priape,* 1874. *Texte adopté :* 1620.

Il est notable que la femme ici nommée reçoit le nom de Nérée, et ce nom nous rappelle qu'en Provence Malherbe a écrit des vers pour une Nérée. M. Fromilhague a d'autre part signalé des rapports entre ce sonnet de Malherbe et des vers en provençal de La Bellaudière, autre poète de la cour d'Henri d'Angoulême. Mais on relèvera, dans un autre sens, la présence de ce sonnet parmi les vers écrits par Malherbe pour Racan, et dans le manuscrit 884 qui rassemble des pièces écrites en 1606-1607.

Page 209.   *C'est un étrange cas*

Texte adopté : 884.

La présence de ce quatrième sonnet dans le manuscrit Lacaille est une garantie de son authenticité, et sa présence dans le manuscrit 884 suggère les années 1606-1607 pour date de sa composition.

« Multipliez le monde

Édition : Le Petit Cabinet de Priape, 1874 (sur le manuscrit Villenave).
Texte adopté : 4123.

Composition : Il a été question de ce sonnet au cours du procès de Théophile, en 1624. Un témoin, l'avocat Claude d'Anizy, prétendit que l'accusé en était l'auteur. Théophile répondit simplement : qu'il était « aisé à lui accusé de vérifier *[c'est-à-dire de prouver]* que les deux vers rapportés par la déposition ne sont de sa composition et que ceux qui se mêlent de poésie en savent l'auteur, et ont été faits auparavant qu'il fût né » (A. Adam, *Théophile de Viau,* p. 385). D'où nous pouvons déduire que ce sonnet était particulièrement connu, qu'il l'était même depuis longtemps. Nous dirions même : depuis 1590, si nous prenions la déclaration de Théophile au pied de la lettre. Mais ce serait peut-être une imprudence.

On notera que ce sonnet ne figure pas dans le manuscrit 884 comme l'étaient les précédents.

Les *Mémoires* de Racan, en nous conservant ces quatre vers, nous apprennent dans quelle circonstance ils ont été écrits. « Voici, disent-ils, des vers qu'il fit sur-le-champ, pour répondre à La Rivière, gentil-homme breton de la suite de M. de Bellegarde, lequel, pour n'avoir pas eu la satisfaction d'une femme qu'il avait aimée, envoya des vers burlesques à M. de Malherbe, où il appelait cette femme sa petite guenuche. M. de Malherbe les lui renvoya et écrivit sur-le-champ », et les *Mémoires* nous donnent alors le quatrain.

        PIÈCES ATTRIBUÉES

Outre les pièces unanimement reconnues pour authentiques, il en existe un certain nombre dont l'attribution à Malherbe, ou bien est très douteuse, ou bien est rejetée d'un commun accord par les édi-teurs. Parmi ces dernières, il en est quatre dont les véritables auteurs sont connus. Ce sont :

I. Les *Stances de M. des Yveteaux au nom de Monsieur de Montpensier et de Madame* (Beau ciel par qui nos jours...) ;

II. Les vers sur le livre de Du Moulin *(Quoique l'auteur...)*, qui sont notoirement de Racan ;

III. Les stances *Si des maux renaissants...* qui sont de Motin. Elles parurent, il est vrai, dans *Le Temple d'Apollon*, en 1611, avec la signatu-re de Malherbe. Mais c'était une erreur de l'éditeur, trompé sans dou-te par l'initiale, car il s'agissait de Motin. Dans le manuscrit 534 du Musée Condé, ces stances sont signées *M.*, comme les autres pièces de Motin, tandis que les pièces écrites par Malherbe sont signées *M.be.* L'erreur du *Temple d'Apollon* fut remarquée sans retard, et ces stances ne furent pas mises, dans la suite, parmi les pièces de Malherbe ;

IV. L'épigramme *Jeanne, tandis que tu fus belle* a été attribuée à Mal-herbe par suite d'une confusion semblable. Elle est en réalité de Motin. Elle a paru dans le *Recueil des plus excellents vers satyriques*, de 1617, avec la simple initiale *M.* Trompé par cette indication, Toussaint Du Bray l'a donc attribuée à Malherbe dans le *Second livre des Délices* en 1620. Mais les auteurs du *Recueil*, dans les éditions de 1623, 1632, 1634, eurent soin de mettre *Par le sieur Motin.* Comme le note M. Fromilha-gue, il faut croire que Toussaint Du Bray eut conscience de son erreur, car dans la refonte des *Délices* cette pièce disparaît.

L'authenticité de quelques pièces est impossible pour différentes raisons :

I. Rondeau *Ou Dieu n'a pu ce qu'il a voulu faire.* L. Lalanne a démontré que ce rondeau était tiré d'un manuscrit certainement antérieur à 1540 ;

II. Épigramme *Ce quatrain est fort magnifique.* Il avait paru en 1604, dans *Les Muses inconnues ou la Seille aux bourriers.* Or ce recueil est formé uniquement de pièces composées par les familiers de Béroalde de

Verville et de Guy de Tours. Ce petit groupe de rimeurs est sans rapport avec Paris, ni avec aucun des milieux sociaux ou littéraires que Malherbe a fréquentés ;

III. Chanson *Belle, quand te lasseras-tu*. Il semble inconcevable que Malherbe ait écrit cette chanson où le français alterne avec le patois normand ;

IV. Les stances *Je fais voir mes regrets* n'ont été attribuées à Malherbe qu'en 1895 par un érudit qui avait cru reconnaître l'écriture du poète. Il a été démontré par Ph. Martinon qu'en réalité Malherbe n'avait pu écrire ces vers où fourmillent les fautes d'orthographe.

Pour d'autres pièces, les preuves d'inauthenticité font défaut, mais les arguments positifs en faveur de l'authenticité sont inexistants, et nous nous trouvons devant des traditions tardives et dépourvues de la moindre autorité.

C'est le cas des pièces suivantes :

I. Le madrigal *Le soleil est ici-bas* a paru avec la signature de Malherbe, mais c'est en 1764, à Londres, dans un recueil intitulé *L'Élite des pièces fugitives ;*

II. *Le Bouquet des Fleurs de Sénèque,* paru anonyme à Caen, en 1590, a été attribué à Malherbe, en 1834, par l'abbé de La Rue, qui n'a pas cru nécessaire de donner ses preuves ;

III. Le sonnet liminaire d'une pastorale intitulée *Philine ou l'Amour contraire,* par La Morelle, en 1630, est signé Malherbe. Mais il est vraiment trop impossible d'y reconnaître sa langue et son style ;

IV. L'épigramme *Il est civil, accostable,* était connue de Ménage en 1659. S'il ne l'a pas fait figurer dans son édition de 1666, c'est apparemment que son authenticité lui avait paru trop douteuse.

On n'a pas jugé opportun de charger l'édition des *Œuvres* de Malherbe de ces pièces dont l'inauthenticité est certaine, ou qui n'ont pas le moindre titre à y figurer.

Il reste un certain nombre de pièces qu'on a cru légitime au contraire de reproduire dans cette édition. Non pas que leur authenticité soit assurée. Mais elles se présentent de telle manière qu'il y aurait plus d'imprudence à les écarter qu'à les accueillir. Ce sont les pièces suivantes.

INSCRIPTION D'UNE FONTAINE PAR MALHERBE

Publication : Le Jardin des Muses, 1643.

Ces vers figurent dans *Le Jardin des Muses* sous la signature de Malherbe. L'autorité de ce recueil n'est pas méprisable, car il contient deux autres pièces de Malherbe, et qui sont authentiques. Ce qui forme objection à l'authenticité, c'est que Ménage a nécessairement connu cette pièce et ne l'a pourtant pas conservée.

On citera pour mémoire l'objection tirée par Ph. Martinon de la présence d'un hiatus (*et y laissèrent*) et de deux rimes en *-èrent.*

Publication : *Continuation des Mémoires de littérature et d'histoire de M. de Salengre*, par le P. Desmolets, 1726.

Cette pièce avait été retrouvée par le savant oratorien Bougerel dans le registre XLI des papiers de Peiresc, actuellement manuscrit 1810 de la bibliothèque de Carpentras, f°s 200-202. Elle y est accompagnée de la copie d'une lettre de Malherbe à M. de la Garde pour lui envoyer son ode.

La présence de cette ode dans les papiers de Peiresc ne devrait pas laisser place au moindre doute sur son authenticité.

Il ne peut y avoir non plus d'hésitation sur la personnalité de son auteur, qu'il soit vrai ou prétendu, puisque le nom de Malherbe figure deux fois à l'intérieur du texte, et qu'il y est même fait mention du meurtre de Marc-Antoine.

Mais c'est là que réside précisément l'objection fondamentale contre l'authenticité de l'ode. Car si même on admettait qu'au début de sa carrière Malherbe a pu écrire dans cette langue étrange et archaïque et composer ces vers d'une si aberrante prosodie, il est impossible de supposer qu'il ait pu le faire après 1627, à une époque où ses scrupules de langue et de prosodie étaient poussés si loin, et où il était parvenu à la perfection de son art.

La lettre jointe à l'ode présente les mêmes caractères contradictoires. Il est extravagant d'imaginer que Malherbe ait pu écrire, à la fin de sa vie, une phrase comme celle-ci : « ma dernière saison oragée de tant d'afflictions qui ont désolé ma Calliope... »

Ces difficultés actuellement insurmontables forment une énigme qui recevrait un début d'éclaircissement si l'on pouvait savoir à quelle date M. de La Garde publia son *Histoire sainte*. Mais il se trouve qu'on ignore même si elle fut jamais imprimée.

Page 212.

1. Fleur dont la beauté ne dure qu'un jour.

Page 213.

2. L'enfer a inspiré l'idée trompeuse de chercher la célébrité en se tuant.

Page 215.   VERS DE MALHERBE
À MADAME LA COMTESSE

Publication : Cette pièce a été publiée par Émile Roy dans la *Revue d'histoire littéraire* en 1924. Il l'avait retrouvée dans le manuscrit 6541 de l'Arsenal, avec la signature de Malherbe. Il importe de noter que le manuscrit 6541 forme le tome I du *Recueil* de Tralage, dont la valeur historique est considérable et qui contient d'ailleurs deux pièces authentiques de Malherbe, la paraphrase du psaume CXLIV et la *Consolation à Monsieur Du Périer*.

Composition : Il ressort du texte de cette pièce qu'elle a été écrite pour la comtesse de Soissons, Anne de Montafié, pour la consoler de la mort de sa fille Élisabeth en 1611.

En publiant cette pièce, Émile Roy manifestait un vif scepticisme sur son authenticité. Il pensait qu'il était plus sage de l'attribuer à un élève de Malherbe, à Colomby par exemple. Depuis 1924, les éditeurs de Malherbe manifestent le même scepticisme.

En fait pourtant, les objections restent très faibles. On note quelques vers où la stricte doctrine malherbienne n'est pas observée. Mais ces manquements sont plutôt, de l'aveu du plus scrupuleux des éditeurs, des « dérogations légères ».

L'objection qui pourrait sembler plus grave, c'est que Malherbe n'a pas recueilli cette pièce dans les recueils collectifs, et notamment dans le *Recueil* de 1627. Mais il a pu l'écarter pour toutes sortes de raisons, qu'il serait vain de prétendre imaginer, et les raisons d'opportunité ont pu jouer un rôle plus grand que les considérations de prosodie.

Page 217. *Au-dedans ce n'est qu'artifice*

Publication : Ces quatre vers ont paru sans nom d'auteur dans *Le Jardin des Muses* en 1643. Ils figurent de nouveau, signés de l'initiale *M.*, dans le recueil de Sercy.

Les éditeurs ne semblent nullement convaincus de l'authenticité de cette épigramme. Ils le sont d'autant moins que le *Menagiana* l'attribue au poète Charleval. Ils signalent pourtant qu'elle figure avec la signature de Malherbe dans le manuscrit f. fr. 19145. Ce fait devrait entraîner leur conviction. Le manuscrit f. fr. 19145 n'est autre — comme Émile Magne l'a établi — que le *Recueil de grand papier*, écrit de la main de Tallemant, et où il consignait lui-même les pièces rares et curieuses. L'autorité d'un témoin aussi averti ne laisse guère de place au doute.

On notera que *Le Jardin des Muses* ôte à cette pièce son caractère véritable. Il est clair que Malherbe visait un personnage en particulier. Dans *Le Jardin des Muses*, il s'agit, nous assure le titre, de « quelques dames de la cour », et les vers sont modifiés en conséquence :

> *Au-dedans, ce n'est qu'artifice,*
> *Ce n'est que fard par le dehors ;*
> *Ôtez-leur le fard et le vice,*
> *Vous leur ôtez l'âme et le corps.*

Dans le recueil Sercy, il s'agit d'une seule dame :

> *Cette dame n'est qu'artifice,*
> *Et par-dedans, et par-dehors...*

BIBLIOGRAPHIE

On ne répétera pas ici la bibliographie des éditions de Malherbe, *Poésies* et *Lettres,* qui a été donnée plus haut. On se bornera à celle des ouvrages et articles qui, à des titres divers, ont servi à la préparation de la présente édition.

ADAM (A.) : *Histoire de la littérature française au xvii⁰ siècle,* t. I, Paris, 1948.
— *Théophile de Viau,* Genève, 1965.
ALLAIS (Gustave) : *Malherbe et la poésie française à la fin du xvi⁰ siècle* (1585-1600), Paris, 1891.
ARNOULD (Louis) : *Racan,* Paris, 1896.
— *Anecdotes inédites sur Malherbe. Supplément de la Vie de Malherbe par Racan,* Paris, 1893.
AUMALE (duc d') : *Histoire des princes de Condé,* I, Paris, 1886.
BASCHET (Armand) : *Les Comédiens italiens à la Cour de France sous Charles IX, Henri III, Henri IV et Louis XIII,* Paris, 1882.
Bibliothèque nationale : *Malherbe et les poètes de son temps. Exposition organisée pour le quatrième centenaire de la naissance de Malherbe,* Paris, 1955.
BOURRIENNE (V.) : *Malherbe. Points obscurs et nouveaux de sa vie normande,* Paris, 1895.
BROGLIE (Albert de) : *Malherbe,* Paris, 1895.
BRUNOT (Ferdinand) : *La Doctrine de Malherbe,* Paris, 1891.
CELLES (Jean de) : *Malherbe, sa vie, son caractère, sa doctrine,* Paris, 1937.
CHEVREAU (Urbain) : *Remarques sur les poésies de Malherbe,* édition critique, par G. Boissière, Niort, 1909.
CIUREANU (Petre) : *L'Italianismo di Malherbe,* Gênes, 1962.
COLOTTE (Pierre) : *Malherbe et la Provence. Catalogue de l'Exposition de la bibliothèque Méjane et du musée Arbaud,* Aix, 1955.
COUNSON (Albert) : *Malherbe et ses sources,* Liège, 1904.
Dix-septième siècle, 1956, n° 31.
FROMILHAGUE (René) : *La Vie de Malherbe. Apprentissage et luttes (1555-1610),* Paris, 1954.
— *Malherbe. Technique et création poétique,* Paris, 1954.

Gasté (Armand) : *La Jeunesse de Malherbe. Documents et vers inédits*, Caen, 1890.

Gournay (François-Armand de) : *Malherbe. Recherches sur sa vie et critique de ses œuvres*, Caen, 1852.

Humbert (Pierre) : *Un amateur, Peiresc*, 1933.

Lachèvre (Frédéric) : *Bibliographie des recueils collectifs de poésies publiés de 1597 à 1700*, 4 vol., Paris, 1901.

— *Les Recueils collectifs de poésies libres et satiriques publiés depuis 1600 jusqu'à la mort de Théophile*, Paris, 1914.

Lafay (Henri) : « Les Poésies de Malherbe dans les recueils collectifs du XVIIᵉ siècle », *Revue d'histoire littéraire*, janvier 1964.

Lebègue (Raymond) : « La publication des lettres de Malherbe », *Revue d'histoire littéraire*, 1922 et 1923.

— « Malherbe spéculateur de terrains à Toulon », *Revue bleue*, 1930.

— *Nouvelles études malherbiennes*, Bibliothèque d'humanisme et Renaissance, V (1944).

— *De quelques poésies manuscrites de Malherbe*, Bibliothèque d'humanisme et Renaissance, VII (1945).

— *Malherbe et Du Perrier... suivis d'une étude sur Malherbe et l'éloquence d'apparat*, Paris, 1956.

L'Estoile : *Journal pour le règne de Henri IV*, 3 vol., Paris, 1958.

L'Hôte (Jules) : *Malherbe et la Provence*, Rouen, 1933.

Mac Gowan (Margaret) : *L'Art du ballet de cour en France (1581-1643)*, Paris, 1963.

Mancel (Georges) : « Lettres inédites de Malherbe », *Mémoires de l'académie de Caen*, 1852.

Marcu (Alexandre) : « Un Arioste inconnu annoté par Malherbe », dans *Mélanges Drouhet*, Bucarest, 1940.

Marguerite de Valois : *Mémoires suivis des Anecdotes inédites...* p. p. L. Lalanne, Paris, 1858.

Mongrédien (Georges) : « La Vicomtesse d'Auchy », *Mercure de France*, 15 avril 1931.

Peiresc (Nicolas-Claude Fabri de) : *Lettres*, p. p. Tamizey de Larroque, Paris, t. VII, 1898.

Perceau (Louis) : *François de Malherbe et ses escholiers. Textes revus sur les éditions anciennes et les manuscrits*, Paris, 1932.

Ponge (Francis) : *Pour un Malherbe*, Paris, 1965.

Quatrième centenaire de la naissance de Malherbe, Aix-en-Provence, 1955.

Quatrième centenaire de la naissance de Malherbe, Caen, 1955.

Roux-Alpheran : « Recherches biographiques sur Malherbe et sa famille », Aix, 1840, *Mémoires de l'académie d'Aix*.

Tallemant des Réaux : *Historiettes*, 2 vol., Bibl. de la Pléiade, Paris, 1960.

Winegarten (Renée) : *French Lyric Poetry in the Age of Malherbe*, Manchester, 1954.

— « Malherbe et Gongora », *Modern Language Review*, 1958.

TABLE DES INCIPIT

337

DOSSIER

DERNIÈRES PARUTIONS

Cet ouvrage,
le cent soixante-cinquième
de la collection Poésie,
composé par SEP 2000,
a été achevé d'imprimer sur les presses
de l'imprimerie Bussière à Saint-Amand (Cher),
le 12 avril 2007.
Dépôt légal : avril 2007.
1ᵉʳ dépôt légal dans la collection : septembre 1982.
Numéro d'imprimeur : 071519/1.

ISBN 978-2-07-032226-8./Imprimé en France.